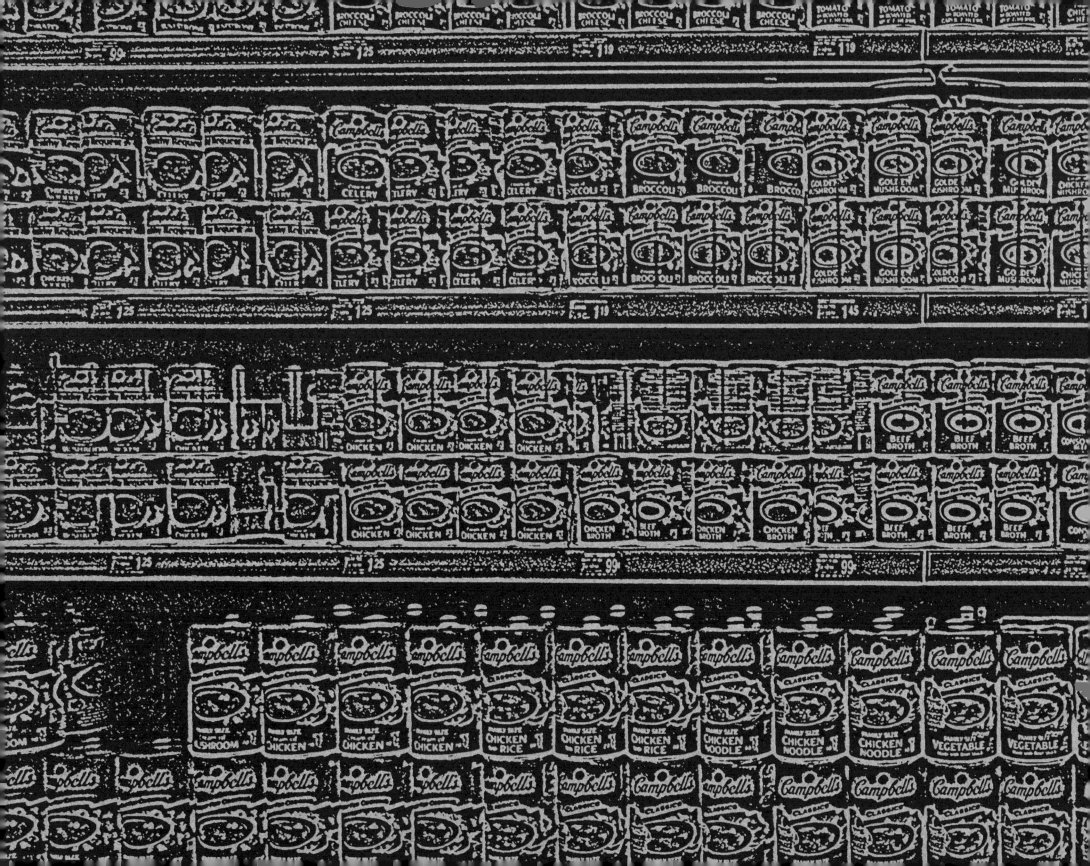

Ensada Dudo und ihr Mann Rasim kaufen nach wie vor häufig in den traditionellen Fleischerläden und auf den Wochenmärkten in Sarajevo ein. Doch dieser neue, gut sortierte Supermarkt mit seiner verlockenden Auswahl bietet die Möglichkeit, den gesamten Einkauf auf einmal zu erledigen und hochwertige Waren zu günstigen Preisen zu bekommen. In aller Welt bieten große Lebensmittelmärkte ihren Kunden Vorteile, doch zugleich verändern sie langfristig die Ernährungsgewohnheiten und Lebensverhältnisse der Menschen. Brian und Brianna Fernandez aus den USA (vorherige Seite) haben sich im Supermarkt riesige Brötchen gekauft

SO ISST DER MENSCH

Familien in aller Welt zeigen, was sie ernährt

EIN GLOBALES PROJEKT
VON PETER MENZEL UND FAITH D'ALUISIO

GEO

30

36

46

74

82

96

106

132

140

144

156

180

186

196

206

234

246

252

260

22

INHALT

Fourou, die zwölfjährige Tochter von Soumano Natomos zweiter Frau Fatoumata, trinkt ihre Morgensuppe aus Reis und Sauermilch. Wie die meisten Familien ihres Dorfes in Mali essen die Natomos im Freien. Im Hof ihres Anwesens sitzen sie auf niedrigen Hockern rund um den großen Familientopf

Nahrung für sechs Milliarden

DANN UND WANN stößt man auf ein Buch, das so erfrischend originell und scharfsinnig ist, dass selbst ich als Fachwissenschaftlerin staune, was eine Untersuchung über Ernährungsgewohnheiten über den Zustand der Menschheit aussagen kann. Dies ist ein solches Buch. Peter Menzel und Faith D'Aluisio haben sich einer verblüffend einfachen Methode bedient: Sie fotografierten rund um die Welt Familien mit ihrem Wochenbedarf an Lebensmitteln. Das Ergebnis ist eine Reihe wunderbarer Porträts zu einem so aktuellen wie wichtigen Thema. Die Bilder und Texte zeigen, wie sich Menschen verschiedener Länder, Kulturkreise und sozialer Schichten ernähren. Die Wahl ihrer Lebensmittel ist zum Teil kulturell geprägt, doch sie belegt auch, wie sehr Ernährung und Gesundheit von Faktoren wie Armut, Krieg oder Globalisierung abhängen – Dinge, die uns alle angehen.

Jeder muss essen. Die Menschen dieser Welt sind in vieler Hinsicht verschieden, doch die Notwendigkeit zu essen vereint uns. Die ersten Menschen jagten und sammelten, was in ihrer Umgebung zu finden war. Sobald aber der Mensch entdeckt hatte, dass man mit Nahrungsmitteln handeln konnte, tat er dies. Und einfallsreiche Köche machten aus dem Vorhandenen die verschiedensten Gerichte, manche derart raffiniert, dass man von Kochkunst

sprechen kann. Das Überleben der Menschheit beweist, dass fast jede Kost ausreicht, um den Körper wachsen zu lassen und sich fortzupflanzen. Ob jede Ernährungsweise für die Erhaltung der Gesundheit ideal ist, steht auf einem anderen Blatt. Für ein langes Leben braucht der Mensch eine Vielfalt verschiedenartiger, schmackhafter und bezahlbarer Nahrungsmittel.

Die Bilder in diesem Buch zeigen, dass die Ernährung des größten Teils der Menschheit nichts mehr mit der des Sammlers und Jägers zu tun hat. Entscheidender Faktor war die Veränderung der Nahrungsmittelproduktion seit dem Beginn der industriellen Revolution vor etwa 200 Jahren. Neuartige Konservierungsmethoden erlaubten den Verzehr von Lebensmitteln lange nach deren Herstellung oder Ernte   denken Sie nur an Tomatenketchup. Neue Transportmittel – von der Eisenbahn über den Lkw bis zum Flugzeug – ermöglichten mit Unterstützung der Kühltechnik den Genuss „frischer" Lebensmittel Tausende von Kilometern vom Ort ihrer Erzeugung entfernt. So können sich selbst Namgay und Nalim im entlegenen Bhutan (S. 36) Orangen leisten, die in ihrer Region gar nicht wachsen. Neue Verarbeitungstechniken machen die Herstellung von Lebensmitteln mit langer Haltbarkeit möglich (siehe etwa die Pasta in Grönland, S. 144). Andere Verfahren erlaubten die Herstellung bis dahin unbekannter Produkte wie Instantkaffee oder Käsecreme (S. 234). Und neue Marketingstrategien befeuerten die weltweite Nachfrage nach solchen Produkten, zum Beispiel für die nahezu allgegenwärtige Coca-Cola (siehe S. 218).

In den Industrieländern ist die Versorgung mit Lebensmitteln heute unabhängig von der geographischen Lage, der Saison und dem Klima. Die Nutznießer globaler Versorgungssysteme erwarten rund ums Jahr ein preisgünstiges Angebot an frischem Obst und Gemüse. Und mit dem Fortschritt und wachsendem Wohlstand in den Entwicklungsländern lassen sich die Menschen auch dort beim Einkauf eher von ihrer Bequemlichkeit als von Notwendigkeiten leiten. Die Kaufentscheidungen der im Buch beschriebenen, neu zu Wohlstand gekommenen Familien spiegeln die gestiegenen Erwartungen in jenen Ländern wider.

Die Bilder zeigen auch ein anderes wichtiges Phänomen: Bis vor nicht allzu langer Zeit bestand das größte Ernährungsproblem darin, die Menschen vor dem Verhungern zu bewahren. Hungersnöte als Folge von Kriegen oder Naturkatastrophen waren an der Tagesordnung, und Menschen in großer Zahl litten an Unterernährung. Noch heute quält der Hunger mehr als eine Milliarde Menschen auf unserer Erde, die Hälfte von ihnen sind kleine Kinder. Dieser Mangel ist umso beunruhigender, da es eigentlich für alle Menschen genug zu essen gibt. Die Lebensmittel werden jedoch nicht gleichmäßig verteilt. Schauen Sie sich einmal die Zuteilungen der sudanesischen Flüchtlinge im Tschad an (S. 56) und die Umstände, unter denen sie ihre mageren Mahlzeiten zubereiten müssen. Dort ist der Krieg schuld daran, wir sehen aber auch bei anderen Familien mit kargen Rationen die Auswirkungen der Armut.

Und die Bilder sagen uns noch mehr. Wenn Frieden eingekehrt ist, der Wohlstand der Menschen in den Schwellenländern wächst und ihre Versorgung gesichert ist, verändern sie ihre Essgewohnheiten. Einen Teil des Getreides und der Hülsenfrüchte ersetzen sie durch Nahrungsmittel tierischer Herkunft. Sie kaufen mehr Fleisch, mehr zuckerhaltige und verarbeitete Lebensmittel. Sie verzehren mehr von anderen Menschen zubereitete Mahlzeiten. Und sie essen von allem zu viel. Sie nehmen zu, werden übergewichtig. Die Folge sind Erkrankungen des Herz-Kreislauf-Systems, Diabetes und andere in den Industrieländern verbreitete Zivilisationskrankheiten. Darin liegt der große Widerspruch der modernen Ernährung: Während Hunderte von Millionen Menschen nicht genug zu essen haben, essen Hunderte von Millionen anderer Menschen zu viel und werden übergewichtig und fettleibig. Außer in den ärmsten Ländern gibt es heute mehr Menschen mit Über- als mit Untergewicht. Manche Regierung, die darum kämpft, ihre hungernde Bevölkerung satt zu bekommen, muss sich gleichzeitig um die Krankheiten von Menschen kümmern, die zu viel essen.

Die Entwicklung von der Mangel- zur Überernährung ist so verbreitet, dass man dafür den Fachbegriff *nutrition transition* (Ernährungswandel) geprägt hat. Um ihn zu begreifen, sollten Sie nacheinander die Bilder der Familien in Mali, der Mongolei und den Philippinen anschauen und ihre Einkäufe mit denen der Menschen in Frankreich, Australien und den USA vergleichen. Die Zahl der Fettleibigen wächst überall, doch am meisten in den hoch industrialisierten Ländern. Um die Ursachen zu begreifen, müssen Sie sich nur die Einkaufslisten und die Wochenrationen auf den Fotos genau ansehen.

Als Mensch, der beruflich die Verbindungen zwischen Essgewohnheiten, Ernährungszustand und Volksgesundheit analysiert, betrachte ich diese Bilder mit besonderem

Darin liegt der Widerspruch der modernen Ernährung: Während
Millionen Menschen nicht genug zu essen haben, essen Millionen anderer
Menschen zu viel und werden übergewichtig und fettleibig.
Es gibt weltweit mehr Menschen mit Über- als mit Untergewicht

---

Blick: Ich schaue darauf, inwieweit die Wahl der Nahrungsmittel von Werbung und Marketing beeinflusst wird. Im harten Wettbewerb sehen sich die Lebensmittelkonzerne zum ständigen Umsatzwachstum genötigt. Fettleibigkeit und die daraus entstehenden Krankheiten sind dabei Kollateralschäden. Wachstumsorientierte Firmen sehen nirgendwo ein so attraktives Käuferpotenzial wie in den Schwellenländern. Darum ist zum Beispiel China mit seinen 1,3 Milliarden Einwohnern für die Lebensmittelmultis und Fast-Food-Anbieter von größtem Interesse. Vergleichen Sie die Ernährung der beiden chinesischen Familien – die eine auf dem Land, die andere in der Stadt. Beiden geht es gut. Beide haben genug zu essen. Beide stehen an der Schwelle von der Armut zum Wohlstand. Die Familie auf dem Land (S. 82) befindet sich noch am Anfang dieses Weges. Die Cuis ernähren sich hauptsächlich von Getreide, Gemüse und Obst, dazu ein wenig Fleisch. Die Lebensmittel auf dem Familienbild sind überwiegend roh oder nur wenig verarbeitet. Man kann sich vorstellen, wie daraus schmackhafte chinesische Gerichte entstehen. Die Familie in der Stadt (S. 74) hat Zugang zu einem weit größeren Angebot – und kann es sich leisten. Familie Dong kauft die gleichen Grundnahrungsmittel, dazu jedoch Dinge, die weit über das klassische chinesische Sortiment hinausgehen: Baguettes, Kaugummi, Eiscreme und Fast Food. Darin zeigt sich die Globalisierung des Nahrungsmittelmarkts im 21. Jahrhundert.

Als Ernährungswissenschaftlerin begrüße ich den Wohlstand, der vielerorts an die Stelle des Hungers getreten ist, und hoffe, dass globales Marketing weder die Liebe zur traditionellen Kochkunst noch die Gesundheit der Menschen zerstört. Aber beim Betrachten der Bilder aus Grönland muss ich mich doch über die neuen Essgewohnheiten jener Familie wundern. Tun sie sich Ketchup aufs Eisbär- und Walrossfleisch? Und wie deuten wir die Wirkungen globalen Marketings, wenn Zigaretten plötzlich auf den Einkaufslisten der Familien in Japan, der Mongolei und auf den Philippinen auftauchen? Dieses Buch wirft solche und viele andere Fragen auf. Es ist opulent und zugleich ein nachdenklicher Kommentar über den Zustand der Menschheit. Peter Menzel und Faith D'Aluisio haben ein Festmahl angerichtet – für Auge, Seele und Geist. Wir dürfen uns glücklich schätzen, sie unter uns zu haben. Genießen Sie das Buch!

Marion Nestle ist Professorin für Ernährung, Nahrungsstudien und Volksgesundheit an der New York University. Sie hat zwei preisgekrönte Bücher geschrieben: „Food Politics: How the Food Industry Influences Nutrition and Health" (2002) und „Safe Food: Bacteria, Biotechnology, and Bioterrorism" (2003).

Es ist angerichtet

Am Goldenen Horn in Istanbul sitzt die türkische Familie Çinar auf dem Boden ihres Wohnzimmers beim Frühstück. Es gibt Fetakäse, Oliven, einen Rest Brathuhn vom Vorabend, Brot, Rosenkonfitüre und starken, süßen Tee

PETER MENZEL UND ICH haben 30 Familien in aller Welt besucht, um etwas ganz Selbstverständliches neu zu entdecken: das Essen. Wer sich erinnert, wie wir Amerikaner vor 20 Jahren eingekauft haben, weiß, dass sich unsere Ernährung rasch verändert hat – nur wenigen ist aber bewusst, dass dieser Wandel sich nicht nur in den USA, sondern weltweit vollzieht. Zum Teil ist das eine Folge der Globalisierung, zum anderen des wachsenden Wohlstands. Menschen in ehemals armen Regionen können sich mehr leisten—erst mehr Fleisch und Fisch, dann Pizza und Hamburger. Zudem haben Touristen, Einwanderer und Flüchtlinge ihre Speisen in fremde Länder gebracht. Um dieser Entwicklung auf die Spur zu kommen, beobachteten wir unsere Gastgeber beim Einkaufen, Kochen und Essen. Zuletzt machten wir ein Porträt jeder Familie mit einem Wochenvorrat an Lebensmitteln. Das Ergebnis ist ein kulinarischer Atlas der Welt im Zeitalter großer Veränderungen.

E in M und voll N udeln gab den Anstoß zu diesem Buch. Mitte der 1990er Jahre waren Peter und ich mit einem kleinen Motorboot in der Arufarasee vor der Südküste Neuguineas unterwegs. Es war kurz vor der Taifunzeit. Im Frühjahr konnten sich Stürme so schnell zusammenbrauen, dass sich Lufttaxi-Piloten schon beim kleinsten Anzeichen einer Wetteränderung zu fliegen weigerten. Und selbst die Schwarzfischer, die mit ihren Schleppnetzen das tropische Meer plündern, wagten sich kaum hinaus. Wir aber waren in Zeitdruck und konnten nicht noch einen Tag warten. Wir hatten einen erfahrenen Skipper angesprochen, der mit uns den siebenstündigen Bootstrip nach Asmat wagen wollte, ein Regenwaldgebiet der indonesischen Provinz Papua – eine der entlegensten Gegenden der Welt.

Peter ist Fotoreporter, ich schreibe. Gemeinsam haben wir in den vergangenen zwölf Jahren in fast 50 Ländern recherchiert. Meist widmen wir uns Themen von internationalem Interesse, und an jenem Tag vor acht Jahren waren wir unterwegs nach Asmat, um über das Leben der dortigen Ureinwohner als Sammler und Jäger zu berichten.

Als wir Agats, die armselige Hauptstadt von Asmat erreicht hatten, mieteten wir einen zwölf Meter langen Einbaum, der uns in drei Stunden den Fluss Pomats hinauf nach Sawa brachte, einer Ansammlung hölzerner Hütten ohne fließendes Wasser, Strom, Telefon oder auch nur irgendeine Art von Straße. Die Menschen dort leben von der Hand in den Mund. Ihr Hauptnahrungsmittel sind Sagopalmen. Sie fällen die hohen Bäume, zerstampfen das Mark und backen daraus eine Art Brot. Die Larven des Palmbohrers gelten schon als Leckerbissen, und nur manchmal gibt es einen Fisch aus dem Fluss. Sawa ist der feuchteste, schwülste Ort, an dem ich je gewesen bin. Und dort, eine oder zwei Stunden nach unserer Ankunft, bekamen wir den Anstoß zu diesem Buch.

Peter fotografierte, ich sprach mit einem hochgewachsenen, ausgemergelten Mann und seinen zwei Söhnen. Allen war die Armut anzusehen. Der Mann war, wie viele im Dorf, wegen Vitaminmangels blind auf einem Auge. Die Kinder hatten Hautkrankheiten und waren gefährlich unterernährt. Während wir sprachen, zog der ältere Junge einen Block japanischer Instantnudeln aus ihrer Verpackung und biss davon ab. Der nackte kleine Bruder mit dem aufgeblähten Hungerbauch schüttete sich die dazugehörige Würzmischung in den Mund und bewegte das Pulver mit der Zunge, bis es sich aufgelöst hatte. Ich war wie hypnotisiert. Während unseres Aufenthalts in Sawa, einem von der Außenwelt fast völlig abgeschnittenen Ort, sah ich etliche Wiederholungen dieser Szene – Kinder, die unzubereitete Instantnahrung verzehrten, die eigentlich als Snack für eilige Zivilisationsmenschen gedacht ist.

Ich sprach mit einem seit langem in der Gegend ansässigen katholischen Missionar über meine Beobachtungen. Er erklärte, dass Geld vom Holzeinschlag die Dörfer der Sammler und Jäger erreicht hatte. Mit dem Geld kam der erste Händler nach Sawa, ein Sulawese, der allerlei Trockennahrung verkaufte. Nun ist gegen eine Fünfminuten-Terrine mit Nudeln als gelegentlicher Imbiss nichts einzuwenden, doch man muss kein Ernährungsaktivist sein, um sich zu fragen, ob es sinnvoll ist, dass Menschen, denen es am Nötigsten mangelt, Unmengen von Zucker, Salz und Geschmacksverstärkern ausgesetzt werden.

Auf der Rückfahrt von einem Besuch bei »Mackas« (australischer Slang für McDonald's), reißt die 15-jährige Nakayla Samuals *(Mitte)* das Spy-Kids-3-D-Comic-Heft auf, das es als Zugabe zum Happy Meal gab. Wie ihre Halbschwester Sinead Smith *(links)* und ihre Freundin Amelia Wilson stammt Nakayla aus einer Familie von Ureinwohnern, die ihre Wurzeln im Outback hat. Doch die Mädchen haben keinen Sinn für die traditionelle Küche; derzeit heißt ihr kulinarisches Mekka Mackas

In 24 Ländern der Erde haben die
Autoren Faith D'Aluisio und Peter Menzel
30 Familien aufgesucht

**Dampfwolken hängen über dem
riesigen Wok dieses Nudelverkäufers
in Kunming im Südwesten Chinas.
Die nach dem berühmten Rezept aus
der 500 Kilometer entfernten Stadt
Guiyang zubereiteten Teigwaren werden
in pikanter Brühe wahlweise mit
Huhn, Rindfleisch, Mu'er-Pilzen oder –
ganz stilecht – mit Schweineblut
und -innereien serviert**

Seit jenem Tag in Asmat haben wir rund um die Welt ähnliche Szenen beobachtet. Uns wurde klar,
dass sich auf dem Gebiet der Ernährung etwas Seltsames, ja Revolutionäres vollzieht. Die Erzeugung
und der Verzehr von Nahrungsmitteln gehörten zu den ältesten und elementarsten menschlichen
Tätigkeiten. Doch Zeichen des Wandels sind überall zu sehen. Vom Taxi aus sahen wir in Beijing an
allen Ecken neue Filialen von Kentucky Fried Chicken. Ein alter Chinese auf dem Land, der sich gut
an durchlebte Hungerjahre erinnerte, klagte über die Enkelgeneration, die mit Essen achtlos umgeht.
Die endlosen Mais- und Sojafelder hier bei uns im Mittleren Westen der USA werden längst zum
größten Teil mit genmanipuliertem Saatgut bestellt. (Wir Amerikaner dürfen nicht einmal erfahren,
ob unsere Lebensmittel genetisch veränderte Zutaten enthalten – zu unserem Wohl oder Übel.)
In einem Vorort von Paris trafen wir Teenager, deren Lieblingsgerichte Thaikost und Sushi sind.
Eine junge Mutter in Mexiko gestand, dass sie keine Ahnung davon hat, woraus Limonade besteht.
Ihre bewegungsarme, fünfköpfige Familie trank kaum etwas anderes als 24 Liter Cola pro Woche,
obwohl sie sich Sorgen wegen des wachsenden Übergewichts und der von Karies angegriffenen
Zähne der Kinder machte.

Der globale Markt hat die Ernährungsgewohnheiten der Völker verändert. Menschen, die sich
immer weniger bewegen, nehmen immer mehr energiereiche Nahrung zu sich. Die Folgen sind auch
ohne wissenschaftliche Studien sichtbar. Blicken Sie nur um sich. Wohlhabende Länder sind über-

ernährt. Und leider scheint es, dass die Menschen in den Entwicklungsländern sich auf eine Weise ernähren, die ihrer Gesundheit nicht zuträglich ist – noch bevor sie einen Grad von Wohlstand erreicht haben, der für eine ausreichende Ernährung sorgt. Hilfsorganisationen setzen ihre bitter nötigen Feldzüge gegen den Hunger in der Welt fort, und gleichzeitig starten andere ebenso wichtige Aktionen gegen die sich ausbreitende Fettleibigkeit. Und Aktivisten jeder Couleur mischen sich in die Debatte um die richtige Ernährungsweise ein.

Um Ordnung in dieses faszinierende und verwirrende Durcheinander zu bringen, sind wir um die Welt gereist und haben Menschen beobachtet – die gehäuften Teller der Mittelschicht, die karg gefüllten Schüsseln der armen Familien, die am Tropf überforderter Hilfsorganisationen hängen, das Gedränge zwischen den Regalen der Megamärkte, die ordentlich gestapelten Konservengläser der Tante-Emma-Läden, die von religiöser Doktrin vorgeschriebenen Speisen, die Festmahle und selbst angebaute Grundnahrungsmittel. Wir trafen Menschen, die uns halfen, die verwirrende Vielfalt unserer Ernährung im 21. Jahrhundert zu begreifen: globale Nahrungsmittel, Imbissnahrung, Fast Food und Junk-Food, Gesundheitsnahrung und funktionelle Ernährung, Nahrungsergänzungsmittel und angereicherte Nahrung, Biokost und verarbeitete Lebensmittel.

Das Buch, das Sie nun in den Händen halten, ist kein Diätbuch. Und es ist auch keine Anklage gegen vermeintlich böse Konzerne, irgendwelche Feinde des Fortschritts oder Parteien in der Diskussion um die richtige Ernährungspolitik. Es ist eine Momentaufnahme der Welt in einer Zeit gewaltigen Wandels.

Die Arbeitsweise

Die Recherchen für ein mehrere Länder umspannendes Projekt sind immens schwierig. In diesem Fall waren sie besonders mühsam, nicht zuletzt deswegen, weil ich Menschen erst mit Vorstellungen vertraut machen musste, die für uns in hoch entwickelten Ländern selbstverständlich sind. Etwa ein Kochrezept. Im Flüchtlingslager von Breidjing im Osten des Tschad fragte ich unseren Dolmetscher Hassane nach dem Rezept für den dicken Hirsebrei Aiysch, der für die Familien dort das Hauptnahrungsmittel darstellt. Hassane schaute mich verständnislos an. Ich erklärte ihm, dass ich aufschreiben wolle, wie unsere Gesprächspartnerin D'jimia den Aiysch zubereitet. „Woher sollen wir das nehmen?", fragte Hassane. „Es gibt keinen Plan fürs Kochen. Sie hat es von ihrer Mutter gelernt." Das sei mir klar, erklärte ich, „doch ich muss aufschreiben, wie sie den Aiysch kocht, damit die Leute, die das Buch lesen, wissen, wie die Speise schmeckt und auf welche Art D'jimia sie kocht." „Sie macht ihn eben, sie redet nicht darüber", entgegnete Hassane. Ich nahm einen neuen Anlauf: „Bitte sagen Sie ihr, dass ich schon viele Frauen habe Aiysch kochen sehen, und jetzt möchte ich sie nach ihrer Methode fragen, um sie aufzuschreiben." Peter hatte sich zurückgezogen, um im Nachbarzeltblock das Schlachten einer Ziege zur Feier des Endes des Fastenmonats Ramadan zu fotografieren. D'jimia und der Chef ihres Zeltblocks – der Hassanes Arabisch in D'jimias Sprache Massalit übersetzte – beobachteten aufmerksam unseren Dialog. „Das ist viel zu kompliziert", wehrte Hassane kopfschüttelnd ab, und wir fingen von vorn an – vom Englischen ins Arabische, vom Arabischen ins Massalit und zurück. Nach kurzer Zeit hatte D'jimia umrissen, wie sie den Aiysch

Stimmengewirr erfüllt die Luft beim Wochenmarkt in Hargesia, der Hauptstadt von Somaliland, einer abtrünnigen Provinz Somalias im Nordosten Afrikas. Trotz des im Land herrschenden politischen Chaos versuchen die Menschen einem geordneten Alltag nachzugehen – wie etwa beim Handel mit Rind-, Hammel- und Kamelfleisch unter freiem Himmel

zubereitet, und wir konnten von ihrem früheren Leben sprechen. Vor der Vertreibung hatten sie und ihre Kinder im Sudan von allem genug gehabt (S. 56).

Doch der Informationsfluss war keine Einbahnstraße. Manchmal lernten unsere Interviewpartner ebenso viel aus unserem Projekt wie wir selbst. Nach unserem Besuch mit Fototermin im britischen Dorf Collingbourne Ducis bekamen wir eine E-Mail von Deb Bainton: „Ich kann gar nicht fassen, dass ich so ehrlich war, die tatsächlich von mir in einer Woche vertilgte Menge an Schokoriegeln aufs Bild zu bringen. Die britischen Familien fühlen sich bestimmt gut repräsentiert! Heute esse ich sie kaum noch und bin wahrscheinlich zu etwas anderem Ungesunden gewechselt – denn dass ich angefangen haben könnte, mich ein bisschen gesünder zu ernähren, wäre doch ein schrecklicher Gedanke!" (S. 140).

Aus Deb Baintons Mail und meinem interkulturellen Dialog im Tschad sehen Sie, dass die Arbeit an diesem Buch lang, anstrengend, faszinierend und gelegentlich bezaubernd war (Näheres zur Methodik auf S. 278). Um ergänzende Beiträge haben wir die bekannten Autoren Marion Nestle, Carl Safina, Alfred W. Crosby, Corby Kummer, Francine R. Kaufman und Charles C. Mann gebeten (mehr zu den Mitarbeitern auf S. 284).

Während ich dies schreibe, schaufelt Peter draußen in unserem Garten Kompost in eine Schubkarre, um die Beete für den Fruhling vorzubereiten. Ich habe meine Bestellung an den Bioladen in San Francisco abgeschickt und die Kaffeemaschine mit gutem sauberem Wasser aus unserem eigenen Brunnen gefüllt. Dabei muss ich an Amna Mustafa denken, das hübsche zwölfjährige Mädchen, das wir im Tschad kennen lernten: Sie muss mühevoll das Wasser zum Kochen aus einem Schlammloch im Flussbett schöpfen (S. 68). Und ich denke an D'jimia, die verwitwete Mutter von fünf Kindern im Lager an der Grenze zum Sudan. Sie ist dankbar für die Lebensmittelspenden und das von der UNO gelieferte Zelt, in dem sie mit ihren Kindern lebt, doch sie wünscht sich sehnlichst, zu ihren Mangobäumen in der Heimat zurückzukehren. Jetzt kann sie sich kaum eine Hand voll getrocknete Okra-Schoten leisten (S. 56).

Mir fällt eine Geschichte von unserem Freund Charles C. Mann ein. Vor über zehn Jahren waren er und Peter zusammen nach Chetumal an der Grenze zwischen Mexiko und Belize gereist. „Es war ein Drecksloch, jedenfalls damals", erzählt Charles. „Im einzigen Lokal, das noch offen hatte, waren wir die einzigen Gäste. Die Speisekarte gab nicht viel her, und die Bedienung war nicht gerade motiviert. Aber wir waren abenteuerlustige Typen. Also bestellte ich *pulpo y higado* – Tintenfisch mit Leber. Ich hielt es für etwas Ähnliches wie das italienische *paglia e fieno* – das ja nicht aus ‚Stroh und Heu' besteht, sondern aus weißen und grünen Nudeln. Auch Tintenfisch und Leber muss eine allegorische Bezeichnung sein – dachte ich. Normalerweise esse ich meinen Teller immer leer, doch als mir Oktopusstücke in braunem Rinderleber-Püree serviert wurden, konnte ich das nicht einmal probieren. Jahre später sah ich eine Karikatur, in der ein Kellner eine verkohlte Masse auf einem Teller heranträgt. ‚Es ist ein gebratenes Telefonbuch', erklärt er dem entsetzten Gast. ‚Wir haben es auf Französisch auf die Karte gesetzt, und Sie haben es bestellt.' So war es mir auch gegangen", erzählte Charles. Und eigentlich geht es uns allen immer wieder so.

Am Sonntagmorgen ist Jörg Melander im Schneetreiben durch Bargteheide zum Bäcker geradelt, um Brötchen und Croissants für den Brunch zu holen. Seine Frau Susanne ist gerade von ihrer Nachtschicht als Pflegerin in einem Altenheim heimgekehrt und möchte das Frühstück mit der Familie genießen, anstatt sich schlafen zu legen. Frische Brötchen, Käse und Konfitüre, Kaffee, Tee und heiße Schokolade machen ihr die Entscheidung leicht

• Die Bäuerin Nalim schenkt uns salzigen Buttertee ein. Wir sitzen mit ihr an ihrer Feuerstelle, im Dorf Shingkhey in Bhutan. „Die Kinder fragten immer, wann du wiederkommst", sagt sie. Sie trägt noch immer die Armbanduhr, die ich ihr beim letzten Besuch vor ein paar Jahren geschenkt hatte, auch wenn sie nicht mehr läuft. An der Wand aber hängt eine funktionierende Uhr. „Achtest du auf die Uhrzeit?", frage ich, „Was machst du um 9.30 Uhr?" – „Da treibe ich die Kühe raus." Und was passiert, wenn die Batterie leer ist? „Dann gucke ich zur Sonne. Wenn sie ganz oben steht, ist es Mittag." Und wenn die Sonne da hinten steht (ich zeige über ihre Schulter hinweg)? – „Dann ist es höchste Zeit! Wir kommen zu spät zur Arbeit!" (S. 36)

• Für Marge Brown in Australien war es Liebe auf den ersten Blick: Er war groß, gutaussehend und belastbar – ein neuer Kühlschrank. Daheim im Outback gab es nur ein mit Petroleum bertriebenes Uraltmodell. Die Aborigine kaufte von ihrer Rente den Kühlschrank für das neue Heim am Rand von Brisbane. „Seit meinem Schlaganfall schaffe ich nicht mehr viel", sagt sie, „aber ich kann hier sitzen und lesen. Und meinen Kühlschrank anschauen." (S. 22)

• Ein paar Männer sitzen im Schatten eines Baumes am Rande ihres Dorfes in der Nähe von Abéché im Tschad. Ich erzähle ihnen von Grönland, wo es monatelang nicht dunkel wird. Nachdenklich will Mustafa Abdallah Ishakh wissen: „Gibt es dort Muslime?" – „Wohl nicht viele", antworte ich. „Wir könnten dort nicht leben", sagt er, „wir wüssten gar nicht, wann es Zeit zum Beten ist." (S. 68)

• Als ich Kind war, sagt die Polin Marzena Sobczynska aus Konstancin-Jeziorna, gab es bei uns oft Hühnersuppe. Meine Mutter hackte dem Huhn den Kopf ab – dann rannte es noch kopflos im Hof herum. Ich würde meine Kinder nie dabei zuschauen lassen. Doch Oma war das egal. Das Huhn war zum Essen da. Basta. Sie überbrühte den Vogel, rupfte ihn und nahm ihn aus. Im Magen waren noch unverdaute Körner. Es stank. Ich mag heute noch keine Hühnersuppe." (S. 246)

• „In meiner Jugend hatten wir zu Hause Enten und Hühner", sagt Jörg Melander aus Bargteheide. „Ich finde, wenn man etwas essen will, sollte man es auch selber töten können. Als ich 16 war, ließ mich mein Vater ein paar Hühner schlachten. Es war unangenehm, aber ich hab's getan." (S. 132)

• In Cape Hope auf Grönland genießen Emil und Erika Madsen die fantastische Aussicht auf den Scoresbysund. Nur der seltsame Duft im Haus stört. Er stammt von Erikas geliebtem Narwaltran. Es gibt ihn nicht zu kaufen, man bekommt ihn nur von jemandem geschenkt, der ein solches Tier erlegt hat. Erika bewahrt ihren Schatz in einer Milchpulverdose auf. Die Kinder mögen den Tran nicht. „Sie werden ihn lieben, wenn sie erst groß sind", sagt Emil und tunkt einen kleinen gebratenen Fisch ins dunkle Öl. Peter isst auch davon. Für mich riecht das Zeug wie Teer fürs Dach. Ich halte mich lieber an Emils leckeren Moschusochsen-Eintopf (S. 144).

Zum Schutz vor der Kälte des Wüstenmorgens in einem Flüchtlingslager im Tschad hüllt sich die Sudanesin D'jimia Ishakh Souleymane in ein Tuch. Die verwitwete Mutter von fünf Kindern hat einen Topf Wasser aufs Feuer gesetzt, um Hirsebrei zu kochen. Für die bevorstehende Feier zum Ende des muslimischen Fastenmonats Ramadan will sie für ihre Familie ein Festmahl zubereiten

Die Familie Brown in Brisbane: Doug, 54, seine Frau Marge, 52, mit ihrer Tochter Vanessa Stanton, 33, und deren Kindern Rhy, 12, Kayla, 15, John, 13, und Sinead, 5. Die eingekauften Mengen hängen davon ab, ob Vanessa mit ihren Kindern gerade bei den Eltern zu Besuch ist. Kochgeräte: Elektroherd, Mikrowelle, Gartengrill. Vorratshaltung: Kühl-Gefrier-Kombination. Leibspeisen – Doug: »Alles, was jemand anderes kocht«; Marge: Joghurt; Sinead: »Mackas« (McDonald's)

Wohlgenährt

Getreide und andere stärkehaltige Lebensmittel: $ 28,80

4 kg Kartoffeln; 4 geschnittene Weißbrote; 2 geschnittene Weizenvollkornbrote; 370 g Pita-Brot; 2,4 kg Zerealien (diverse Sorten); 1,2 kg Weizenmehl; 1 kg Basmatireis; 500 g Spaghetti; 500 g Spiralnudeln.

Milchprodukte: $ 24,60

9 l Vollmilch; 1,2 l Sahne; 1 kg Margarine; 4,2 l Vanilleeis; 550 g Trinkjoghurt; 500 g Portionskäse; 675 g Joghurt ohne Fett.

Fleisch, Fisch und Eier: $ 118

5 kg Schinken; 4,5 kg Corned Beef; 3 kg Hackfleisch; 3 kg Schweinekotelett; 3 kg Bratwürste; 3 kg Steaks; 3 kg Frikadellen; 2 kg Huhn; 3 kg Hacksteaks; 1 kg Fischstäbchen; 24 Eier.

Obst, Gemüse und Nüsse: $ 30,60

1,2 kg Bananen; 1,1 kg Nektarinen; 1,1 kg Jarrahdale-Kürbis; 1 kg Möhren; 1 kg Zwiebeln; 1 kg Tomaten; 3 Avocados; 700 g Gurke; 500 ml Tomatensauce; 500 g Zucchini; 500 g TK-Mischgemüse; 320 g rote Paprikaschote; 200 g grüne Paprikaschote; 225 g Sellerie; 180 g Schalotten.

Öle, Würzmittel und Saucen: $ 35,40

1 kg weißer Zucker; 1,5 l Essig; 750 ml Worcestersauce; 500 g Schmelzkäse; 500 g Gurkenrelish; 500 ml Grillsauce; 300 ml Chili-Limonen-Dressing; 300 g Pflaumen-Konfitüre; 100 g Hähnchen-Würzsalz; 60 g Currypulver; 28 g Süßstoff; 200 g Mayonnaise; 185 g Erdnusscreme; 125 g Backpulver; 50 g Senf; 63 g Salz.

Snacks und Süßigkeiten: $ 4,60

400 g gemischte Chips; 200 g Teegebäck nach englischer Art.

Fertiggerichte und Instantprodukte: $ 4,30

500 g Nudeln mit Rindfleisch; 120 g Bratensauce.

Fast Food: $ 28,30

6 Happy Meals; 3 McOz Hamburger; 1 große und 6 kleine Colas (alles von McDonald's).

Getränke: $ 37,90

30 l Mineralwasser; 8 l Diät-Cola; 9 l Fruchtsäfte und -getränke; 10,5 l Cola und Limonaden; 175 Teebeutel; 50 g Pulverkaffee.

Sonstiges: $ 64,10

1 Stange Zigaretten; 50 g Tabak; 4 Päckchen Zigarettenpapier.

Gesamtausgaben für Lebens- und Genussmittel in einer Woche: AUS$ 481/$ 376

„Mama, ich hab dich nicht mehr lieb", sagte die fünfjährige Sinead entsetzt, als sie ihre Mutter zum ersten Mal ein Schaf schlachten sah. „Wenn ich nicht schlachte, haben wir nichts zu essen", antwortete Vanessa Stanton ihrer Tochter.

SCHAFE SCHLACHTEN WAR EINE ALLTÄGLICHE SACHE in der Familie. Damals, als sie noch draußen im Outback wohnten, dem weiten Binnenland Australiens. Vanessas Mutter Marge Brown war erst 13, als sie im Outback als Jillaroo anfing – Schafarbeiterin auf einer Farm. „Ich melkte die Kühe, machte für die Reiter die Pferde bereit, trieb die Schafe zusammen und tötete manchmal eines für uns zum Essen", sagt Marge. Es war harte Arbeit für ein junges Mädchen, doch sie empfand es nicht so, weil die anderen genauso arbeiteten. Ihre Enkel dagegen hätten es heute leicht, findet Marge Brown. Sie sagt es mit einem Lächeln, das ihr von Krankheiten gezeichnetes Gesicht aufleuchten lässt.

Schafe wurden zwar erst Anfang des 19. Jahrhunderts von den Europäern nach Australien gebracht, doch viele der Ureinwohner stürzten sich ins Schäferleben, als hätte es schon immer zu ihrer Kultur gehört. Marges Vater – Sineads Urgroßvater – kochte für die Scherer auf einer Schafstation im Outback-Städtchen Goodooga im Bundesstaat New South Wales. Marges Mutter starb, als Marge elf Jahre alt war, und der Vater heiratete erneut. Zwei Jahre später begann Marge ihr Arbeitsleben auf einer Farm. Mit 16 machte sie eine Ausbildung zur Krankenschwester und arbeitete nach dem Examen im Outback.

Ein Freund stellte Doug Brown Marge vor. Er wusste nicht, dass sie die Tochter des Kochs war, der ihn jeden Morgen abholte und mit zur Arbeit nahm. Das erfuhr er erst von den Arbeitskollegen, als er ihr Foto an die Wand der Schererscheune pinnte. Doug und Marge heirateten bald darauf. Sie arbeitete im Krankenhaus, er weiter als Scherer. An den Wochenenden spielte er in einer Band.

Wie schon ihre Eltern zogen die Browns drei eigene Kinder und etliche Pflegekinder groß – auf einer anderen Schafranch im Outback, in Weilmoringle, flussaufwärts von Goodooga. Es gab kein fließendes Wasser und keinen Strom. „Wir kochten auf dem offenen Feuer und wuschen die Wäsche in einem alten Ölfass", erinnert sich Marge. Sie hatten einen Kühlschrank, der mit Petroleum lief – wenn er lief. In Marges Erinnerung bewegte sich das Leben im Outback zwischen Komik und Katastrophe. „Irgendwas war immer", sagt sie. „Doug zog mit seinen Kumpeln los, und komische Dinge passierten." Etwa die Sache mit dem Hühnerstall. „Er ging mit seinen Freunden einen trinken und kam ewig nicht wieder", erzählt Marge. „Die Jungs haben mich zu Hause abgesetzt, nachdem wir aus der Kneipe geflogen waren", fährt Doug fort. „Irgendwie muss ich die falsche Tür erwischt haben. Jedenfalls schlafe ich, und es zieht. Ich denke: Wer hat das verdammte Fenster offen gelassen? Ich greife hoch und kriege diese Stange zu fassen, und etwas gackert! Ein Scheißhuhn! Ich springe hoch. Wo bin ich? Im Hühnerstall!"

1995 zog Doug Brown an die Küste nach Brisbane. „Es gefiel mir, und da bin ich geblieben", erklärt er. Marge blieb zunächst zurück, weil sie ihre Arbeit mochte – und das Outback. Bis ein erster Schlaganfall ihre Beweglichkeit einschränkte. Von da an musste Doug die Rolle des Pflegers übernehmen. Jetzt ist er für Einkaufen, Hausarbeit und Kochen zuständig – unter Marges Anleitung. „Er kocht besser als ich früher", sagt sie wohlwollend.

Der Hang der Familie, Dinge etwas anders zu sehen als der Rest der Menschheit, sorgt immer wieder für Gesprächsstoff. Selbst ein Ausflug ins Einkaufszentrum mit Marges 90-jährigem Vater gerät den Browns zum Abenteuer.

Der alte Herr war aus dem Outback zu Besuch gekommen. „Ihr Vater war noch nie in einem Einkaufszentrum", erzählt Doug, „also haben wir ihn mitgenommen. Er benutzt einen Gehwagen. Wir kommen an die Rolltreppe, er schaut hinauf und weigert sich, sie zu betreten. Ich sage zu ihm: ‚Mach dir keine Sorgen, ich bin direkt hinter dir.' Und wir schaffen es gut nach oben. Beim Rückweg dann das gleiche Theater. Schließlich geht er auf die Rolltreppe, doch er lehnt sich immer weiter zurück, bis er hintenüberfällt. Wären da nicht zwei Typen mit Einkaufswagen und eine Frau mit einem Baby in der Karre gewesen, der Alte wäre die ganze Treppe hinuntergepurzelt. Es gab ein gewaltiges Durcheinander. Ich sage ihm: ‚Das nächste Mal nehmen wir den Aufzug.' Er sagt: ‚Da kriegst auch du mich nicht hinein! Ihr wollt mich umbringen.' Er hat nie wieder ein Einkaufszentrum betreten."

Auch Doug, der sein bisheriges Leben in der Einsamkeit des Outbacks verbracht hat, findet sich in der modernen Welt nur schwer

zurecht. „Ich bekomme Ohrensausen und weiche Knie, wenn zu viele Menschen um mich herum gleichzeitig reden", sagt er.

Seine Tochter Vanessa, die häufig zu Besuch kommt und oft bei den Eltern übernachtet, schafft den Spagat zwischen den Kulturen besser. Sie und ihre Kinder klinken sich reibungslos in den Haushalt ein und wieder aus; mehrere von ihnen haben zeitweilig bei den Großeltern gelebt, als sie klein waren. John, der Älteste, verbrachte fast seine ganze Kindheit bei Marge und Doug. Und er hat oft Streit mit der Oma. „Ja, John und ich geraten manchmal aneinander", sagt Marge. „Meistens wegen der Joghurts", sagt Vanessa. „Der Joghurt im Kühlschrank gehört mir", sagt Marge. „Keiner darf sich was davon nehmen, ohne einen neuen hineinzustellen!"

Beim Frühstück dreht sich alles um Dougs frischen Obstsalat – der alles andere als ein Diätgericht ist. „Ich schnippele einen Haufen Früchte und tue dann Zucker und Sahne drauf", sagt Doug. „Viel Zucker und Sahne", sagt Vanessa. „Früher aß Papa Weetbix mit Mangosaft und Sahne", sagt John. „Das war lecker, doch es ließ sei nen Zuckerspiegel in die Höhe schießen", bemerkt Vanessa trocken. „Also kriegt Papa keinen Mangosaft mehr." Alle drei Erwachsenen haben Diabetes, aber nur Marge muss deswegen Medikamente nehmen. Sie haben auch Übergewicht. Marge wog früher allerdings doppelt so viel wie heute. Sie hat durch Diät und Krankheit abgenommen. Übergewicht ist ein verbreitetes Problem bei den Australiern. „Queensland ist das Land der Dicken", sagt Vanessa. „Im Süden sind die Leute schlanker. Hier ist es heiß, und alle liegen im klimatisierten Wohnzimmer vor dem Fernseher." – „Und ziehen sich Fast Food rein", ergänzt Doug.

In der Familienhistorie gibt es zahlreiche Geschichten vom Essen. John erinnert sich daran, wie sein Stiefvater ihn nach einem Regen hinausschickte, um ein Stachelschwein zu fangen: „Wir haben uns verlaufen." „Man geht nie in die Sandhügel, wenn es bewölkt ist", tadelt seine Mutter Vanessa. „Dann kann man die Orientierungspunkte nicht erkennen."

Doch John erzählt weiter: „Wir sind gelaufen und gelaufen. Und durch ein Wasser gegangen. Rhy konnte noch nicht schwimmen, also habe ich ihn auf die Schultern genommen und bin dabei fast ertrunken. Wir kamen zu einem großen Baum und haben dort geschlafen. Und wir hörten all die Geräusche und hatten Angst. Dann hörten wir jemanden pfeifen. Es war mein Onkel. Wir waren ganz nah an unse-

- Einwohner: **19 663 000**
- Einwohner von Groß-Brisbane: **1 508 161**
- Fläche: **7 692 030 km²** (etwas kleiner als die 48 zusammenhängenden Bundesstaaten der USA)
- Bevölkerungsdichte: **2,6 Einw./km²**
- Anteil der städtischen Bevölkerung: **92 %**
- Anteil Wüste an der Fläche: **44 %**
- Verhältnis Schafe/Menschen: **5/2**
- Lebenserwartung Männer/Frauen: **78/83 Jahre**
- Anteil der Urbevölkerung: **2,4 %**
- Anteil der Urbevölkerung 1777: **100 %**
- Lebenserwartung der Urbevölkerung gegenüber der von Zuwanderern abstammenden Bevölkerung: **−20 %**
- Jährlicher Alkoholkonsum pro Person (reiner Alkohol): **10,4 l**
- Bruttosozialprodukt (BSP) pro Person bei Kaufparität (auf Grundlage der Kosten für gleichwertige Waren in den USA): **28 260 $**
- Jährliche Gesundheitsausgaben pro Person/Anteil am BSP: **1741 $/9,2 %**
- Kalorienaufnahme pro Person und Tag: **3054 kcal**
- Anteil übergewichtiger Männer/Frauen: **70/60 %**
- Anteil fettleibiger Männer/Frauen: **21/23 %**
- Zigarettenkonsum pro Person und Jahr: **1907 Stück**
- Fleischkonsum pro Person und Jahr: **106,6 kg**
- Zahl der McDonald's-Filialen: **726**
- Preis eines Big Mac: **2,50 $**
- Zahl der McDonald's-Gerichte, die Lamm- bzw. Hammelfleisch enthalten: **0**
- Durch kommerzielle Jagd für Fleisch und Felle getötet Kängurus (2003): **3 474 483**

Im dürren Outback aufgewachsen, wohnen die Browns heute am Rande von Brisbane. Die Stadt liegt in den Tropen, und fast jeden Nachmittag gehen heftige Gewitter nieder. Von der Wohnung der Browns gelangt man mit dem Auto in 20 Minuten ins Stadtzentrum, doch geistig ist die Familie noch genauso weit von der modernen Welt entfernt wie früher auf dem Lande

VOR ORT NOTIERT

Bei meinem letzten Besuch in Australien war ich eine Woche im Outback campen, mit drei Aborigine-Künstlerinnen im Oma-Alter. Sie brachten mir bei, Larven und Honig-Ameisen auszugraben und zu essen. Wir aßen auch eine 60 Zentimeter lange Goanna-Eidechse, die eine von ihnen, Bessie Liddle, mit dem Spaten erschlagen hatte. Ich habe viel gelernt und bewunderte die Frauen für ihre Fähigkeit, in der roten Wüste eine Mahlzeit nach der anderen aufzutreiben.

Auf dem schnurgeraden Stuart Highway, der auf 1600 Kilometer Länge das Outback durchschneidet, waren mir die vielen Autowracks und Tierkadaver am Straßen-rand aufgefallen. Auf einer nächtlichen Ausfahrt bei Coober Pedy rettete der Kängu-rubügel meines Toyota-Geländewagens den Kühler des Fahrzeugs und tötete ein 50 Kilo schweres Beuteltier. Geier weideten sich an den Kadavern von Rindern, Schlan-gen und kleineren Nagetieren. Dieser Blutzoll war leicht zu verstehen. Aber war-um überschlugen sich Autos? Wollten die Fahrer einem Tier ausweichen — oder waren sie auf der eintönigen Strecke eingenickt? Vielleicht hatte ja der eine oder andere nur versucht, eine Bierflasche zu öffnen?

Dougs Bericht von seiner Stachelschweinjagd erinnerte mich an meine Fahrten mit Ms. Bessie — die häufig ihr Fenster runterkurbel-te, um mit ihrem Gewehr auf flüchtende Karnickel zu ballern. Manche mögen das mit der Lust der Aborigines auf eine kosten-lose Mahlzeit erklären. Ich aber schwelgte beim Essen, weil ich mit Sammlern und Jägern des 21. Jahrhunderts die Beute teilen konnte. Und bedauerte, dass ich nicht Dougs Stachelschwein kosten konnte, um über das Geschmackserlebnis zu berichten
— Peter Menzel

John schaut mit seiner Schwester Sinead in den halbleeren Kühlschrank (rechts). **Morgen wird er wieder voll sein — alle zwei Wochen kommt die Rente, und die Familie geht einkaufen** (oben links). **Daheim, vor dem schlichten Haus der Browns, wird die Beute ausgeladen** (unten links)

rem Zuhause." Vanessa weinte die ganze Nacht. „Ich dachte, sie seien tot", sagt sie. „Und dabei waren sie ganz nah." „Ein Stachelschwein haben wir nicht erwischt", sagt John traurig.

„Ein Stachelschwein macht eine Menge Arbeit", sagt Doug: „Ausbuddeln, hinterherrennen, ausnehmen, aufhängen, stundenlang kochen. Und wenn es fertig ist, kommen deine Kumpel, und jeder will ein Bein haben. Davon gibt's aber nur vier. Alle fangen an zu essen, und bald ist nichts mehr da." Die Runde nickt zustimmend. „Ein Stachelschweinessen", ergänzt Vanessa, „ist ein großes Fest für die ganze Familie. Es gibt dazu Johnnycakes" (auf dem Blech gebackenes dünnes Fladenbrot aus Weizenmehl).

Stachelschwein, Känguru und Lamm gehörten im Busch zur alltäglichen Kost, aber jetzt, wo die Familie in einem Vorort von Brisbane lebt, kommen sie seltener auf den Tisch. Die Invalidenrente wird alle 14 Tage auf die Konten der Erwachsenen überwiesen, das Geld muss für die Miete und den Lebensunterhalt reichen. „Dann machen wir einen Großeinkauf", sagt Marge, „und damit müssen wir auskommen. Wenn wir im Busch kein Fleisch hatten, ging man einfach raus und holte ein Känguru. Wenn du hier kein Geld hast, hast du kein Fleisch. Im Busch bekommst du für zehn Dollar ein ganzes Schaf." Und Vanessa bemerkt: „Hier verlangen sie beim Metzger für ein zerlegtes Schaf 80 Dollar."

John mag allerdings auch gern Huhn – „besonders wenn es von Kentucky Fried Chicken ist", ergänzt seine Mutter. „Er würde es jeden Tag essen", sagt Marge. „Wir haben ihm schon gesagt, dass ihm Brüste wachsen, wenn er so viele Hormonhähnchen isst", sagt Vanessa und lacht.

Doug versucht, nicht öfter als einmal in zwei Wochen Fast Food zu essen – besonders, wenn die Enkel da sind. Sinead jedoch weiß, wie sie ihn dazu bringen kann, öfter zu gehen. „„Opa, meinst du, wir können zu Mackas gehen?' sagt sie zu mir", erzählt Doug lachend. „Mackas" bedeutet im australischen Slang McDonald's. Doug findet die Preise der Fast-Food-Ketten horrend. „Bei McDonald's zahlst du sechs Dollar, um einen Menschen satt zu kriegen." Und John sagt: „Papa hat mal zu der Kellnerin gesagt: ‚Für das Geld kaufe ich die Zutaten für zehn solcher Dinger.'"

Andere Pommes frites als die von „Mackas" lässt Sinead nicht gelten. Auch nicht handgemachte. „Ich schneide die Kartoffeln genauso wie bei Mackas", sagt Vanessa. „Und dann fragt Sinead: ‚Hast du auch das richtige Öl, Mama?' Und ich frage zurück: ‚Welches Öl hättest du denn gerne?' Und sie sagt: ‚Fritiert es denn richtig, Mama? Es muss das richtige Öl sein, sonst fritiert es nicht richtig.'" Und Vanessa sagt: „Es fritiert nie richtig."

Gab es auf der Ranch, abgesehen von Stachelschwein und Känguru, große Unterschiede zum heutigen Speisezettel? „Die Lebensmittel wurden uns vom Postlaster geliefert", sagt Marge, „da hatten wir wenig Auswahl: Reis, Mehl, ein paar Fleischkonserven, Obstkonserven, Salz, Zucker und Milchpulver. Manchmal gab es Konfitüre oder sonst etwas Besonderes." Und Vanessa erzählt von den Bonbons, die ihre Mutter aus Sirup, Mehl und Konfitüre kochte.

Heute fühlen sich die Browns von der Vielfalt des Angebots überfordert. „Früher wurde uns die Entscheidung abgenommen, weil es kaum Auswahl gab", sagt Marge. „Heute blicken wir im Supermarkt oft nicht mehr durch." Und Vanessa meint: „Wir sind häufig noch unsicher, was uns gut tut."

Vor 20 Jahren gab es eine einzige oder vielleicht zwei Sorten Käse. Heute sind es 30 oder 40. Cholesterinfrei, salzfrei und dies- und jenesfrei, dass du gar nicht mehr weißt, was du eigentlich willst. Ich nehme dann immer das, wo ‚Original' draufsteht." Marge mag jedoch die neumodische ungesalzene Butter. „Ja, sie sieht richtig gut aus", sagt Doug, „bis man den Finger reinsteckt und probiert – igitt!"

Vanessa findet, dass ihren Kindern einiges an wichtigen Grunderfahrungen fehlt. „Neulich waren mir die Teebeutel ausgegangen", erzählt sie. „Aber ich hatte noch losen Tee. Die Kinder waren völlig entgeistert, als sie die Blätter im Wasser sahen. ‚Wo sind die Beutel?', fragten sie. Sie waren richtig beunruhigt. ‚Habt ihr denn gar nichts gelernt?', fragte ich sie." Sie haben schon etwas gelernt: Sie kennen alle Soft Drinks und jedes Knabberzeug mit Namen. Und sie wollen alles haben.

Marge Browns Quandong-Pie

600 g Mehl

1 TL Backpulver

170 g Butter

1/2 TL Salz

1/4 l Milch

500 g Quandongs (rote australische Wildpfirsiche), geschält, entkernt und gehackt

250 g Zucker

1 EL Zitronensaft

Wasser

- Den Backofen auf 180° C vorheizen.
- Für den Teig Mehl, Backpulver, Butter und Salz mit den Fingern oder den Knethaken eines Handrührgeräts zerkrümeln.
- Die Milch hinzufügen, den Teig zu einer Kugel pressen.
- Den Teig teilen und zwei runde Platten ausrollen, groß genug zum Auslegen einer 20-cm-Pie-Form.
- Die gebutterte Form mit der Bodenplatte auslegen (Teig soll etwas überlappen); mit einer Gabel mehrfach einstechen.
- Quandongs, Zucker und Zitronensaft in einen Topf geben, mit Wasser bedecken und 30 Min. köcheln. Das Wasser wird rot. Die Fruchtmasse über einem Sieb abtropfen lassen, den Sirup auffangen und abkühlen lassen.
- Fruchtmasse auf dem Teigboden verteilen, mit 3–4 EL Quandong-Sirup beträufeln.
- Das Ganze mit der zweiten Teigplatte bedecken, beide Platten am Rand zusammenkneifen. Kleine Löcher zum Abdampfen in den Deckel schneiden. Evtl. den Deckel mit Teigstreifen verzieren.
- Sobald der Pie im vorgeheizten Ofen ist, die Hitze auf 150° C reduzieren. 30 Min. backen, bis die Füllung blubbert.
- Pie 10 Min. abkühlen lassen. Warm servieren mit Vanillecreme, Schlagsahne oder Eis, beträufelt mit Quandong-Sirup.

Während der Sommerferien der Kinder ist das Frühstück eine zwanglose Angelegenheit. Jeder isst, wenn er hungrig ist. Vanessa hat für sich und Sinead Rühreier gemacht. Die Jungen nehmen sich Zerealien und Brot, Doug macht sich derweil ein üppiges Frühstück mit gebratenem Fleisch, Zwiebeln, Sauce und gebuttertem Toast. Marge isst Cornflakes mit Milch – seit ihrem Schlaganfall versucht sie, sich gesünder zu ernähren

Die Molloys: Emily, 15, Sean, 5 *(in Schuluniform mit vorgeschriebenem Sonnenschutzhut)*, Natalie, 41, und John, 43, auf ihrer Terrasse in Brisbane an der Ostküste Australiens mit einem Wochenbedarf an Lebensmitteln. Gekocht wird auf dem Herd, in der Mikrowelle und auf dem Gartengrill. Vorratshaltung: Kühlschrank und Tiefkühltruhe. Leibgerichte – John: Garnelen und Schokolade; Natalie: Obst und Käse; Emily: mexikanische Gerichte und hausgemachte Dips; Sean: Spaghetti Bolognese und Lollis

Fein, leicht, gesund

Getreide und andere stärkehaltige Lebensmittel: $ 24,80

2 kg Kartoffeln; 1,4 kg geschnittenes Weißbrot; 10 Brötchen; 1 kg Frühstückszerealien; 750 g Spaghetti; 500 g Nudeln; 500 g weißer Reis; 350 g Brot mit Chiliwürze.

Milchprodukte: $ 19

6 l teilentrahmte Milch; 2 l Vollmilch; 500 g Käse; 500 g griechischer Joghurt; 300 ml dicke Sahne; 300 ml Sauerrahm; 75 g Butter.

Fleisch, Fisch und Eier: $ 84,30

1 ganzes Huhn (2 kg); 2 kg Tunfisch (Dose); 1 kg Rindfleisch; 1 kg Hühnerbrust; 1 kg Lammfleisch; 1 kg Seebarsch; 500 g Schweinefleisch; 6 Eier; 300 g Schinken; 100 g Salami.

Obst, Gemüse und Nüsse: $ 66,80

1,7 kg kernlose Wassermelone; 1,3 kg Äpfel; 1,2 kg Apfelsinen; 800 g Bananen; 770 g Pflaumen; 630 g grüne Weintrauben; 540 g Zitronen; 540 g Nektarinen; 1 kg Baked Beans (Bohnen in Tomatensauce aus der Dose); 4 Avocados; 2 Köpfe Eisbergsalat; 860 g Gurke; 800 g geschälte Tomaten (Dose); 750 g frische Tomaten; 750 g weiße Zwiebeln; 700 g Möhren; 4 Kolben Zuckermais; 500 g Spargel; 500 g Mangold; 250 g Staudensellerie; 250 g Tomatensauce; 250 g Champignons; 225 g Brokkoli; 250 g Rote Bete (Dose); 200 g italienische flache Bohnen; 200 g Tomatenmark; 200 g Zuckerschoten; 180 g rote Paprikaschoten; 60 g Knoblauch.

Öle, Würzmittel und Saucen: $ 23,50

400 ml Kokosnussmilch; 250 g Erdnusscreme; 250 g salzarme Sojasauce; 250 g Worcestershire-Sauce; 250 g Grillsauce; 200 g Nussnougat-Aufstrich; 175 g körnige Senfsauce; 125 g Olivenöl; je 1 kleines Bund Basilikum, Petersilie, Korianderkraut, Minze, Oregano, Rosmarin, Currykraut und Thymian (alles aus dem eigenen Garten); 5 Lorbeerblätter; 100 g rote Chilischoten; 50 ml Balsamessig; 80 g Ingwerwurzel; 60 g Honig; 30 g Meerrettich; 30 g Konfitüre; 30 g Mayonnaise; 30 g Tomaten-Chili-Sauce; 30 g Tonkatsu-Sauce; 30 g Vegemite (Hefepaste); 10 g Gelbwurz; 10 g Kreuzkümmel; 6 g Salz; 6 g schwarzer Pfeffer; 10 g Senfkörner.

Snacks und Süßigkeiten: $ 17,70

24 Wassereis am Stiel; 375 g Sultaninen; 250 g Milchschokolade; 250 g Erdbeer-Müsliriegel; 220 g Fruchtbonbons; 200 g Kräcker; 125 g Mürbeteig-Plätzchen; 50 g Kartoffelchips mit Geflügelaroma.

Fertiggerichte und Instantprodukte: $ 3,30

680 g Spaghetti in der Dose; 40 g Würzmischung für Beef Stroganoff.

Getränke: $ 64

5 l Wasser; 3 l Obstsaft; 2,2 l Rotwein; 0,7 l Roséwein; 2,5 l Obstsaft in Kleinpackungen; 2,3 l Light-Bier; 50 g Instant-Kaffee; 25 g Instant-Schokodrink; 10 Beutel English Breakfast Tea.

Sonstiges: $ 0,49

7 Multivitamintabletten für Natalie.

Gesamtausgaben für Lebens- und Genussmittel in einer Woche: AUS$ 388/$ 304

In der malaysischen Hauptstadt Kuala Lumpur gerieten die Molloys auf der Suche nach einem nicht-touristischen Lokal einmal in eine Gasse mit vielen kleinen Freiluft-Restaurants – wo ausschließlich Männer verkehrten. Sie verließen das muslimische Viertel und fanden ein Lokal, in dem auch Frauen bedient wurden. Natalie: „Wir aßen Pfannkuchen mit Reis und Linsen und Curry im Bananenblatt. Meine Finger waren noch nach Wochen gelb vom Curry. Es hat wunderbar geschmeckt."

DIE 15-JÄHRIGE EMILY MOLLOY und ihre Mutter Natalie schwitzen in der Waschküchenhitze und träumen von einer kühlen Brise. Es ist Mitte Januar, Hochsommer an der Ostküste Mittelaustraliens. Mutter und Tochter trinken gefiltertes Leitungswasser aus großen Gläsern und schauen dem fünfjährigen Sean zu, der mit einem Eis durchs Haus tobt. Natalie, die an der Universität von Queensland im Rechnungswesen arbeitet, hat sich freigenommen, um Sean auf seine Einschulung vorzubereiten. Ihr Mann John ist gerade von der Arbeit bei einer Bank nach Hause gekommen. Zu dieser Jahreszeit ist es im Haus kaum auszuhalten — die Molloys werden draußen auf der überdachten Terrasse am Swimming-Pool zu Abend essen. Heute ist „Naschabend". „Einmal pro Woche gibt es nur Kleinigkeiten", sagt Natalie, als sie zusammen mit Emily fertig gekaufte Leckereien hinausträgt: Hühnerteile, Artischocken, Pistazien, Oliven, saure Gurken, Chips, Kräcker und Zuckerschoten. Und ein Glas Vegemite, die braune australische Hefepaste. Emily streicht sich dünn Vegemite auf eine Scheibe Toast. Sie liebt die würzige Paste. „Wenn es mich langweilt", sagt sie, „gebe ich noch Avocado dazu. Einfach köstlich!"

Im Sommer wird fast immer draußen gegessen. Oft bereitet John auf dem Grill Lamm und Gemüse zu, oder Natalie und Emily machen Pasta mit Fleischsauce und fantasievolle Salate. Emily, die Köchin werden will, liebt es, der Familie und Freunden neue Kreationen vorzusetzen — und sie nicht bloß abzufüttern. „Eine gemeinsame Mahlzeit", sagt sie, „ist ein wunderbarer Anlass, um Menschen zusammenzubringen." Freitagabends bekommt Sean vor seinem T-Ball-Spiel (einer Art Straßen-Baseball) etwas von McDonald's oder ein Sandwich von Subway. Die Molloys lieben typisch Australisches wie Fleisch vom Grill, doch durch die Nähe zu Asien sind sie auch mit der asiatischen Kultur und Ernährungsweise vertraut. Wie alle Australier reisen sie gern, aber John bekommt seine asiatischen Lieblingsgerichte häufig auch zu Hause. Seans Tagesmutter stammt aus Sri Lanka und bereitet das Essen oft im Freien statt in ihrer modernen Einbauküche zu. „Sie kocht für die Kirchengemeinde", sagt John, „und oft kann man bei ihr eine Samosa (eine Art Pastete) oder ein Curry probieren. Oft komme ich morgens mit Sean bei ihr an, und es duftet ganz köstlich, und ich weiß, es gibt etwas Leckeres zum zweiten Frühstück."

Die Mehrheit der Bevölkerung Australiens lebt an den Küsten, sodass Fisch und Meeresfrüchte, vor allem Langusten und Garnelen, in der Ernährung eine wichtige Rolle spielen – hier ein Langustenfischer vor dem Kap Otway bei Melbourne. Bei den Molloys lieben nur John und Sean Meereskost, Emily ist zurückhaltend und Natalie kann sie nicht ausstehen, weil sie als Kind Fisch essen musste. Da Natalie einkauft, gibt es selten Fisch oder Krustentiere

Die Goldküste von Brisbane ist Australiens boomendes Touristenzentrum. Der Name lässt sich sowohl auf den feinen Sand der Strände wie auf das Geld beziehen, das durch die Kommerzialisierung der Küste hereingeströmt ist. 50 Kilometer südöstlich der Stadt fallen jeden Sommer Tausende von Highschool-Absolventen ins »Surfers' Paradise« ein, um ihr bestandenes Abitur ausgelassen zu feiern. Ihre Ankunft läutet die von den Einheimischen spöttisch »Schülerwoche« genannte Saison ein

Nach zwölf Jahren Abwesenheit von Brisbane war ich angenehm davon überrascht, wie hübsch sich die Innenstadt und die Uferzone am Fluss mit botanischen Gärten, Radwegen und Promenadenrestaurants entwickelt hatten. Auch die Vororte mit ihren Bungalows und Rasenflächen, Palmen, Einkaufszentren und Fast-Food-Filialen überraschten mich. Das Ganze erinnerte mich stark an Los Angeles. Während unseres Besuchs zur Hochsommerzeit im Januar steigerte sich die Hitze tagsüber, bis sie sich jeweils gegen 17 Uhr in einem Gewitter mit gewaltigem Platzregen entlud. Wenn es mal ausblieb, konnte man vor Hitze schier wahnsinnig werden.

Auch am Tag unserer Fotosession gab es ein Unwetter. Gerade als wir alles fertig aufgebaut hatten, fing es an zu schütten. Wir mussten die Lebensmittel abdecken und unsere Lampen abbauen. Der Strom fiel aus. Nach dem Gewitter schien wieder die Sonne auf den Pool und die Pflanzen, doch es gab noch immer keinen Strom. Zum Glück hatte ich batteriebetriebene Blitzgeräte. Um 20 Uhr waren die Aufnahmen im Kasten, wir bauten ab und tranken unser Bier im Schein von Petroleumlampen. Emily Molloy kam mit Tellern voller kalter Vorspeisen. Ich probiere alles – und wurde unangenehm daran erinnert, dass man sich an die braune Hefepaste Vegemite erst gewöhnen muss. Selbst Küchenschaben ist sie ein Gräuel, doch die Aussis lieben sie. – *Peter Menzel*

Viele australische Lebensmittel ähneln europäischen oder amerikanischen Vorbildern – wie etwa die Puffreissorten oben im Bild. Doch manches ist deutlich australisch, so die Hefepasten-Aufstriche. Die Molloys bevorzugen das bekannte Vegemite, dessen Hersteller vom amerikanischen Konzern Kraft aufgekauft wurde. Andere Australier ziehen die einheimischen Marken Mightymite oder das etwas süßere Promite vor. Und einige hängen noch immer an Marmite, dem britischen Original

Gegrillte Garnelen mit Chili-Koriander-Limetten-Butter à la Molloy

16 Riesengarnelen, frisch oder aufgetaut

100 g Butter

2 frische Thai-Chilischoten, entkernt und fein gehackt

2 EL frisch gepresster Limettensaft

2 EL frisches Korianderkraut, fein gehackt

* Garnelen schälen und entdarmen (die Schwanzflossen belassen), halbieren und schmetterlingsartig auseinander klappen
* Garnelen bei starker Hitze nur ca. eine halbe Minute pro Seite grillen – darauf achten, dass sie nicht übergart werden.
* Butter zerlassen und mit Limettensaft, Chili und Koriander verrühren.
* Vor dem Servieren die Sauce über die Garnelen träufeln.

Natalie Molloys Avocado-Mango-Salat

Salat:

Gemischte Blattsalate (Rauke, Brunnenkresse, Römersalat, Feldsalat o. ä.), gewaschen, geputzt und gut abgetropft

2 reife Avocados, dünn geschnitten

2 reife Mangos, dünn geschnitten

3 Scheiben Frühstücksspeck, knusprig gebraten und grob gehackt

125 g Pecan- oder Walnusskerne

Dressing:

6 EL Olivenöl

2 EL frisch gepresster Zitronensaft

1 EL Crème fraîche

1 TL körniger Senf

* Die Blattsalate auf einer Platte anrichten, Mango, Avocado und Nüsse darauf verteilen, den Speck darüberstreuen.
* Die Zutaten fürs Dressing in einem Marmeladenglas gründlich mischen und über den Salat träufeln.

Mit ihren Salatkreationen gibt sich Natalie Molloy viel Mühe – nur mit dem Dressing geht sie sparsam um. Hier packt
sie für den abendlichen Salat Mangold, Tomaten, Möhren, Gurken, Avocados, Mungbohnen, Paprikaschoten, Zuckererbsen
und Mais in den Wagen – und entscheidet sich, nach kritischer Begutachtung, gegen den Kopf Eisbergsalat

Im entlegenen, nur ein Dutzend Häuser zählenden Himalaya-Dorf Shingkhey hat sich die Familie von Nalim und Namgay im Gebetsraum ihres zweistöckigen Lehmhauses versammelt und einen Wochenbedarf an Lebensmitteln für ihre 13-köpfige Großfamilie aufgebaut. Gekocht wird auf einem holzbefeuerten Herd aus Lehm. Lebensmittel für Vorräte werden durch Trocknen an der Sonne in der Bergluft haltbar gemacht *(Namensliste auf der rechten Seite)*

Strom für die Dörfer

EIN WOCHENBEDARF IM FEBRUAR

Getreide und andere stärkehaltige Lebensmttel: $ 0,25

30 kg roter Reis*, damit werden auch zufällig vorbeikommende Gäste verpflegt; 1,4 kg Mehl*; 1 kg rote Kartoffeln*; 1,9 kg Gerste ‡*, geröstet zum Knabbern.

Milchprodukte:

10,5 l Milch* von eigenen Kühen. Aus einem Teil wird Butter gemacht. Aus der Milch werden auch etwa 800 g Käse hergestellt. Die Molke wird ebenfalls verwendet.

Fleisch, Fisch und Eier: $ 0,08

11 Eier ‡*; 125 g gedörrter Fisch. Die Familie isst nur ein oder zwei Mal pro Monat Fleisch oder Fisch. Der Fisch auf dem Foto entspricht etwa einer Dreimonatsration. Die Kostenangabe bezieht sich auf die in einer Woche verzehrte Menge. Gedörrtes Rindfleisch wird öfter gegessen als Fisch.

Obst, Gemüse und Nüsse: $ 1,50

1,6 kg Mandarinen; 640 g gelbe Bananen, Obst wird selten gekauft; 3 kg Rettich; 5 große Bunde Spinat*; 4 große Bunde Senfblätter*; 1 kg Auberginen*; 1 kg rote Zwiebeln; 500 g Tomaten; 500 g Möhren*; 125 g frische grüne Chilischoten (die abgebildete Menge reicht für etwa drei Monate); 125 g getrocknete rote Chilischoten (die abgebildete Menge reicht für etwa vier Monate). Normalerweise stammt alles Gemüse

aus eigenem Anbau oder wird von den Nachbarinnen geborgt. Gemüse wird nur selten auf dem Markt gekauft.

Öle, Würzmittel und Saucen: $ 1,30

2 l Senföl*; 1,5 kg Salz, zum Kochen und zur Steigerung der Milchproduktion bei den Kühen; 500 g Ingwerwurzel; 250 g Zucker; 1 kleine Packung Hausnatron, wird zum Entsäuern des Tees verwendet; 1 Hand voll Chilipulver.

Getränke: $ 0,76

2 gepresste Teetafeln für Buttertee; 20 g schwarzer Tee, nur für Gäste. Wasser wird durch einen Plastikschlauch von einer Quelle zum Haus geleitet und zum Kochen benutzt; vor dem Trinken wird es abgekocht.

Verschiedenes: $ 1,21

80 Betelnüsse; 2 Bund Blätter für Betelnüsse; 1 Packung Limettenpaste.

Gesamtausgaben für Lebens- und Genussmittel in einer Woche: 245 Ngultrum/$ 5

* Aus eigenem Anbau. Wert der selbst produzierten Lebensmittel auf dem lokalen Markt: $ 29

‡ Nicht auf dem Bild

Die Familie (stehend von links nach rechts): Sangay Kandu, 39, Sangays Ehemann; Sangay, 35, mit ihrem sieben Monate alten Sohn Tandin Wangchuck; Sangay Zam, 12, Tochter von Sangay Kandu und Sangay; der Mönch Chato Namgay, 14, Sohn von Sangay Kandu and Sangay; Chato Geltshin, 12, Sohn von Sangay Kandu and Sangay; (sitzend von links nach rechts): Zekom, 9, Tochter von Nalim und Namgay; Bangum, 21, auch Kinley genannt, Tochter von Nalim und Namgay; Drup Chu, 50, Nalims Bruder; Choeden, 16, Tochter von Sangay Kandu and Sangay; Nalim, 53, Familienoberhaupt und Namgays Ehefrau; Namgay, 57, Familienoberhaupt und Nalims Ehemann; Geltshin, 9, Sohn von Sangay Kandu and Sangay.

Die Chilischote ist in Bhutan kein Gewürz, sondern ein Gemüse, das zu jeder Mahlzeit auf den Tisch kommt. „Das war ein schlechtes Chili-Jahr", sagt Nalim. „Die Pflanzen wurden von Insekten befallen, welkten und gingen ein." Zwar konnten Lieferungen aus dem Nachbarland Indien den Engpass lindern, doch für Subsistenz-Bäuerinnen wie Nalim ist es hart, für ein Grundnahrungsmittel bezahlen zu müssen, das normalerweise aus eigenem Anbau stammt.

AN EINEM KALTEN WINTERMORGEN im Himalayadorf Shingkhey blubbert ein Topf mit rotem Reis auf dem flachen Lehmherd in Nalims Küche. Ihre Tochter Sangay, eine Frau mit freundlichem, offenem Gesicht, schiebt ein Stück Holz ins Feuerloch unter dem Reistopf. Sangays fünf größere Kinder und ihre beiden Schwestern schlafen noch nebenan auf dem Fußboden, doch ihr Jüngster, Tandin Wangchuck, beobachtet von seinem Ausguckposten auf ihrem Rücken, wie sie die Beilage zum Reis zubereitet: Ganze Pfefferschoten, Käse, Zwiebel, Chilipulver und Salz werden zu einer Paste zerrieben. Derweil hat Nalim die Morgenmilch gebuttert und bereitet Buttertee zu. Ihr Mann Namgay entwindet sich aus den Armen und Beinen seiner Kinder und Enkelkinder und humpelt hinüber in die Küche zur Feuerstelle. Nalim gießt ihm Tee in eine Tasse. Er sitzt am einzigen unverglasten Fenster seines Hauses, nimmt einen tiefen Schluck und blickt hinaus über das kleine noch schlafende Dorf. Gleich, wenn die Kinder aufwachen, wird die Ruhe ein Ende haben.

Sangay und Nalim wechseln sich ab bei der Versorgung der Kinder und bei der Feldarbeit. Eine macht das Frühstück für die 13-köpfige Familie und bringt die Kinder auf den Weg zur Schule, füttert die Schweine und treibt die Kühe auf die Weide, die andere geht auf den Acker, zum Säen, Hacken und Ernten. In dieser Zeit, da Sangay ihr Baby stillt, macht Nalim meist die Feldarbeit. Bei den Babys davor war es anders. Nalims jüngste, jetzt neunjährige Tochter ist gleich alt wie Sangays Sohn Geltshin, und eine Mutter konnte beide Kinder stillen, während die andere aufs Feld ging.

Shingkhey ist ein typisches Bergdorf in Bhutan. An den steilen Hängen rund um die Lehmhäuser sind die Felder auf schmalen Terrassen angelegt, enge Pfade führen ins Dorf. Die meist zweistöckigen Häuser haben aufwendig geschnitzte Fenster, einige wenige davon sind verglast. Die Wohnungen liegen im ersten Stock. Auf dem geräumigen Dachboden lagern Dörrfleisch, Getreide und Stroh, im Erdgeschoss sind die Ställe fürs Vieh. Die Regierung bemüht sich seit Jahren mit wenig Erfolg, das enge Zusammenleben von Mensch und Tier abzuschaffen, weil es die Verbreitung von Krankheiten und Ungeziefer begünstigt. Jede Familie hat allerdings einen reichgeschmückten Gebetsraum, ausgemalt von Mönchen, die in diesem traditionellen Handwerk ausgebildet sind. Am kunstvoll geschnitzten Altar wird einmal im Jahr die Puja erteilt, der Familiensegen, und täglich werden Opfergaben abgelegt.

Namgays besinnliche Teestunde ist zu Ende, als sich die Kinder regen. Der Enkel von Namgay und Nalim, Chato Namgay, ist zu Besuch. Der 14.-Jährige ist Novize in einem tantra-buddhistischen Kloster in der Bezirkshauptstadt Wangdi Phodrang. Er wickelt seine kastanienbraune Robe über ein Unterhemd in westlichem Schnitt, nimmt einen Span vom Küchenfeuer und geht in den Gebetsraum, um die Butterlampen am Altar zu entzünden. „Ich studiere die Lehren Buddhas und erlerne die religiöse Stickerei", erzählt er. Zurzeit arbeitet er an einem Teppich mit der Darstellung der drei „Edelsteine": Buddha, Dharma und Sangha. Er liebt die Schule und lacht, als ich ihn frage, ob er nicht das Dorfleben vermisse. „Studieren ist viel besser, als auf dem Feld zu arbeiten oder die Kühe zu hüten", sagt er. Dennoch fügt er sich daheim wieder ins Familienleben ein, als wäre er nie fort gewesen.

Die Kinder legen ihr Bettzeug zusammen, und Zekom verteilt Schalen in einem Kreis auf dem Fußboden aus Holz. Der hat, weil darauf roter Reis und Chilischoten serviert wurden, einen schönen handpolierten Glanz bekommen. Jeder bekommt einen Schlag Curry in seine Schüssel, rollt Reis mit den Fingern zu kleinen Kugeln und tunkt sie in das Curry. Das Familiengespräch ist lebhaft, bis auch der letzte Teller leer ist.

Fast alle Mahlzeiten der Familie bestehen aus rotem Reis, Käse und Gemüse. Als Buddhisten töten die Namgays keine Tiere, nur wenn eine Kuh durch einen Unfall ums Leben kommt, wird sie gegessen. „Wenn wir Fleisch haben, essen wir, bis es alle ist. Morgens, mittags und abends." Sonst gibt es Fleisch nur einmal im Jahr zum Puja-Fest, an dem eine Gruppe wandernder Mönche die bösen Geister aus dem Haus vertreibt. Das ganze Dorf kommt zusammen, und die Familie bereitet ein Schwein zu, das von einem besonders ausgebildeten Metzger geschlachtet wurde.

In der Woche des Puja-Fests verzehrt die Familie rund 35 Kilogramm roten Reis.

CHILI-ENGPASS

Nalim ist unzufrieden, weil sie für Chilischoten heute Geld ausgeben muss. Normalerweise werden fast alle Lebensmittel selbst produziert. Und wenn einmal etwas fehlt, borgt sie es sich von der Nachbarin. Doch dieses Jahr war für alle ein schleches Chili-Jahr. Bei Selbstversorgern wie ihnen spielt Geld normalerweise keine große Rolle, doch es gibt mehr und mehr Anlässe, bei denen Bares gebraucht wird. Nalim verkauft daher auf dem Markt im Städtchen, in dem die Kinder zur Schule gehen, Käse und selbst gemachtes Ara, ein hochprozentiges Getränk aus Getreide. Von dem damit verdienten Geld bezahlt sie in der Regel Schulkleidung und -material für die Kinder. Jetzt aber muss sie es für Lebensmittel ausgeben.

Die Kinder räumen unaufgefordert ab, und Namgay holt unter seinem Gho, dem traditionellen Gewand bhutanischer Männer, einen Beutel hervor, dem er eine Betelnuss und ein Stück Limettenpaste entnimmt, die er sich in den Mund schiebt. Die Liebhaber der sanft berauschenden, süchtig machenden Frucht eines Palmengewächses sind leicht auszumachen – sie alle sehen aus, als bluteten sie aus dem Mund. Sämtliche vier Erwachsenen in der Familie kauen gewohnheitsmäßig Betelnüsse, wie fast das ganze Dorf.

MATRIARCHATS-AG

Nalim und Sangays Mutter-Tochter-Unternehmen muss sich vor allem im Frühsommer bewähren, wenn der Reis steht. „Es dauert zu lange, von den Feldern nach Hause und wieder zurück zu gehen", sagt Nalim. „Ich bleibe draußen, selbst wenn es regnet. Dann esse ich halt im Regen." Manchmal bleibt sie sogar über Nacht auf den Reisterrassen, besonders vor der Ernte, wenn die Halme für streunende Kühe und Pferde einfach zu verlockend sind. „Wenn eine Kuh in mein Reisfeld eindringt, frisst sie alles kahl", sagt Nalim. Eine einzige Kuh kann eine ganze Ernte vernichten. Zwar muss der Besitzer des Tieres den Schaden ersetzen, doch nicht immer lässt sich ermitteln, welche Kuh schuld war. Dann hängt der Dorfsegen erst einmal schief. Etliche Parzellen, die Nalim bearbeitet, sind nicht ihr Eigentum. Sie pachtet sie von der Dorfgemeinschaft oder anderen Eigentümern. Neben Reis baut Nalims Familie Weizen, Gerste und Senf an. Den Senf

BHUTAN

- Einwohner: **2 186 000**
- Einwohner des Dorfes Shingkhey: **96** (geschätzt)
- Fläche: **46 988 km²** (etwas größer als Dänemark)
- Bevölkerungsdichte: **47 Einw./km²**
- Anteil der stadtischen Bevölkerung: **9 %**
- Anteil der Subsistenz-Landwirte an der Bevölkerung: **85 %**
- Anteil der Fläche in über 3048 m Höhe: **44,5 %**
- Bevölkerungsanteil mit Anschluss ans Stromnetz: **30 %**
- Lebenserwartung Männer/Frauen: **60/62 Jahre**
- Geburten pro Frau (durchschnittl.): **5**
- Anteil der Analphabeten unter den über 15-jährigen Männern/Frauen: **44/72 %**
- Jährlicher Alkoholkonsum pro Person (reiner Alkohol): **570 ml**
- Bruttosozialprodukt (BSP) pro Person bei Kaufkraftparität (auf Grundlage der Kosten für gleichwertige Waren in den USA): **1969 $**
- Jährliche Gesundheitsausgaben pro Person/Anteil am BSP: **9 $/3,9 %**
- Anteil übergewichtiger Männer/Frauen: **34/45 %**
- Anteil fettleibiger Männer/Frauen: **5/13 %**
- Fleischkonsum pro Person und Jahr: **3 kg**
- Zahl der McDonald's-, Burger-King-, Kentucky-Fried-Chicken- und Pizza-Hut-Filialen: **0**
- Zahl der Fernsehkanäle 1998/2005: **0/1**
- Staatliche Steuer für Individualreisende pro Person und Tag: **205 bis 240 $**

Namgay *(links, am Feuer)* und seine Frau Nalim *(rechts, am Feuer)* mit Familienmitgliedern und Freunden beim Mittagessen in der Küche ihres Lehmhauses. Es gibt roten Reis und für jeden eine kleine Schale gekochtes Gemüse. Die Küche und die angrenzenden Räume sind oft voller Rauch, weil die Feuerstelle keinen Abzug hat. Nalim möchte gern in einem separaten Haus eine neue Küche bauen, doch sie hat nicht das nötige Geld dafür

Bhutanisches Shamu Datshi mit Dörrfleisch (Pilze mit Käse und Schweinefleisch)

2 kg gedörrtes Schweinefleisch (ersatzweise luftgetrockneter Schinken), sehr fein gehackt

1,5–2 kg frische oder 150–200 g getrocknete Pilze, in Streifen geschnitten

12 frische rote Chilischoten, fein geschnitten

2 tennisballgroße Kugeln Kuhkäse, zerkrümelt

1 EL Senföl oder anderes Pflanzenöl

evtl. Salz

4 Lauchzwiebeln, in feine Ringe geschnitten

- Das Fleisch in einem großen Topf mit kaltem Wasser bedecken, zum Kochen bringen und garen.
- Pilze, Chilischoten und Käse zufügen.
- Mit Öl und evtl. Salz abschmecken, zum Kochen bringen.
- Gut durchrühren, sobald die Mischung kocht und der Käse schmilzt.
- Mit Zwiebeln bestreuen. Dazu roter Reis.

Bhutanischer roter Reis

150 g roter Reis pro Person

- Den Reis mit kaltem Wasser abspülen, in einen Topf geben und 8 cm hoch mit Wasser bedecken. Deckel schließen.
- Aufkochen, dann die Hitze reduzieren, öfter umrühren, bis der Reis halb gar ist.
- Das Wasser aus dem Topf abgießen, den Reis gleichmäßig darin verteilen.
- Den Topf zurück auf den Herd stellen und bei schwacher Hitze weitere 5 Min. garen, nochmals umrühren und servieren.

Händler verkaufen auf dem Markt in Wangdi Phodrang, zwei Fußstunden von Shingkhey entfernt, Kohl, Tomaten und Zwiebeln aus dem Familiengarten (oben links)**. Oberhalb des Marktes trocknet ein Ladenbesitzer in seiner Satellitenschüssel rote Chilischoten** (rechts)**, während im Dorf Fleisch durch Trocknen haltbar gemacht wird**

Sangay beobachtet das Verlegen der Stromleitungen zu ihrem Hof. Die Energie stammt aus einem neu gebauten kleinen Wasserkraftwerk im Nachbartal. Bei der Einweihungsfeier am folgenden Tag ist Namgay *(am Kopf der Tafel)* Gastgeber der angereisten Würdenträger. Es gibt roten Reis, Kartoffeln, Tomaten, Gurken, Rind, Huhn und eine würzige Chili-Käse-Suppe. Für das Fest haben die Dorfbewohner seit langem Lebensmittel zurückgelegt

Bei der Einweihung der Stromversorgung nimmt der Lamapriester einen tiefen Schluck aus der Cola-Flasche. Soeben hat der
Novize Chato Namgay *(im roten Gewand)* die rituellen Butterlampen unter der Trafo-Station entzündet. Die Inschrift
über einem Foto des Königs lautet: »Freigabe der Stromversorgung ländlicher Haushalte unter Wangdi Phodrang Dzon
Khag zur Erinnerung an das silberne Krönungsjubiläum seiner Majestät des Königs Jigme Singye Wangchuck«

verarbeitet sie hinterm Haus, die Saat wird gepresst, um Öl zu gewinnen, das wiederum zum Kochen verwendet wird. Außerdem zieht die Familie im Hausgarten Tomaten, Möhren, Spinat, Chilischoten, Lauchzwiebeln, Bohnen, Zucchini und weiße Rüben. Wenn die Kinder nicht in der Schule sind, müssen sie darauf achten, dass die Tiere nicht in die Gemüsebeete gehen.

Sangays 16-jährige Tochter Choeden ist das einzige Kind der Familie, das nicht zur Schule geht. Das junge Mädchen ist für alle Tiere verantwortlich und wird dafür ausgebildet, einmal Haus und Hof zu übernehmen. Ursprünglich war die mittlere Tochter Bangum dafür ausersehen, doch die Mädchen haben den Rollentausch unter sich ausgemacht – Bangum wollte zur Schule gehen, Choeden nicht. Nach Meinung der Mutter ist es so besser – Choeden ist kräftiger als ihre Schwester Bangum, die wie ihr Vater durch einen Buckelrücken leicht behindert ist.

Wenn die Familie für ein Projekt der Dorfgemeinschaft oder in Nachbarschaftshilfe beim Bau eines Hauses eine Arbeitskraft stellen soll, ist das stets Choedens Aufgabe. „Sie ist eine große Hilfe", sagt Nalim. „Bangum kann manchmal nicht zur Schule gehen, weil sie auf die Kleinen aufpassen muss, wenn wir auf dem Feld sind und Choeden irgendwo außer Haus hilft." Nalim ist nur mäßig interessiert, als sie von mir erfährt, dass Bangums Englisch – ein Pflichtfach in der Schule – schon recht gut ist. Rasch weist die Mutter darauf hin, dass Bildung nichts zu essen auf den Tisch bringt und sie auch noch Geld kostet. Doch dann räumt sie ein: „Dass sie lesen kann, ist schon recht nützlich. Wenn wir auf den Markt gehen, kann sie mir die Schilder vorlesen."

Mitunter aber ereifert Nalim sich, wenn sie von der Tochter spricht: „Manchmal bin ich böse auf sie, weil sie nicht im Haus arbeitet, und sage ihr: ‚Du bist diejenige, die zur Schule gehen darf und neue Kleider bekommt – also musst du saubermachen, wenn du nach Hause kommst.'" Nalim will, dass ihre gebildete Tochter eine Stellung sucht und zum Unterhalt der Familie beiträgt. „Es gibt so viele Esser, aber nur so wenige Menschen, die arbeiten", sagt Nalim. „Ich hoffe, das ändert sich, wenn sie älter werden."

Es werde Licht
Morgen Nachmittag wird ein Schalter umgelegt, und die dunklen Ecken von Nalims Lehmhaus und der Nachbarhäuser werden zum ersten Mal in Licht getaucht sein. Der Anschluss eines so entlegenen Dorfes ans Stromnetz belegt die Bemühungen des Staates, die Wasserkraft zur Modernisierung des Landes zu nutzen.

Doch es ist fraglich, ob Nalim sich mehr als eine Glühbirne oder Leuchte wird leisten können, geschweige denn den Strom, um sie zu betreiben. Der Staat subventioniert zwar die Stromlieferungen in die Dörfer, doch für Installationen und Leuchtmittel mussten die Familien selbst aufkommen. Gestern stand Sangay auf der Terrasse vor dem Haus, wo sie und ihre Mutter seit Jahrzehnten Senfsaat verarbeitet haben, und beobachtete die Arbeiter der staatlichen Elektrizitätsgesellschaft beim Setzen des letzten Leitungsmastes für ihren Anschluss. Nalim und die Kinder standen hinter dem Haus beim Küchengarten und beobachteten die Techniker beim Verlegen der Leitungen und Montieren des Stromzählers über der Haustür – an dem Platz, an dem Nalim und ihre Vorfahren seit Generationen sich das Gesicht gewaschen und die Zähne geputzt, Geschirr gespült und ihre Babys gebadet haben.

Vor dem Abendessen mit rotem Reis, Chilischoten und Spinatcurry steht die Familie im rauchigen, nur durch das Herdfeuer erhellten Raum, um zu beobachten, wie die nackte, von der Decke baumelnde Glühbirne – die allererste in ihrem nicht von Luxus verwöhnten Haus – erstrahlt. Lachen und ungläubiges Staunen liegt auf den Gesichtern, die plötzlich in das helle künstliche Licht getaucht sind, das fortan ihre Tage verlängern wird.

Endgültig wird der Strom erst morgen angestellt, wenn sich die Arbeiter vom E-Werk, Lamapriester und Mönche zur offiziellen Einweihungsfeier versammeln. Doch Nalim hat so lange auf diesen Augenblick gewartet, dass es ihr auf einen Tag mehr oder weniger nicht ankommt. Ab morgen wird das Abendessen im Halbdunkel vorerst der Vergangenheit angehören. Und sogar die Kühe unten im Stall bekommen noch ein wenig Helligkeit ab.

Am Tag nach der Einweihungsfeier geht das Leben im Dorf wieder seinen gewohnten Gang. Mit den anderen Mädchen von Shingkhey mistet Bangum *(dritte von rechts)* die Ställe aus und verteilt den Naturdünger auf den abgeernteten Feldern aus, bevor die Männer den Boden umpflügen

Die Familie Dudo in der Wohnküche ihres Hauses in Sarajevo, der Hauptstadt von Bosnien und Herzegowina, mit einem Wochenbedarf an Lebensmitteln. Zwischen Ensada, 32, und Rasim Dudo, 36, stehen ihre Kinder *(v. l. n. r.)* Ibrahim, 8, Emina, 3, und Amila, 6. Gekocht wird auf einem Elektro- oder Kohleherd. Vorratshaltung: Kühl-Gefrier-Kombination

Nachkriegszeit

EIN WOCHENBEDARF IM JANUAR

Getreide und andere stärkehaltige Lebensmittel: $ 17,40

7 kg Brot (14 Laibe); 2 kg Mehl; 2 kg Kartoffeln; 1 kg weißer Reis; 500 g Strudelblätter; 1 kg Nudeln; 500 g Teigblätter; 375 g Cornflakes.

Milchprodukte: $ 17,80

7 l Milch; 4 l Trinkjoghurt; 1,5 l Sahne (wird mit Brot oder Eiern gegessen); 1 kg Butterschmalz; 580 g Goudakäse; 605 g Fetakäse; 500 g Butter; 400 g Zitronenjoghurt; 400 g Ananasjoghurt.

Fleisch, Fisch und Eier: $ 54,20

2 kg Rinderhackfleisch; 1 kg Rindersteaks; 1 kg Hammelfleisch; 1 kg Kalbfleisch; 1,8 kg Wiener Würstchen (Hot Dogs); 1 kg Rinderbratwurst; 1 kg gebackenes Hähnchen; 500 g Sarajevo-Dauerwurst; 500 g einheimische Salami; 500 g Hühnerpastete in Dosen; 30 Eier; 250 g Ölsardinen.

Obst, Gemüse und Nüsse: $ 28,20

4 kg Mandarinen; 3 kg Äpfel; 3 kg Apfelsinen; 1,5 kg Bananen; 500 g Zitronen; 200 g Dörrfeigen; 2,5 kg Weißkohl; 1 kg Möhren; 1 kg Knoblauch; 1 kg Porree; 1 kg rote Zwiebeln; 1 kg Spinat; 1 kg Tomaten; 500 g Champignons; 500 g eingelegte Gurken; 1 kg Kidneybohnen; 1 kg Linsen; 500 g eingelegte rote Paprika; 1 kg Erdnüsse.

Öle, Würzmittel und Saucen: $ 8,80

2 kg Zucker; 1 l Sonnenblumenöl; 500 g Obstkompott; 250 ml Kaffeesahne; 235 g Mayonnaise; 220 g Pfirsichkonfitüre; 200 g Senf; 200 g Meersalz; 100 g Würfelzucker.

Snacks und Süßigkeiten: $ 21,80

2 kg Rosinen; 1 kg Bonbons; 450 g Milchschokolade-Toffees; 450 g Orangen-Schokoladen-Kekse; 400 g Nussnougat-Creme; 168 g Candyriegel; 120 g Maiskringel.

Fertiggerichte und Instantprodukte: $ 2,50

150 g Hühnersuppe mit Klößchen; 132 g Hühnerbouillon-Würfel.

Getränke: $ 16,90

4 l Orangenlimonade; 2 l Cola; 2 l Mineralwasser; 2 l Blaubeer-Getränkesirup; 2 l Blaubeer-Trauben-Getränkesirup; 1 l Ananas-Getränkesirup; 2 l Orangensaft; 500 g Bohnenkaffee; 250 g Kakao; 150 g Orangen-Getränkepulver; 100 g Instantkaffee; 100 g Tee.

Gesamtausgaben für Lebens- und Genussmittel in einer Woche: 335 Konvertibilna Marka/$ 167

Sarajevo hat schlimme Kämpfe erlebt, in deren Folge ausgedehnte Grundstücke zu – teilweise sehr schönen – Friedhöfen wurden, die das Stadtbild prägen. Nezad Eminagic, Rechtsanwalt in Sarajevo, erklärt, weshalb die Bewohner sie als Teil des Lebens ihrer Stadt sehen: „Wir empfinden die Friedhöfe nicht als düster. Unsere Nachbarn, unsere Söhne, unsere Familien sind dort begraben, doch für uns als Muslime sind sie nicht tot. Als Kind spielte ich oft auf einem alten Friedhof aus der osmanischen Zeit. Wir wohnten gleich nebenan, vielleicht war unser Haus sogar auf den Friedhof gebaut. Doch keiner von uns, weder Familie noch Freunde, hat das jemals als unangenehm empfunden."

ENSADA DUDO STELLT KLEINE KUPFERTÄSSCHEN auf ein Tablett, während ihr Mann Rasim mit Schwung die letzten Bohnen durch die kleine Kaffeemühle aus Messing dreht. Dann bereitet sie für ihre Gäste den starken, süßen, türkischen Kaffee zu. Draußen schneit es an diesem Samstagnachmittag im Januar in Sarajevo. Ensada reicht zum Kaffee zwei türkische Süßigkeiten: *Rahat Lokum*, Fruchtgelee mit Nüssen, und Halva („türkischer Honig") aus gehackten Erdnüssen und Honig. Der türkische Einfluss in dieser Gegend ist ein Resultat der Geschichte: Ganz Südosteuropa gehörte vom 15. Jahrhundert bis ins späte 19. Jahrhundert zum Osmanischen Reich. Die Süßigkeiten locken die dreijährige Emina und ihre sechsjährige Schwester Amila. Doch enttäuscht stellen sie fest, dass es keine Schokolade ist. Sie gehen zurück ans Fenster und schauen ihrem Bruder Ibrahim zu, der mit Freunden rodelt. „Sie lieben Süßes", sagt ihre Mutter, „darum backe ich jeden Samstag einen Kuchen."

Ensada und Rasim lieben die gemütlichen traditionellen Kaffeepausen, doch im Alltag haben sie kaum Zeit dafür. Ensada arbeitet für die humanitäre muslimische Organisation Merhamet, und Rasim ist selbstständiger Taxifahrer in einer Stadt, in der viele Konkurrenten auf der Suche nach Kundschaft sind. Die Eheleute kommen mittags zum Essen nach Hause. Es ist ihre Hauptmahlzeit. Rasims Mutter Fatima, die die Kinder versorgt, während die Eltern arbeiten, zieht sich zum Essen zurück in ihre eigene Wohnung oben im Haus. Trotz ihrer knappen Zeit bringt Ensada mittags keine fertig gekauften Speisen oder Gerichte auf den Tisch. Sie macht zum Beispiel geschmortes Huhn oder *Bosanski Lonac* – Gemüseeintopf mit Fleisch, meistens Hammel. Als Muslime essen die Dudos kein Schweinefleisch. Abends gibt es Reste vom Mittag und knuspriges Brot mit Avjar, einer würzigen Paste aus Auberginen und roten Pfefferschoten.

Obwohl Ensada und Rasim die meisten nicht verderblichen Lebensmittel in einem neuen Supermarkt holen, kaufen sie Eier, frisches Obst und Gemüse auf dem großen Viktualienmarkt von Ciglane – auch wenn für sie, wie für viele Bürger der Stadt, mit dem Markt bittere Erinnerungen an den Bürgerkrieg verknüpft sind. Das Marktgelände grenzt an den Olympiapark, wo 1984 die Winterspiele stattfanden. Heute ist ein Teil davon ein Friedhof für die Opfer der serbischen Belagerung.

DER BÜRGERKRIEG

Während des Bürgerkrieges, der Anfang der 1990er Jahre in Bosnien wütete, war für Ensada, Rasim und ihre Angehörigen die tägliche Versorgung schwierig. Aber weil sie in den Hügeln am Rande der Stadt wohnten, ging es ihnen besser als den meisten ihrer Mitbürger. Sie hatten eine eigene Wasserquelle, Obstbäume, einen Gemüsegarten und eine Milchkuh. Sie teilten Wasser und Lebensmittel mit ihren Nachbarn.

Vor dem Krieg führten die Bewohner der Altstadt unten im Tal am Ufer der Miljacka ein angenehmes Leben. Während der Belagerung aber waren sie ständig Zielscheibe der paramilitärischen Kräfte, die sich oberhalb der Stadt in den Bergen verschanzt hatten. Der Kampf ums Überleben bestimmte den Alltag. Öffentliche Dienste und Versorgung existierten nicht mehr. Die zerlumpten Soldaten in der Stadt trugen Brennholz zu ihren Familien nach Hause, da es weder Gas noch Strom zum Kochen gab.

Tausende starben im Krieg. Auch Rasims Vater – durch einen Schlaganfall an der Front. Die meisten Mitglieder der Familie Dudo flüchteten während des Krieges in verschiedene Gegenden der Welt. Rasim und Ensada blieben in Sarajevo mit Rasims jüngerer Schwester Senada und ihrer Mutter Fatima. Noch heute leben sie gemeinsam in dem von Rasims Vater erbauten Zweifamilienhaus. Äußerlich, sagen sie, sei die Stadt wieder zum Leben erwacht – dank der Unterstützung aus dem Ausland und durch die wieder angekurbelte Wirtschaft. Doch die seelischen Wunden heilen langsam in einer Gesellschaft, deren ethnische Gruppen relativ eng zusammenlebten, ehe sie durch den Nationalismus auseinander gerissen wurden.

Spuren der vierjährigen Belagerung Sarajevos begegnet man noch heute *(ehemalige serbische Geschützstellungen oberhalb der Stadt, links).* **Auf dem Markt von Ciglane** *(unten rechts)* **werden wieder Obst und Gemüse verkauft, doch Teile des Olympiaparks** *(oben rechts)* **sind zum Friedhof für Opfer der Belagerung geworden**

Obwohl Ensada und Rasim beruflich stark eingespannt sind, versuchen sie, die Rituale und Freuden des Essens zu bewahren. Die Kriegsjahre noch in lebhafter Erinnerung, sind die Dudos noch immer über jeden üppigen Wocheneinkauf froh. Ensada bewirtet Gäste großzügig mit Süßigkeiten und türkischem Kaffee, die sie auf einem handgearbeiteten Metalltablett serviert *(rechte Seite)*. Sarajevo ist für seine kunstvollen Metallarbeiten berühmt

BOSNIEN UND HERZEGOWINA

- Einwohner: **4 112 000**
- Einwohner von Sarajevo: **552 000**
- Fläche: **51 129 km²** (etwas größer als Niedersachsen)
- Bevölkerungsdichte: **80 Einw./km²**
- Städtische Bevölkerung: **45 %**
- Lebenserwartung Männer/Frauen: **69/76 Jahre**
- Geburten pro Frau (durchschnittl.): **1,3**
- Kalorienaufnahme pro Person und Tag: **2894 kcal**
- Anteil unterernährter Menschen: **8 %**
- Jährlicher Alkoholkonsum pro Person (reiner Alkohol): **6,4 l**
- Bruttosozialprodukt (BSP) pro Person bei Kaufkraftparität (auf Grundlage der Kosten für gleichwertige Waren in den USA): **5970 $**
- Jährliche Gesundheitsausgaben pro Person/Anteil am BSP: **85 $/7,5 %**
- Anteil übergewichtiger Männer/Frauen: **57/51 %**
- Anteil fettleibiger Männer/Frauen: **14/22 %**
- Fleischkonsum pro Person und Jahr: **21,3 kg**
- Verfügbare Menge an Zucker und Süßungs-mitteln pro Person und Jahr: **33,1 kg**
- Zahl der McDonald's-Filialen: **0**
- Anteil der Raucher unter den über 18-jährigen Männern/Frauen: **55/32 %**
- Anzahl der Toten bei der Belagerung von Sarajevo 1992–1995: **15 000**
- Arbeitslosenquote (2002): **40 %**
- Selbstmordrate je 100 000 Einwohner, vor und nach dem Krieg (1992/2003): **11/20**

Ensada Dudos Sitni Cevap (Kleine Kebabs)

200 g Butter

100 g Zwiebeln, fein gehackt

2 Knoblauchzehen, fein gehackt

600 g Kalbfleisch, in 1–2 cm große Stücke geschnitten

gehackte Petersilie

gehackte Sellerieblätter

Salz und Pfeffer

1–2 EL Tomatenmark

Cayennepfeffer

- In einer großen Pfanne bei mittlerer Hitze die Butter zerlassen und Zwiebeln und Knoblauch darin glasig anschwitzen.
- Das Fleisch zugeben, darauf achten, dass die Stücke nicht übereinander liegen.
- Nach einer Minute nach Belieben mit Sellerie- und Petersilienblättern, Salz und Pfeffer abschmecken. Braten, bis alle Flüssigkeit verdampft ist, die Hitze reduzieren, Cayennepfeffer und Tomatenmark zugeben.
- Wenn das Fleisch gar ist, so viel Wasser zugießen, dass es gerade bedeckt ist. Aufkochen. Vor dem Servieren das Fett abschöpfen.

Wir »Gekochtfresser«

Wer sich den Hauptteil dieses Buches anschaut, die Fotos der Familien in aller Welt, kann sich mit diesen Menschen identifizieren, unabhängig davon, wie anders ihre Lebensumstände sind. Das gemeinsame Thema der Fotos – die Nahrung – sagt uns alles. Essen ist unsere entscheidende Lebensgrundlage. Nichts ist wichtiger für den Fortbestand von Kultur und Zivilisation – also von Brauchtum, Fähigkeiten, Religionen und Institutionen – als die Familie. Bei der Mahlzeit tanken wir Energie und legen die Grundlagen unserer Gesellschaft.

Unsere Vorfahren, von denen wir und die Schimpansen abstammen, aßen nicht zu festen Zeiten an bestimmten Plätzen. Sie zogen die meiste Zeit in Gruppen umher, wie die Schimpansen heute, und wenn einer etwas Essbares fand, verspeiste er es auf der Stelle – gemeinsame Mahlzeiten gab es allenfalls zufällig. Es mögen gewisse Bande zwischen ihnen entstanden sein, doch kein Gemeinschaftsgefühl in unserem Sinne. Bis zur Familie, die sich am festlich gedeckten Tisch um die Weihnachtsgans versammelt, war es noch ein weiter Weg.

Im Laufe der Epochen kam es zu einem wichtigen Wandel der Ernährung. Wir begannen, Nahrung zu sammeln und sie zu einem dem Sippenverband bekannten Platz zu tragen, wo sich erfolgreiche Sammler und Jäger mit weniger erfolgreichen trafen und die Beute teilten. Über die genetische Bindung hinausreichende Familienbande entstanden – die Keimzelle des Gemeinschaftsempfindens.

Die Entdeckung, dass sich durch Kochen die Nahrungsmenge vergrößern ließ, die man verdauen konnte, beschleunigte die Entwicklung rasant. Das Kochen ist eine einzigartige Errungenschaft der Spezies Mensch – exklusiver als die Sprache. Tiere können bellen, zwitschern, brüllen oder sich durch sonstige Geräusche verständigen. Aber nur wir können backen, kochen, rösten und braten.

Werden tierische oder pflanzliche Nahrungsmittel stark erhitzt, können wir sie einfacher und wirksamer mit unseren Zähnen bearbeiten. Kochen verwandelt im Rohzustand ungenießbares, unbekömmliches oder sogar giftiges, nur schwer oder unmöglich zu verdauendes organisches Material in nahrhaftes, schmackhaftes Essen. Schimpansen verbringen durchschnittlich sechs Stunden am Tag mit Kauen, Menschen nur eine.

Das Kochen verstärkte den Trend zur Gemeinschaft. Brennholz musste gesammelt und zum Feuer gebracht werden. Es wurde notwendig, Abläufe im voraus zu planen. Kochen machte uns klüger, und es erweiterte die Palette organischen Materials, das wir als Nahrung aufnehmen können – und somit die Regionen und Klimazonen, in denen wir leben. Der Anthropologe Richard Wragham sieht deshalb die Geburtsstunde der Menschheit in dem Augenblick gekommen, als ein Affe das Kochen entdeckte. Nach seiner Theorie sind wir weder Fleisch- noch Pflanzenfresser, sondern „Gekochtfresser".

Die menschliche Population wuchs, wir verließen den afrikanischen Kontinent, erreichten schon vor 50 000 Jahren Australien und besiedelten vor mindestens 12 000 Jahren Amerika. Vor Erfindung von Ackerbau, Metallverarbeitung und der Schrift, lange vor dem ersten Supermarkt wurden wir zur Spezies mit der größten Verbreitung unter den großen Landtieren. Wir hatten ein gutes Stück des Weges zurückgelegt, der uns zu den in diesem Buch vorgestellten Menschen führt.

Seitdem gab es nur wenige vergleichbar bedeutende Entwicklungsschritte. Wir beschränkten uns nicht länger auf das Sammeln, sondern nutzten gezielt bestimmte bekömmliche Pflanzen und hielten Tiere. Schon vor drei- bis viertausend Jahren hatten wir alles domestiziert, was eine zentrale Rolle in unserer Ernährung spielt: Gerste, Weizen und Reis, Mais und Kartoffeln, Schafe, Ziegen, Rinder und Pferde. Seither haben wir nichts Bedeutsameres als die Erdbeere gezüchtet und das Rentier gezähmt.

Wir haben Pflanzen- und Tierarten rund um den Globus ausgetauscht – was weit bedeutender ist als die Nutzung neuer Arten. Zum Beispiel Getreide: Reis, ein südostasiatisches Gras und seit Jahrhunderten das wichtigste Getreide in ganz Asien, wird heute in gewaltigen Mengen auch in Europa und Amerika angebaut. Das aus Neuguinea stammende Zuckerrohr ist überall in den Tropen verbreitet. Der Weizen aus dem Mittleren Osten wächst in beiden gemäßigten Klimazonen und ist das wichtigste weltweit gehandelte Getreide.

Wir haben Nutztiere in alle Regionen verbreitet, in denen sie leben können. Das Pferd, für sein Fleisch ebenso geschätzt wie wegen seiner Kraft und Schnelligkeit, ist fast überall in den geeigneten Klimazonen zu Hause. Vor 500 Jahren brachten spanische Segelschiffe die in Amerika vor Jahrtausenden ausgestorbene Art zurück. Heute leben Pferde millionenfach in den USA.

Wir haben die Nahrungsmittelproduktion durch geschickten Einsatz von Düngemitteln und Pestiziden und durch gezielte Züchtung (und neuerdings durch genetische Manipulation) vervielfacht. Aber die alten Grundnahrungsmittel sind für unsere Ernährung heute so wichtig wie vor drei- oder viertausend Jahren.

Die wichtigsten Fortschritte der letzten 200 Jahre zur Sicherung der nächsten Mahlzeit gab es auf dem Gebiet der Vorratshaltung. Getreide ist bei trockener Lagerung Jahre, sogar Jahrzehnte haltbar. Aber die meisten anderen Nahrungsmittel verderben leicht. Einiges konnten wir durch Salzen (Pökeln) und Trocknen haltbar machen. So wurde es möglich, in Rom jahrhundertelang freitags Kabeljau aus dem Nordatlantik auf den Tisch zu bringen. Doch die Anzahl der Nahrungsmittel, die sich so konservieren lassen, ist begrenzt. Die Revolution der Vorratshaltung durch Erfindung von Kühlung, chemischer Konservierung, Verpackung in Dosen, Flaschen, Schachteln und Folie hat die meisten dieser Schranken aufgehoben. Gleichzeitig ermöglichte die Entwicklung der Verkehrsmittel den Transport haltbarer Lebensmittel aus Gegenden mit hoher Produktion in Regionen mit starker Nachfrage. Norweger essen Äpfel aus Neuseeland, Neuseeländer Heringe aus der Ostsee.

Derart gegen die Folgen von Dürre, Schädlingen oder saisonale Engpässen gewappnet, konnten wir Menschen uns zwar massiv vermehren, doch das uralte Problem des Hungers ist für Millionen von uns noch immer nicht gelöst. Paradoxerweise kämpfen wir gleichzeitig gegen die Folgen übermäßigen Konsums. Die Gene unserer entwicklungsgeschichtlichen Vorfahren befehlen uns zu essen, weil es morgen vielleicht nichts mehr geben könnte; und wir wählen gezuckerte Nahrung, weil unsere Vorfahren reife Früchte bevorzugten. Deshalb leiden wir heute an Rückenschmerzen, Diabetes, Fettleibigkeit, Arteriosklerose und an Herzinfarkten.

Die Zahl derer, die an den Folgen des Überflusses leiden, erreicht wohl zum ersten Mal in der Geschichte die Zahl der Unterernährten. Das tägliche Brot ist heute wie früher entscheidend für die Geschichte des *Homo sapiens*.

Dr. Alfred W. Crosby ist emeritierter Professor für Geschichte der Universität von Texas. Er schrieb die Bücher „The Columbian Exchange" und „Ecological Imperialism", wurde mit dem Preis der Medical Writers' Association ausgezeichnet und ist Mitglied der American Academy of Arts and Sciences.

Das Kochen ist eine einzigartige Errungenschaft der Spezies Mensch – exklusiver als die Sprache. Tiere können bellen, zwitschern, brüllen oder sich durch sonstige Geräusche verständigen. Aber nur wir können backen, kochen, rösten und braten

DUBAI, VEREINIGTE ARABISCHE EMIRATE

BARGTEHEIDE, DEUTSCHLAND

FLÜCHTLINGSLAGER BREIDJING, TSCHAD

BUAH MERAH (ROTE FRÜCHTE) WERDEN MIT HEISSEN STEINEN GEGART • BALIEM-TAL, PAPUA

MONTREUIL, FRANKREICH

TINGO, ECUADOR

KOUAKOUROU, MALI

KOPENHAGEN, DÄNEMARK

MANILA, PHILIPPINEN

Küchen

Die Veränderung der Molekularstruktur pflanzlicher und tierischer Nahrungsmittel durch Hitze ist eine der ältesten und wichtigsten kulturellen Errungenschaften – der *Homo sapiens* ist die einzige Spezies, die kocht, wie Alfred W. Crosby in seinem Begleitessay hervorhebt (S. 52). So grundverschieden die Küchen auf diesen Bildern auch sein mögen, sie sind doch alle Mittelpunkt eines Zuhause – wenn auch zum Teil eines provisorischen. Dabei ist das Kochen seit jeher vor allem eine Sache der Frauen.

Die Familie Aboubakar aus der sudanesischen Provinz Darfur vor ihrem Zelt im Flüchtlingslager Breidjing im Osten des
Tschad mit einer Wochenration an Lebensmitteln: D'jimia Ishakh Souleymane, 40, hält ihre zweijährige Tochter Hawa
auf dem Schoß, daneben *(v. l. n. r.)* ihre Töchter Acha, 12, und Mariam, 5, sowie die Söhne Youssouf, 8, und Abdel Kerim, 16.
Gekocht wird auf offenem Holzfeuer. Einziges Mittel zur Vorratshaltung: Trocknen an der Sonne

Zuflucht in Zelten

EINE WOCHENRATION IM NOVEMBER

Getreide und andere stärkehaltige Lebensmittel:

17,9 kg ungemahlene Hirse; 2,1 kg Mais-Soja-Gemisch – beides Zuteilungen der Hilfsorganisationen.

Milchprodukte:

Stehen den Flüchtlingen nicht zur Verfügung.

Fleisch, Fisch und Eier: $ 0,58

255 g getrocknetes Ziegenfleisch mit Knochen; 200 g getrockneter Fisch. *Hinweis: Zu besonderen Anlässen, wie dem Ende des Fastenmonats Ramadan, kaufen mehrere Familien gemeinsam ein Tier, das sie schlachten und aufteilen. Ein Teil des Fleisches wird frisch in der Suppe gegessen, der Rest getrocknet.*

Obst, Gemüse und Nüsse: $ 0,51

5 kleine Limonen; 2,1 kg Hülsenfrüche (Zuteilung); 450 g rote Zwiebeln; 227 g Knoblauch; 142 g getrocknete Okraschoten; 142 g getrocknete Paprikaschoten; 142 g getrocknete Tomaten.

Öle, Würzmittel und Saucen: $ 0,13

2,1 l Sonnenblumenöl; 630 g weißer Zucker; 210 g Salz (Zuteilungen); 341 g Chilischoten; 114 g Ingwerknolle.

Getränke

294 l Wasser, durch die Organisation Oxfam bereitgestellt, für alle Bedürfnisse.

**Gesamtausgaben für Lebens- und Genussmittel in einer Woche:
685 Franc CFA (Communauté Financière Africaine)/$ 1,22**

Geschätzter Wert der zugeteilten Mengen auf dem lokalen Markt: $ 24,37

Die Zuteilungen werden vom Welternährungsprogramm der Vereinten Nationen zur Verfügung gestellt.

D'JIMIA ISHAKH SOULEYMANE ERWACHT an diesem heißen Novembermorgen bereits vor Tagesanbruch. Sie verhüllt Kopf und Schultern gemäß islamischer Sitte mit einem lilafarbenen Tuch und bereitet in ihrer Küche die erste Mahlzeit des Tages zu. Mit Reisig entfacht sie zwischen drei Steinen ein kleines Feuer, füllt Wasser in den einzigen Topf der Familie und setzt ihn auf die Steine. Sobald das Wasser kocht, holt sie aus einem kleinen Sack einige Hände voll geschroteter Hirse und rührt sie hinein. Den gekochten, dicken Brei kippt sie in eine geölte Schüssel und schwenkt sie, bis die Oberfläche des Breis glatt ist. Anschließend kocht sie aus ein paar getrockneten Tomaten, etwas Salz und Wasser eine Suppe. Den gestockten Hirsebrei – Aiysch genannt, was auf Arabisch „Leben" bedeutet – stürzt sie auf einen Teller, holt die Suppe vom Feuer und serviert vor ihrem Zelt im staubigen, weitläufigen Flüchtlingslager von Breidjing das Frühstück für ihre sechsköpfige Familie.

In diesem und ähnlichen Lagern beugen sich Tag für Tag Zehntausende geflüchteter Frauen aus dem Sudan vor ihren Zelten über einen Topf, um für ihre Familien diese Mahlzeit zuzubereiten – Aiysch und eine dünne Suppe. Morgens, mittags und abends. Sie alle sind in der gleichen Lage: Sie leben in einem fremden Land weitab der Heimat. Der Bürgerkrieg im Sudan, dem größten Land Afrikas, hat eine jahrzehntealte Geschichte. Seit das Land 1956 seine Unabhängigkeit von den Briten erlangte, kämpfen die von der Regierung in Khartum unterstützten Muslime des Nordens gegen die animistischen und christlichen Bewohner des Südens. Als 2003 dieser Krieg endlich zu enden schien, brach ein neuer Konflikt aus – diesmal in der Region Darfur im Westen des Landes zwischen arabischen Muslimen und der Regierung einerseits und schwarzafrikanischen Muslimen andererseits (unter anderem den Völkern der Masalit, Fur und Zaghawa).

Rebellengruppen, die sich in den politisch und wirtschaftlich benachteiligten nicht arabischen Landesteilen gebildet hatten, forderten einen Anteil am Gewinn aus der Ausbeutung der Bodenschätze in Darfur und griffen Einrichtungen des Staates an. Die Regierung schlug zurück. Und die regierungstreuen arabischen Djandjawid-Milizen (arabisch für „bewaffnete Reiter") schlugen ebenfalls zu. Monatelang plünderten und brandschatzten sie Dörfer in Darfur, töteten Tausende von Menschen. Die Überlebenden flüch-

teten nach Süden oder Westen ins Nachbarland Tschad. „Wir blieben zunächst verschont. Wir hielten unser Dorf Andrigne für sicher", sagt D'jimia. Als ihr Mann 2003 tödlich verunglückt war, bestellte sie weiter den Boden. Bis Mitte des Jahres 2004 die Djandjawid die Nachbardörfer angriffen. Der Dorfälteste von Andrigne forderte zur Flucht auf, und alle Dorfbewohner gingen in den Tschad, nahmen nur das mit, was sie selbst tragen oder mit auf den Eselskarren eines Nachbarn packen konnten. D'jimia war verwirrt und verängstigt – ihr einziger Trost waren Nachbarn an ihrer Seite.

DIE STADT AUS DEM NICHTS

Die Organisation eines Flüchtlingslagers – eine Art aus dem Boden gestampfter Stadt voller verarmter Menschen – erfordert gewaltige Anstrengungen unter chaotischen Bedingungen. Besonders die Lager im Tschad werden bei jeder Gelegenheit von Unbilden des Wetters erschüttert, von Logistikproblemen, finanziellen Engpässen, Hygieneproblemen und Epidemien. Die Lebensbedingungen werden von den Hilfsorganisationen diktiert. Anders geht es nicht, wenn so viele Menschen verpflegt, untergebracht und versorgt werden müssen. Registrierte Familien bekommen ein Zelt, eine Decke, einen Eimer, Seife und Lebensmittel zugeteilt. Dann teilt man die Flüchtlinge in „Blocks" ein. Sie sollen einen Vertreter wählen, den sie in den Lagerrat entsenden. Der Rat ist der Ansprechpartner für die Hilfsorganisationen. Kulturelle und religiöse Bräuche geraten schon mal in Konflikt mit den Vorgaben der Organisationen, etwa wenn ein Mann mit zwei Frauen ein zusätzliches Zelt verlangt. Doch im allgemeinen funktioniert das System – allein schon, weil es muss.

Das eilig errichtete, über fünf Quadratkilometer große Lager von Breidjing ist die am schlimmsten überfüllte Einrichtung – und sie war noch dazu völlig ungeplant. Die Anlage eines weiteren Lagers in unmittelbarer Nähe lindert die Not etwas, doch noch immer kampieren Hunderte von Sudanesen aus Darfur – so genannte Spontanflüchtlinge – am Rande des Geländes und hoffen auf offizielle Anerkennung als Vertriebene durch das Flüchtlingskommissariat der Vereinten Nationen. Sie genießen fast keine der Vergünstigungen,

die den registrierten Flüchtlingen zuteil werden – und die Vorräte sind begrenzt.

ESSEN AUF RÄDERN

Die Lebensmittelzuteilungen für D'jimias Zeltblock werden mit einem Eselskarren gebracht, den der stellvertretende Blockälteste Ishakh Mahamat Yousouf fährt. Heute früh hat er in der sengenden Sonne an der zentralen Verteilstelle des Lagers gewartet, ist die drei Kilometer zum eigenen Zeltblock gefahren, um über endlose staubige Pfade zwischen sandfarbenen Zelten das einzige Fleckchen Schatten im ganzen Block zu erreichen. Dort hat sein Sohn die Säcke mit den Lebensmitteln abgeladen. Die Familien kommen mit ihren Gefäßen dorthin, um die Rationen abzuholen.

Pro Tag und Person gibt es 425 Gramm Getreide, meist Hirse oder Mohrenhirse, einen Esslöffel Zucker, einen Teelöffel Salz und jeweils 60 Milliliter Hülsenfrüchte, CSB (ein Gemisch aus Mais und Soja) und Pflanzenöl. Das macht zusammen etwa 2100 Kalorien pro Tag, weniger als das empfohlene Minimum für einen aktiven 16-Jährigen, doch mehr als genug für ein Kleinkind, das noch gestillt wird. Die Rationen sind für jeden gleich. Wer mehr oder weniger bekommt, wird innerhalb der Familie entschieden. Doch wie ein Blockältester, stellvertretend für viele, sagt: „Wir alle haben täglich Hunger." Dieser Hunger mag zum Teil auch Sehnsucht nach der Heimat sein, nach frischem Obst und Gemüse, nach Milch und Fleisch.

D'jimias Sohn Abdel Kerim nimmt die Zuteilungen für die Familie in Empfang und schleppt sie zum Zelt. Wie die meisten Lagerbewohner essen Abdel Kerim und seine Mutter nichts vor Sonnenuntergang, denn es ist Ramadan, der Fastenmonat der Muslime. Die kleineren Kinder sind allerdings vom Fastengebot ausgenommen. D'jimia kocht ihnen mittags Aiysch und Okraschotensuppe. Danach flüchtet sie aus der gnadenlosen Sonne in den Schatten von ein paar Bäumen, wo schon 80 bis 90 Männer und Frauen sitzen – nach Geschlechtern getrennt.

Abends kocht D'jimia wieder. Abdel Kerim trägt seine Suppe und sein Aiysch zum Zelt des stellvertretenden Blockältesten. Nach den

Sonnenaufgang über dem Flüchtlingslager. Ein neuer Tag des Wartens beginnt. Es ist November, zwei Monate nach Ende der Regenzeit, doch die heißeste Zeit hat noch nicht begonnen. Rauch steigt von den Küchenfeuern in den Himmel. Frauen fegen den Staub vor ihren Zelten, Kinder gehen mit leeren Plastikkanistern zur Wasser-Verteilstelle. Hähne krähen und Esel schreien in der Wüstenluft, die rasch die Kühle des Morgens verliert

Bei Ankunft des Oxfam-Wasserwagens strömen sofort alle Lagerbewohner mit ihren Kanistern herbei. Das Wasser wird in gelben matratzenartigen Behältnissen transportiert und dann in das Rohrnetz des Lagers eingespeist. An den Zapfstellen können sechs Menschen gleichzeitig ihre Behälter füllen, ohne einen kostbaren Tropfen zu verschütten. Die vom Welternährungsprogramm der Uno organisierte Lebensmittelverteilung folgt einem genauen Zeitplan. Die Uno-Mitarbeiter übergeben die Nahrungsmittel den Blockältesten, die sie dann an die Familien verteilen

Auf dem Boden vor der Verteilstelle für Lebensmittel sitzt eine aus dem Sudan geflüchtete Frau und tastet mit den Händen geduldig nach Getreidekörnern, die bei der Verteilung am Tag zuvor in den Sand gefallen sind. Die Schale am Boden ist ein Coro, das zwei Liter fassende örtliche Standardmaß zum Abmessen von Getreide

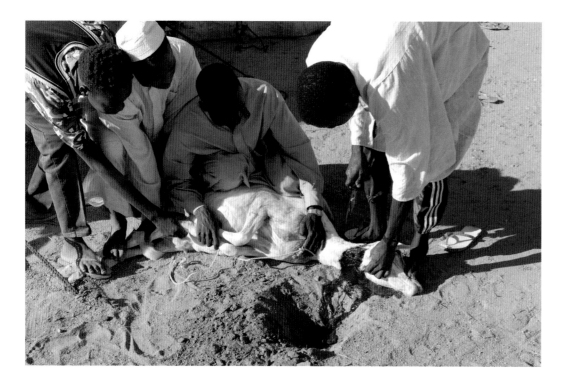

Die Unterbringung und Versorgung von 30000 Menschen in einer lebensfeindlichen Landschaft, Hunderte von Kilometern von der nächsten Asphaltstraße entfernt, ist eine logistische Meisterleistung. Als wir im November 2004 den Tschad besuchten, hatte die durch die schreckliche Vertreibung im Sudan ausgelöste Krise ihren Höhepunkt bereits erreicht. Nie zuvor hatte ich die internationale Hilfsmaschinerie auf vollen Touren arbeiten sehen. Ein Dutzend Organisationen schaffte Zelte, Latrinen, Wasser und Lebensmittel heran, stellte Logistik, Kommunikationstechnik, ärztliche Versorgung und Sicherheit für eine Reihe von Kleinstädten bereit, die über eine Strecke von mehr als 500 Kilometern entlang der Grenze zum Sudan aus dem Boden schossen – beeindruckend ist ein zu schwacher Ausdruck dafür.

Die vom Schicksal dorthin verschlagenen Flüchtlinge leben in einer Zeitschleife ohne Ausgang oder Wahlmöglichkeit. Sie können nicht nach Hause, sie dürfen nichts anbauen, kein Vieh halten und kein festes Haus errichten, dürfen nicht gehen und sollen nicht bleiben. Jeder Tag ist eine Improvisation, und jeder Tag verläuft gleich. Für das Überleben ist gesorgt, doch ihre Zukunftsaussichten sind düster.

Ich sah eine Reihe von Frauen, die immer wieder die gleiche Mahlzeit bereiteten: Hirsebrei und Suppe. Ich gab Hunderten von Jungen und jungen Männern die Hand – nach sechs Monaten Lagerleben bei ewig gleichem Essen ohne vernünftige Tätigkeit wirkten viele von ihnen schon abgemagert und zerbrechlich. *– Peter Menzel*

Am Ende des islamischen Fastenmonats Ramadan haben einige Familien in D'jimias Zeltblock zusammen eine Ziege gekauft, die sie zum Eid-al-Fitr-Fest schlachten *(o. l.).* **Während das Fleisch in der Suppe köchelt, gehen viele Flüchtlinge zum Gottesdienst in die improvisierte Moschee; anschließend führt der Imam eine Prozession durch das Lager. Später am Tag nehmen Männer und Frauen getrennt das Festmahl ein – Hirsebrei mit Ziegenfleischsuppe** *(u. l.)*

Am Lagerfeuer hockend, rührt D'jimia Souleymane in einem Topf Aiysch, den dicken Hirsebrei, den die Familie dreimal am Tag isst. Obwohl sie durch ihre Flucht vor den Angriffen der Milizen fast alles verloren hat, versucht D'jimia ihren improvisierten Haushalt so sauber wie möglich zu halten. Sie und ihre Kinder haben den Boden im Zelt mit sauberem Sand bedeckt, den sie aus einem ausgetrockneten Flussbett heranschleppten. Sie schlafen auf zwei Decken, die D'jimia immer wieder lüftet und wäscht

D'jimia Ishakh Souleymanes Suppe mit getrocknetem Ziegenfleisch

1 Coro (ca. 2 l) Wasser

1 Hand voll (knapp 100 g) getrocknetes Ziegenfleisch, auf einem Stein weich geklopft

1 Hand voll (ca. 150 g) getrocknete Tomaten

1 Hand voll (ca. 150 g) getrocknete Okraschoten, auf dem Stein weich geklopft

1 Tasse (ca. 150 ml) Pflanzenöl

1 TL Salz

- Das Wasser in einem Topf über einem frisch entfachten Feuer aufkochen. Fleisch, Tomaten, Okra, Öl und Salz zugeben. Etwa 20 Min. sanft köcheln lassen.

Aiysch (gestockter Hirsebrei)

1/2 Coro (ca. 500 g) Hirse

1 Coro (ca. 2 l) Wasser

Pflanzenöl (so viel, wie nötig ist, um den Aiysch zu überziehen)

- Die Hirse fein schroten.
- Das Feuer entzünden und darauf das Wasser im Topf zum Kochen bringen.
- Nach und nach den Hirseschrot einrühren, bis die Masse zu blubbern beginnt. Ständig rühren, dabei die Masse im Topf zu sich herziehen, bis sie einen zusammenhängenden Klumpen bildet.
- Die Masse in eine geölte Schüssel mit rundem Boden drücken. Fest werden lassen und auf eine Platte stürzen.

- Bevölkerung der Provinz Darfur im Westen des Sudans (an der Grenze zum Tschad): **6 000 000**
- Anteil der geflüchteten Bewohner innerhalb der Provinz Darfur: **30 %**
- Fläche von Darfur: **440 300 km²** (etwa so groß wie Deutschland und Österreich zusammen)
- Zahl der sudanesischen Flüchtlinge im Tschad: **193 000**
- Einwohnerzahl des Flüchtlingslagers Breidjing im Tschad: über **30 000**
- Anteil der befragten Lagerbewohner, die angaben, den Tod eines Angehörigen mit angesehen zu haben: **61 %**
- Zahl der Todesopfer durch den Völkermord in Darfur seit 2003: **380 000**. Im Vergleich: Zahl der Todesopfer durch den Tsunami im Indischen Ozean 2004: **295 000**
- Wert der Hilfslieferungen der US-Regierung in die Region Darfur seit 2003: **615 599 000 $**. Im Vergleich: Wert der Hilfe der US-Regierung an die vom Tsunami betroffenen Regionen: **950 000 000 $**
- Zahl der Flüchtlingslager im Osten des Tschad: **11**
- Zahl der Flüchtlingslager in Darfur: **über 160**
- Zahl der jährlich vom Sudan nach Ägypten als Schlachttiere exportierten Kamele: **über 160 000**

Regeln der Masalit gilt ein Junge mit 16 Jahren als Mann – und ist zu alt, um mit seiner Mutter und den jüngeren Geschwistern zu essen. D'jimia schaut ihren jüngeren vier Kindern zu und spricht wehmütig von der Heimat. „Wir lebten in Frieden und hatten genug zu essen. Es gab in unserem Dorf von allem genug – ganz anders als hier. Wir hatten Tiere und Ackerland. Jeden Tag gab es frisches Fleisch." Die Familie besaß auch eine Kuh und zehn große Mangobäume. D'jimia konnte Früchte auf dem Dorfmarkt verkaufen und mit dem Erlös Kleidung, Süßigkeiten und Schulmaterial für die Kinder kaufen. Die Arbeit machte Freude. Im Flüchtlingslager sind sie zur Untätigkeit verdammt.

TAGESLOHN: 75 CENT

Miriam aus dem Nachbarzelt stammt aus einem anderen Teil Darfurs. Sie ist D'jimias beste Freundin geworden. Sie helfen sich bei der Versorgung der Kinder, besonders wenn D'jimia bei den Bauern aus dem benachbarten Dorf arbeiten geht, zur Feldarbeit oder zur Ernte. Drei- oder viermal pro Woche ist sie auf Arbeitssuche. „Doch manchmal drängen sich da so viele Leute, dass ich gleich wieder umkehre", sagt sie. Wenn es mit einem Job klappt, bekommt sie umgerechnet etwa 75 Cent pro Tag. Wenn ihre älteren Kinder mitkommen, gibt es nicht mehr Geld, doch dann ist das Tagewerk schneller geschafft. „Hier helfe ich den Bauern auf dem Feld, schneide Hirse oder hole Erdnüsse aus dem Boden", sagt sie. „Mit dem, was ich verdiene, kaufe ich zusätzliche Lebensmittel wie frische Tomaten, Okraschoten, getrockneten Fisch oder Orangengetränkpulver für die Kinder."

D'jimias Leibgericht ist Aiysch mit frischem Hammelfleisch, doch Fleisch, selbst getrocknetes, gehört nicht zu den normalen Zuteilungen. Sie ist traurig, wenn sie an die eigenen Schafe denkt und an die Felder mit Okra- und Paprikaschoten. Am Ende des Ramadan wird sie das Fleisch eines geschlachteten Tieres mit etlichen Familien aus dem Block teilen. Auch wenn sie sich eigentlich keinen Anteil an dem Tier leisten kann, wird sie nicht leer ausgehen. Dafür wird der Blockälteste sorgen.

Die Gerichte, die D'jimia im Lager zubereitet, sind die gleichen wie zu Hause – nur in kleineren Mengen. Ihre Tochter Acha, eine ruhige, lächelnde Zwölfjährige, kann schon kochen. „Sie hat es mir abgeschaut", sagt D'jimia, „so wie ich es von meiner Mutter gelernt habe." Achas Hauptaufgabe aber ist es, bei der Versorgung der kleineren Geschwister, besonders der zweijährigen Hawa, zu helfen, Brennholz zu sammeln und Wasser zu holen. Und sie muss sich anstellen, um die Getreideration der Familie schroten zu lassen. Ein Mann aus dem benachbarten Dorf hat seine dieselgetriebene Mühle ins Lager gebracht, um das Getreide für jene Flüchtlinge zu mahlen, die es nicht selbst verarbeiten wollen. Als Lohn fürs Mahlen behält er einen Teil des Getreides.

MAN RÜCKT ZUSAMMEN

Die Einheimischen haben sich auffallend um das Wohl der Flüchtlinge bemüht, trotz der Entbehrungen, die deren Anwesenheit mit sich bringt. Das mag daran liegen, dass beide Völker zum gleichen Kulturkreis gehören. Dennoch strapaziert die Verteilung der begrenzten Ressourcen sowohl Einheimische wie auch Flüchtlinge. Besonders Brennholz ist in der fast baumlosen Steppe knapp.

Nach Auskunft der Mitarbeiter der Hilfsorganisationen müssen manche Einheimische inzwischen mit weniger Lebensmitteln auskommen als die Flüchtlinge. Das bedeutet, dass die Helfer zum Teil auch die Einheimischen mit versorgen müssen – was die Etats weiter belastet. Inmitten all der Schwierigkeiten ist die Schule im Lager ein echter Lichtblick für D'jimia. Die Lagerleitung hat sie eingerichtet. „Die Bildung wird den Kindern helfen, Arbeit zu finden und sicher zu leben", sagt D'jimia, auch wenn sie noch nicht weiß, wie. Heute ist ein Mann an ihr Zelt gekommen, um umgerechnet 15 Cent als Beitrag für Schulmaterial zu kassieren. Sie hat sie ihm gegeben, eine Investition in die Zukunft. Jetzt hat sie kein Geld mehr, bis sie wieder Arbeit für einen Tag gefunden hat.

Die Wasserversorgung ist im Flüchtlingslager ein wichtiges Thema. Jeden Tag ziehen Frauen und Kinder mit Krügen und Töpfen zu den Zapfstellen in der Nähe ihrer Zelte, um Wasser zum Trinken und Kochen zu holen. Um auch Kleider waschen zu können, graben sie Löcher in den Sand der Wadis (trockene Flussläufe). Im November stießen sie im Lager schon in ein Meter Tiefe auf Wasser. Im Laufe der trockenen Jahreszeit müssen sie jedoch immer tiefer graben

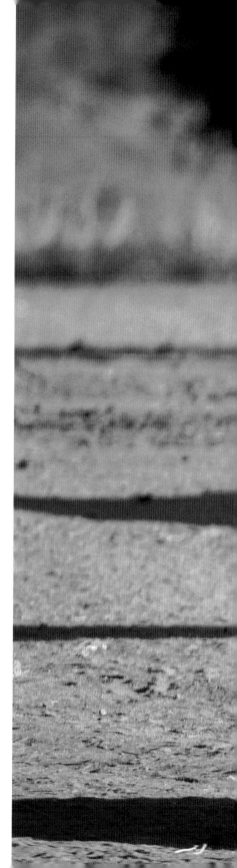

Die Familie Mustafa in ihrem Hof im Dorf Dar es Salaam im Tschad mit einem Wochenbedarf an Lebensmitteln: Um Mustafa Abdallah Ishakh, 46 *(mit Turban)*, und seine Frau Khadidja Baradine, 42 *(im orangefarbenen Tuch)*, gruppieren sich Abdel Kerim, 14, Amna, 12 *(stehend)*, Nafissa, 6, und Halima, 18 Monate. Auf dem Teppich liegen Fatna, 3, Enkelin Amna Ishakh und Rawda, 5. Gekocht wird auf dem Holzfeuer; Vorratshaltung durch Trocknen in der Sonne

Wasser aus dem Wadi

Getreide und andere stärkehaltige Lebensmittel:

4 Coro Hirse* (der Coro ist ein heimisches Hohlmaß, 1 Coro = 2 Liter); 3 Coro Hirsemehl*; 3 Coro Mohrenhirse* (Sorghum).

Milchprodukte:

7 Coro Milch von eigenen Kühen*.

Fleisch, Fisch und Eier:

4 kg Huhn (ausgenommen); 3 kg getrocknetes Ziegenfleisch mit Knochen.*

Obst, Gemüse und Nüsse: $ 8,40

10 kg Wassermelone; 1 Coro Datteln; 8 kg Kürbis*; 1 Coro getrocknete Okraschoten*; 1 Coro rote Zwiebeln*; 1/2 Coro Knoblauch*; 1/2 Coro getrocknete, gemahlene Tomaten*; 1/4 Coro getrocknete rote Paprika*; 3 Coro Erdnüsse*.

Öle, Würzmittel und Saucen: $ 10

4 l Erdnussöl; 1/2 Coro Zucker; 1/2 Coro Salz.

Getränke: $ 0,50

100 g Tee; Wasser aus dem 800 Meter entfernten Wadi, herbeigeholt zum Trinken und Kochen.

Gesamtausgaben für Lebens- und Genussmittel in einer Woche: 9000 Franc CFA (Communauté Financière Africaine)/$ 18,90

* Aus eigenem Anbau. Wert der selbst produzierten Lebensmittel auf dem lokalen Markt: $ 32,30

Mustafa Abdallah Ishakh besitzt gemeinsam mit den Verwandten der Großfamilie Kühe und Ziegen – einen Hirten darf man ihn jedoch nicht nennen, denn das Vieh wird von sieben seiner eigenen acht Kinder und den sechs Kindern seiner ältesten Tochter Mariam, 25, gehütet. „Wir brauchen viele Kinder, um die Arbeit zu machen", sagt Mariams Mann Ishakh, während er sein Pferd sattelt, um zwei Bullen die 60 Kilometer durch die Steppe zum Markt nach Abéché zu treiben. Tschadische Bürger wie Ishakh und Mustafa darf man auch deshalb nicht als Hirten bezeichnen, weil sie Getreide und Gemüse anbauen – Selbstversorgung ist die beste Versicherung gegen Hunger, wenn der Staat kein soziales Netz gespannt hat. Und was man nicht selbst verbraucht, wird verkauft.

IE ZWÖLFJÄHRIGE AMNA MUSTAFA und ihre Kusine Fatna binden Kalebassen und Plastikkanister an die Holzsättel der Esel, ehe sie sich auf die Tiere schwingen. Die Mädchen im zentralen Osten des Tschad reiten zum Wadi, um Wasser für den ganzen Tag zu holen. Dort gibt es keinen Streit darüber, wer an der Reihe ist oder gestern oder in der vergangenen Woche schon das Vieh gehütet hat. Kinder hier lernen früh, Verantwortung zu übernehmen. Wenn alle genug zu essen und zu trinken haben wollen, darf nicht viel gestritten werden.

Mit Amna und Fatna brechen 20 bis 30 schnatternde Kinder, meist Mädchen, zur Wasserstelle auf. Die Esel finden den Weg von selbst und lassen sich nicht beirren, wenn Jungen auf Pferden oder Kamelen heranpreschen und plötzlich in einer Staubwolke stehen bleiben, um die Mädchen ein wenig zu ärgern. Am Wadi hört der Spaß auf, nicht aber die Gespräche. Die Jungen ziehen sich zurück, während die Mädchen anfangen, die Erdtröge zu flicken. Sie müssen jeden Tag neu hergerichtet werden, bevor die Herden eintreffen. Die Sonne brennt auf die Kopftücher der Mädchen nieder. Doch sie sind an die heiße Temperatur der Trockenzeit gewöhnt. Mit Eimern holen sie das Wasser aus Löchern herauf, die sie ins trockene Flussbett gegraben haben. Damit füllen sie die Erdtröge, an denen Rinder und Ziegen getränkt werden. Anschließend schöpfen sie mit ihren Gefäßen Wasser zum Trinken und Kochen. Minuten später sind Amnas Brüder und Vettern mit den Ziegen der Familie da. Die Mädchen spritzen sich Wasser in die erhitzten Gesichter und machen sich auf den Heimweg. Zurück bleiben die Ziegen mit den Hirten beim täglichen Kampf, etwas Grünes zum Fressen zu finden.

Mustafa und seine Familie haben Vieh, doch Fleisch essen sie selten. In der Regel schlachten sie keines der eigenen Tiere, sondern legen an Feiertagen mit anderen Familien zusammen, um ein Tier zu kaufen. Wenn es Fleisch gibt, trocknet Mustafas Frau Khadidja einen Teil an der Sonne. Später weicht sie ein wenig davon in der Suppe ein, die zum Hirsebrei gegessen wird, den es dreimal am Tag gibt. Auch Milch ist knapp. Die Kühe geben nicht viel, weil sie kaum etwas zu fressen haben. Nachdem die mageren Kälbchen getrunken haben, bleibt nur wenig Milch übrig. Khadidja lässt sie gerinnen und tut sie in die Suppe. So reicht die magere Ausbeute für neun Menschen.

Zum Tränken ihrer Tiere müssen Amna Mustafa *(links)* und ihre Kusine das Wasser mit Plastikeimern aus einem zwei Meter tiefen Brunnen schöpfen und in Becken gießen, aus denen die Tiere trinken (das Hirsestroh dient zum Schutz der Erdwälle gegen das geschüttete Wasser). Die Familien wechseln sich an den Tränken ab, deren Becken häufig ausgebessert werden müssen und schließlich in der Regenzeit weggeschwemmt werden

Die Wasserläufe in diesem Teil des Tschad liegen neun Monate im Jahr trocken. In dieser Zeit müssen die Bauern
Brunnenschächte ausheben. Morgens herrscht Hochbetrieb an den Wasserstellen im Wadi. Zu zweit oder zu
dritt füllen die Mädchen die Becken. Das ist harte Arbeit, denn das Wasser versickert und verdunstet schnell, und
die Tiere können nur einmal am Tag zur Tränke geführt werden

VOR ORT NOTIERT

Jeder, der mit dem Geländewagen über die holprige Piste durch den Osten des Tschad fährt, muss glauben, die Gegend sei zu unwirtlich für eine menschliche Besiedlung. Ab und zu ein Baum, Dornenbüsche und ausgetrocknete Flussläufe erinnern an das Innere Australiens, wo die Eingeborenen jahrtausendelang als Sammler und Jäger überlebt haben. Hier in Afrika leben die Menschen in weit verstreuten Dörfern und treiben Landwirtschaft. Sie halten Ziegen, Rinder, Esel und Kamele, und während der Regenzeit trotzen sie dem Sand ein wenig Getreide und Gemüse ab.

An vielen Stellen in dieser Halbwüste fließt Wasser ziemlich dicht unter der Oberfläche. 40 Kilometer von Abéché, im Dorf Dar es Salaam, reparieren Kinder jeden Morgen die Erdwälle der Tröge, an denen das Vieh getränkt wird. Das ist nötig, weil die Tiere die Dämme zertrampeln. Andere Kinder treiben das Vieh zu den Wasserstellen, wo sie einmal am Tag ihren Durst stillen können. (Da es in Dar es Salaam keine Schule gibt, stellt sich den Eltern nicht die Frage, ob die Kinder lernen oder arbeiten sollen.) Mir fiel auf, dass die Mädchen fast die ganze Arbeit machen. Die Jungen sitzen meist nur auf Eseln, Pferden und Kamelen herum und machen sich wichtig. Mädchen holen das Wasser in Eimern aus den zwei Meter tiefen Brunnen. Mädchen tragen es zu den Trögen und beaufsichtigen die Tiere beim Trinken. Die müssen sich beeilen, bevor das Wasser verdunstet oder im Sand versickert. Diese arbeitsintensive Tagesroutine machte mir klar, warum Familien in diesem Teil Afrikas so viele Kinder haben: Sie brauchen sie zum Überleben.　　　　　　— Peter Menzel

TSCHAD

- Bevölkerung: **9 539 000**
- Einwohnerzahl von Dar es Salaam: **210**
- Fläche: **1 284 000 km²** (etwa dreieinhalbmal so groß wie Deutschland)
- Bevölkerungsdichte: **7,4 Einw./km²**
- Anteil der städtischen Bevölkerung: **25 %**
- Anteil der Subsistenz-Landwirte: **über 80 %**
- Anteil der dauerhaft landwirtschaftlich genutzten Fläche: **0,02 %**
- Bevölkerungsanteil mit Zugang zu sicherer Wasserversorgung: **27 %**
- Gesamtdauer ethnischer Kriege seit der Unabhängigkeit im Jahr 1960: **35 Jahre**
- Bruttosozialprodukt (BSP) pro Person bei Kaufkraftparität (auf Grundlage der Kosten für gleichwertige Waren in den USA): **1020 $**
- Jährliche Gesundheitsausgaben pro Person/Anteil am BSP: **5 $/2,6 %**
- Lebenserwartung Männer/Frauen: **46/49 Jahre**
- Geburten pro Frau (durchschnittl.): **6,7**
- Anteil der Analphabeten unter den über 15-jährigen Männern/Frauen: **44/61 %**
- Geschätzte Erdölreserven im südlichen Tschad: **1 Milliarde Barrel**
- Zahl der Jahre, für die sich der Tschad beim gegenwärtigen Ölverbrauch ohne Export selbst versorgen könnte: **4110**
- Haushalte mit Stromanschluss: **2 %**
- Jährlicher Alkoholkonsum pro Person (reiner Alkohol): **0,2 l**
- Kalorienaufnahme pro Person und Tag: **2114 kcal**
- Anteil der unterernährten Menschen: **34 %**
- Anteil übergewichtiger Männer/Frauen: **10/17 %**
- Anteil fettleibiger Männer/Frauen: **0,3/1 %**
- Fleischkonsum pro Person und Jahr: **14 kg**
- Zahl der McDonald's-Filialen: **0**

Bei Sonnenaufgang über dem Dorf Dar es Salaam im Herzen des Tschad sprechen zwei Männer im Schatten eines Baumes ihr Morgengebet. Zur gleichen Zeit beginnt Khadidja Baradine *(ganz links)* in ihrem von einem Zaun aus Hirsestroh umgebenen Hof den Tag, indem sie mit einer Hand voll Stroh und der Glut vom Vorabend ein Feuer entfacht. Darauf kocht sie den Hirsebrei und die Suppe für das Frühstück der Großfamilie

Die Familie Dong im Wohnzimmer ihrer Zweizimmerwohnung in Chinas Hauptstadt Beijing mit einem
Wochenbedarf an Lebensmitteln. Vorn Dong Li, 39, und seine Mutter Zhang Liying, 58; dahinter Dongs Frau Guo
Yongmei, 38, und ihr gemeinsamer Sohn Dong Yan, 13. Gekocht wird auf einem Gasherd, der Vorratshaltung
dient eine Kühl-Gefrier-Kombination. Dong Yans Leibgerichte: alles, was von McDonald's kommt

Stadt im Aufbruch

Getreide und andere stärkehaltige Lebensmittel: $ 6,50

5 kg Reis; 1,2 kg Weißbrot (2 Laibe); 2 Baguettes.

Milchprodukte: $ 26,30

2 l Naturjoghurt; 1 l Milch; 600 g Eiscreme; 200 g ungesalzene Butter.

Fleisch, Fisch und Eier: $ 27

1,4 kg Plattfisch; 1,1 kg Rinderhüfte; 800 g Schweinsfüße; 600 g Rinderhaxe; 590 g Hähnchenflügel; 9 Eier; 460 g in Sojasauce mariniertes Rindfleisch; 280 g frischer Lachs; 240 g Schweinshaxe; 200 g Bratwürstchen; 150 g Filetsteak.

Obst, Gemüse und Nüsse: $ 16,45

2,7 kg Honigmelone; 1,9 kg Orangen; 1,1 kg Kaktusfeigen; 6 Zitronen; 6 Pflaumen; 1,1 kg Tomaten; 1 kg Gurken; 690 g Blumenkohl; 610 g Staudensellerie; 390 g Taro; 380 g Kirschtomaten; 300 g grüne Bohnen; 300 g weiße Zwiebeln; 510 g verschiedene frische und getrocknete Mu'er-Pilze.

Öle, Würzmittel und Saucen: $ 17,30

1 l Erdnussöl; 500 ml Olivenöl; 500 ml leichte Sojasauce; 340 g Orangenmarmelade; 275 g scharfe Chilisauce; 200 g Salatdressing; 200 g weißer Zucker; 190 g Kaffeeweißer; 200 ml Sesamöl; 160 g süße Chilisauce; 150 g Zitronenlilien; 150 g Honig; 150 ml Essig; 100 g Pfefferpaste; 150 g sauer eingelegte Langbohnen (Würzmittel bei Wokgerichten); 100 ml Meeresfrüchte-Sauce; 50 g Mononatrium-Glutamat mit Hühnergeschmack; 50 g Salz; 10 g Currypulver.

Snacks und Süßigkeiten: $ 17,70

7 Packungen Chips; 400 g Pralinen; 7 Päckchen Kaugummi (verschiedene Geschmacksrichtungen); 240 g Schokobonbons.

Fertiggerichte und Instantprodukte: $ 6,10

500 g Sushi-Rollen; 230 g gebackene Aalstreifen; 20 g Instant-Hühnerbouillon.

Fast Food: $ 9,20

2 Hamburger mit Huhn; 2 Hühner-Burritos; 4 Becher Cola.

Getränke: $ 28

8 l Grapefruitsaft; 2,1 l Bier; 2 l Orangensaft; 2 l Orangensaftgetränk; 1,1 l Cola; 750 ml trockener Rotwein; 355 ml Cola light; 250 ml Reiswein; 100 g Instantkaffee; Leitungswasser zum Kochen und abgekocht zum Trinken.

Sonstiges: $ 0,63

1 Päckchen Zigaretten.

Gesamtausgaben für Lebens- und Genussmittel in einer Woche: 1234 Yuan/$ 155

Dong Li mag es kaum glauben, als er hört, dass Teenager an den angesagten Imbissbuden Beijings ganze fritierte Seesterne essen. „Was?", fragt der einstige Küstenbewohner, „Ganz? Nicht bloß das Innere? Das ist aber komisch." Dass es in Beijing überhaupt trendige Buden gibt, ist ein Zeichen des tiefgreifenden und schnellen Wandels, den die Hauptstadt Chinas in jüngster Zeit durchlaufen hat. Reisende, die Beijing in den 1990er Jahren besucht haben, würden die Stadt heute nicht wiedererkennen.

WER AUS DEM TRISTEN BETONTREPPENHAUS des unauffälligen Sozialbaus in die Wohnung der Familie Dong tritt, erlebt einen Kulturschock. Wie im Lande üblich, ziehen wir die Schuhe aus, doch da ist es mit der chinesischen Tradition auch schon vorbei. Nach dem Vorbild von Wohnzeitschriften hat Guo Yongmei mit künstlerischem Talent und preiswerten Handwerkern die Zweizimmerwohnung auf eine Art neu gestaltet, die ihre Urgroßmütter vom Hocker gehauen hätte: Wände in mattem Lavendel, Einbauschränke, Parkettboden und moderne Möbel – und eine raffinierte Einbauküche, in der Reis aus Tianjin mit französischen Baguettes und amerikanischem Kaffeeweißer koexistiert.

Dong Li erzählt von seiner Kindheit am Meer nahe der Hafenstadt Yantai in der Provinz Shandong: „Wir aßen Seesterne. Meine Tante höhlte sie aus und benutzte das Innere für Fischgerichte." Ob er ganze, in Öl gebackene Seesterne an einem Imbissstand essen würde, frage ich. „Natürlich nicht", antwortet er lachend. Ich erzähle ihm von den Teenagern, die an der Dongsi Xidajie nicht weit vom Tiananmen-Platz zum ersten Mal gebackene Skorpione am Spieß aßen. Sie hatten in einer Modezeitschrift gelesen, das sei gut für den Teint. Böse Zungen behaupten, die Chinesen äßen alles, was vier Beine hat, mit Ausnahme von Tischen, und alles mit zwei Flügeln, ausgenommen Flugzeuge. Die Nordchinesen würden das nur von den Südchinesen behaupten, jene trügen es aber mit Humor und ließen es auch für sich selbst gelten. Und jeder Ausländer würde zu dem Schluss gelangen, dass es auf alle Chinesen zutrifft.

Dong Li und Guo Yongmei gehören zur jungen, mobilen und aufstrebenden Generation Beijings, zu den strebsamen Aufsteigern der Mittelklasse. Zwar ist das steigende

Einkommen ein wichtiger Faktor beim sozialen Aufstieg, doch es gibt auch ein greifbares Verlangen nach Individualität – ein Bestreben, das eigene Leben zu gestalten ohne Rücksicht auf die Vorschriften jahrhundertealter Traditionen. Alles innerhalb gewisser Grenzen. Der Staat hat seinen eisernen Griff gelockert, doch nach wie vor werden die Bürger aufmerksam überwacht.

Bevor sie in die jetzige Wohnung zogen, hatten die Dongs nur ein Zimmer in einem Hutong für sich, einer der traditionellen, quadratisch angelegten Mietskasernen in einem Gewirr schmaler Gassen. Heute werden diese Viertel rücksichtslos plattgemacht, um Platz zu schaffen für Büropaläste mit Glasfassaden und Wolkenkratzer, in denen die wachsende Bevölkerung untergebracht wird, die in Beijing lebt und arbeitet. „Ich sehnte mich nach Veränderung", sagt Guo Yongmei über ihre neue Bleibe. Sie und ihr Mann wollten sich ein geräumiges Ambiente schaffen, was im Hutong nicht möglich gewesen wäre. Dong Li ist bei der Stadtverwaltung angestellt und arbeitet im Souterrain von Beijings höchstem Wolkenkratzer, dem Jingguang Center. Mit seiner Frau Guo Yongmei, einer Buchhalterin, und dem gemeinsamen 13-jährigen Sohn Dong Yan, einem ruhigen, fleißigen Jungen, lebt er im Beijinger Stadtbezirk Chaoyang. Wie die meisten unter der Einkindregel geborenen Chinesen genießt der Sohn die ungeteilte Aufmerksamkeit seiner Eltern und Groß-eltern – wie der sechsjährige Cui Yuqi aus dem Beijinger Umland (siehe S. 90).

Supermarché chinois

Wie die meisten Chinesen in den Städten mögen die Dongs eine Mischung aus westlichem Fast Food, internationaler Küche und traditioneller chinesischer Kost. Guo Yongmei bevorzugt für ihre Einkäufe eine Filiale der französischen Supermarktkette Carrefour. „Sie liegt für uns am günstigsten, doch am Wochenende ist dort zu viel los." Also gehen sie heute in den japanischen Supermarkt Ito Yokado. „Dort gibt es das gleiche Angebot", sagt Guo Yongmei, „aber dort ist es normalerweise nicht so überfüllt." In kleineren Läden kauft sie nur noch selten ein – weil dort die Auswahl nicht so groß ist, aber auch, weil sie die internationalen Markenartikel schätzt, die man immer mehr in den Regalen sieht. Zwar versorgen regionale Unternehmen nach wie vor einen Großteil des Landes, doch die Multis wie Carrefour und Walmart (und das chinesische Pendant Wumart) verdrängen all-

mählich die kleineren Geschäfte aus den Städten. Ito Yokado platzt schier aus den Nähten, als wir mit den Dongs hingehen. „Das nennen Sie nicht voll?", frage ich Guo Yongmei. „Nicht wirklich", antwortet sie. Der Lärm gleicht einem Fußballstadion in der Nachspielzeit.

Wir folgen Dong Li, der sich mit dem Einkaufswagen den Weg zur Fischabteilung bahnt. Die Multis haben offensichtlich ihre Produkte den chinesischen Vorlieben angepasst. Die Fischabteilung verfügt über mehrere Aquarien, wie man sie auf chinesischen Märkten sieht. Dort schwimmen Fische, liegen Muscheln, schlängeln sich Aale und krabbeln Krebse. Guo Yongmei und Dong Li treffen ihre Wahl gemeinsam, schicken zwischendurch ihren Sohn los, um im Gewirr von 1000-Jahr-Eiern, Teeeiern, Regalreihen voller Chips, frischen und tiefgekühlten Klößen, Gemüse, Obst und Probierständen das eine oder andere zu holen. Die Zahl der Angestellten – so scheint es – erreicht fast die Zahl der Kunden.

Tradition im Wandel

„Vor 30 Jahren", sagt Dong Li, „gab es nur wenig zu essen. Jetzt gibt es eine Menge, und es schmeckt viel besser." Mit seiner Frau geht er durchschnittlich einmal in der Woche auswärts essen – meist in chinesischen Restaurants. Sohn Dong Yan mag westliches Fast Food. „Es gibt einen McDonald's bei meiner Schule", sagt er, „und ich bin gerne mit meinen Freunden dort." Er geht ein paarmal in der Woche zu McDonald's – je öfter, desto lieber. Ernährt er sich anders als seine Eltern? „Ich mag süße Speisen, die meine Eltern nicht mögen", sagt er. „Er wächst ganz anders auf als ich", sagt sein Vater mit Freude in der Stimme. Er hofft, dass sein Sohn Sprachen studiert und ins Ausland reisen kann. Doch mit seinen 13 Jahren will sich Dong Yan noch nicht festlegen.

Dong Lis Mutter Zhang Liying kommt zu Besuch. Wir fragen, was sie von der modernen Einrichtung ihres Sohnes hält. „Es ist nicht mein Geschmack", sagt sie, „es gibt nichts Vertrautes." Doch sie sagt es mit einem Lächeln. Zhang Liying ist seit zehn Jahren Rentnerin. Sie gab ihren Job in einer Elektronikfirma auf, um sich um den Enkel zu kümmern. Und sie kommt mit aufs Foto mit dem Sohn und dessen Familie. Möchte sie etwas Traditionelles mitbringen, das mit aufs Bild soll? Sie will einen Feuertopf bringen, in dem dünne Fleischscheiben, Fischklößchen und klein geschnittenes Gemüse gegart werden. Ihre moderne Schwiegertochter besitzt keinen.

CHINA

- Einwohner: **1,3 Milliarden**
- Einwohner der Region Beijing: **14 230 000**
- Fläche: **9 572 419 km²** (etwas kleiner als die USA)
- Bevölkerungsdichte: **136 Einw./km²**
- Anteil der Stadtbevölkerung: **38 %**
- Lebenserwartung Männer/Frauen: **70/73 Jahre**
- Geburten pro Frau (durchschnittl.): **1,8**
- Anteil der Analphabeten unter den über 15-jährigen Männern/Frauen: **5/13 %**
- Kalorienaufnahme pro Person und Tag: **2951 kcal**
- Jährlicher Alkoholkonsum pro Person (reiner Alkohol): **5,3 Liter**
- Bruttosozialprodukt (BSP) bei Kaufkraftparität (auf Grundlage der Kosten für gleichwertige Waren in den USA): **4580 $**
- Jährliche Gesundheitsausgaben pro Person/Anteil am BSP: **49 $/5,5 %**
- Anteil übergewichtiger Männer/Frauen: **28/23 %**
- Anteil fettleibiger Männer/Frauen: **1/1,5 %**
- Anteil der Diabetiker unter den über 20-Jährigen: **2,4 %**
- Verbrauch von Zucker und Süßungs-mitteln pro Person und Jahr: **7,3 kg**
- Fleischkonsum pro Person und Jahr: **52,2 kg**
- Zahl der McDonald's-/Kentucky-Fried-Chicken-Filialen (2004): über **600/1200**
- Preis eines Big Mac: **1,30 $**
- Zigarettenkonsum pro Person und Jahr: **1791 Stück**
- Anteil der Raucher unter den über 18-jährigen Männern/Frauen: **59/4 %**
- Anteil der Bevölkerung, der von weniger als zwei Dollar pro Tag leben muss: **47 %**
- Anzahl der Tage, die 1000-Jahr-Eier zur optimalen Reife brauchen: **100**

Nirgendwo sonst gibt es so viele Imbissstände mit einem derart vielfältigen Angebot wie in den Städten Chinas.
Der Enrong-Grill im Zentrum von Beijing bietet u. a. »brasilianisches Grillfleisch« *(links vorn auf dem Drehspieß)*, frisch
gekochte sowie mit Honig geröstete Maiskolben, »geröstetes mongolisches Steppenfleisch«, trockenen schwarzen
»Stinktofu« und ein Regal mit Skorpionen am Spieß *(unter dem Arm des Verkäufers)*

Vor der Kulisse der verbotenen Stadt beteiligen sich Frauen an der traditionellen Morgengymnastik im Beijinger Sun-Yatsen-Park *(rechts)*. Ein ebenso alltäglicher Anblick sind Schlangen junger wohlhabender Städter vor den Kassen der größten US-Fast-Food-Kette in China. Auf dem Foto oben steht dreimal das »mit Muße zu genießende Chicken-Wing-Menü« auf dem Tablett. Allein in Beijing gibt es über 100 Filialen von Kentucky Fried Chicken

Einmal unternahmen wir mit unserem Sohn Josh, der fließend Chinesisch spricht, eine kulinarische Entdeckungsreise an die Ostseite des Platzes des Himmlischen Friedens. Wir ließen die aggressiven Imbissverkäufer der Wangfujing Dajie links liegen und gingen zu einer friedlich wirkenden Budenreihe mit unglaublich vielfältigem Angebot: Seepferdchen, Schlangen und Skorpione am Spieß, fritierte Seidenspinnerpuppen, Grillen, Wachtelküken und Hühnerherzen, Ziegenherz und Ziegenbockpenisse samt Hoden, Kammmuschelfüße, Froschschenkel und dreierlei Sorten Tintenfisch, Fischfrikadellen und Fleischbällchen, Mu'er-Pilze und heiße Kartoffelstärkewürfel, Ziegenkopf- und Ziegeninnereiensuppe (beides duftete köstlich). Wir bestellten schließlich Kartoffelstärkewürfel (klebrig und fad), Sandwiches mit Lammhack (fantastisch), Süßspeise nach Sichuan-Art (eine Art Wackelpudding aus Reisstärke mit Sirup) und, am spannendsten, in Öl gebackene Seesterne am Spieß.

Isst man die Seesterne ganz oder nur das Innere? Mit scharfer Sauce? Wir fragten die Köche. Sie zuckten mit den Schultern – sie wussten es nicht, weil sie selbst aus einer Gegend kamen, wo man keine Seesterne isst. Also machten wir es wie die Umstehenden, taten einen Klecks Sauce aufs Seegetier und bissen beherzt hinein. Es knirschte zwischen den Zähnen und schmeckte nach nichts. Die anderen schienen ihre Seesterne zu genießen. Ich schaffte nur zwei Arme und ein Stückchen vom Körper – der Rest landete auf dem Müll. Bewertung: weniger als ein halber Stern.

An unserem letzten Abend in Beijing waren wir bei den Dongs eingeladen. Herr Dong erzählte von den Sommerurlauben seiner Kindheit am Meer, wo er am Strand spazieren ging. „Haben Sie da Seesterne gegessen?", fragte ich. „Natürlich", antwortete er. „Aber man isst nur das Innere aus der Mitte der Unterseite. Man schabt es heraus. Der Rest ist ungenießbar."   – Peter Menzel

Weiche Schweineschwarten à la Dong

500 g frische Schweinehaut, die Borsten abgeschabt

1 Lauchzwiebel, in 6–7 Stücke geschnitten

30 g Ingwer, geschält und in 3–4 Stücke geschnitten

4 ganze Knoblauchzehen

15 g Sichuan-Pfefferkörner

1 Stück Sternanis, grob zerstoßen

2 EL chinesischer Kochwein

2 EL Essig

Salz

Sojasauce

- Die Schweinehaut in einem Topf mit kaltem Wasser bedecken, erhitzen und ein paar Minuten kochen; herausnehmen und kalt abspülen.

- Die Schwarte in Streifen schneiden und mit Lauchzwiebel, Ingwer, 2 Knoblauchzehen, Sichuan-Pfeffer, Sternanis und Wein in den Topf zurückgeben, mit Wasser bedecken und aufkochen.

- Mit Salz und Sojasauce abschmecken und zugedeckt bei schwacher Hitze mehrere Stunden köcheln lassen – die Schwarten müssen ganz weich sein.

- Mit Essstäbchen sämtliche Gewürze entfernen. Die Schwarten im Sud abkühlen lassen, dann kalt stellen.

- Zum Servieren die Schwarten aus dem Sud nehmen und in mundgerechte Happen schneiden. Mit 2 durch die Presse gedrückten Knoblauchzehen, Salz, Pfeffer, Essig und Sojasauce anmachen.

Herr und Frau Dong schleppen ihre Einkäufe durch das renovierungsbedürftige Treppenhaus in ihre frisch herausgeputzte Wohnung im dritten Stock *(oben)*. Beim Einkauf in einem japanischen Supermarkt lässt sich Herr Dong lebende Krebse zeigen *(oben links)*. In China werden Meeresfrüchte meist lebend angeboten – zum Beweis der Frische. In mancher Hinsicht folgt der Supermarkt westlichen Vorbildern: Eine Mitarbeiterin in mongolischer Tracht bietet Kostproben an

Die Cuis aus dem Dorf Weitaiwu östlich von Beijing in ihrem Wohnzimmer mit einem Wochenvorrat an Lebensmitteln.
Cui Haiwang, 33, und Li Jinxian, 31 *(stehend)*, mit ihrem Sohn Yuqi, 6, Haiwangs Großmutter Cui Wu, 79, Mutter
Wu Xianglian, 61, und Vater Cui Lianyou, 59 *(v. r. n. l.)*. Kochmethoden: Gaskocher, Kohleofen. Vorratshaltung: Kühl- und
Gefrierschrank. Lieblingsessen – Cui Yuqi: Fisch; Li Jinxian: Gemüse; Wu Xianglian: »egal was«; Cui Wu: »alles«

Wind des Wandels

EIN WOCHENBEDARF IM JULI

Getreide und andere stärkehaltige Lebensmittel: $ 4

10,5 kg Weizenmehl (durch Tauschhandel erworben); 3 kg weißer Reis; 1 kg Maismehl; 1 kg Hirse; 1 kg Kartoffeln*.

Milchprodukte: $ 1,30

2 l Vollmilch.

Fleisch, Fisch und Eier: $ 23,30

5 kg Lammfleisch; 3 kg Schweinefleisch; 2 kg Huhn; 44 Eier.

Obst, Gemüse und Nüsse: $ 12,80

8,3 kg Wassermelone; 5,5 kg Honigmelone; 3 kg weiße Pfirsiche; 1,5 kg blaue Trauben; 1,5 kg grüne Äpfel; 1,5 kg Pflaumen; 500 g Birnen; 7 kg Gurken*; 2,5 kg grüne Bohnen;
2 kg Auberginen; 2 kg Tofu; 1,7 kg Weißkohl; 1,6 kg Blumenkohl; 1,5 kg Schnittlauch; 1,5 kg Tomaten; 1,5 kg Zucchini*;
1 kg Staudensellerie; 1 kg Knoblauch; 1 kg grüne Paprika;
5 Maiskolben*; 560 g Sojamilchpulver; 500 g Möhren;
250 g Pilze; 250 g Lauchzwiebeln*.

Öle, Würzmittel und Saucen: $ 5,60

1,2 l Erdnussöl; 620 ml Sojasauce; 350 ml Sesamöl; 500 g
Ingwer; 500 ml Essig; 500 g Salz; 250 g weißer Zucker; 200 g

Korianderkraut; 50 g weißer Pfeffer; 40 g Hefe; 10 g
China-Gewürzmischung; 10 g Mononatriumglutamat,
10 g Sichuan-Pfefferkörner; 5 g Sternanis.

Fertiggerichte und Instantprodukte: $ 0,09

50 g Hühnerbouillon.

Getränke: $ 6,70

30 l Wasser (aus eigener Quelle); 7,5 l Bier; 2 l Cola;
2 l Limonade; 500 ml Reiswein; 150 g Jasmintee.

Sonstiges: $ 4,50

10 Packungen Zigaretten.

**Gesamtausgaben für Lebens-
und Genussmittel in einer Woche:
455,25 Yuan/$ 58,29**

* Aus eigenem Anbau. Wert der selbst angebauten
Lebensmittel auf dem lokalen Markt: $ 2

„Chi fan le ma?", fragt der Bauer in China, wenn er auf der Straße seinen Nachbarn trifft — „Hast du gegessen?" Und der Freund antwortet: „Chi bao le" — „Ich bin satt." Das Essen hat für die Chinesen einen so hohen Stellenwert, dass es sogar in die Grußformel Eingang gefunden hat.

AUF DEN 800 METERN FUSSWEG von zu Hause zu seinem Acker grüßt Cui Lianyou Nachbarn, die arbeiten, faulenzen, essen und Besuche machen, entlang der einzigen befestigten Straße des Dorfes Weitaiwu, 100 Kilometer östlich von Beijing. Cui biegt in einen schmalen Weg ab, vorbei an der neuen Kunstdüngerfabrik, und gelangt schließlich auf einen der niedrigen Erdwälle, die die Felder voneinander abgrenzen. Nach wenigen Metern steht er zwischen seinen hohen Maispflanzen, die voller dicker gelber Kolben sind und bald reif zum Ern-ten. Cui wundert sich, dass der Mais beim Nachbarn genauso hoch steht wie sein eigener, wo der doch eine Woche später gesät hatte. Großvater Cui baut außerdem Gerste, Weizen, Soja und Erdnüsse an, je nach Jahreszeit und Bodenzuteilung — die Äcker werden von der Gemeinde nur auf Zeit vergeben. Bei der jüngsten Verteilung bekam die sechsköpfige Familie Cui einen halben Mu pro Person, also drei Mu insgesamt, das sind etwa 2100 Quadratmeter. Ackerland in Privatbesitz gibt es in China nicht, auch wenn die Regierung allmählich zu erkennen scheint, dass die Bürger mehr für die Bodenverbesserung tun würden, wenn sie die Parzellen längerfristig bewirtschafteten. In früheren Zeiten bekamen die Cuis und ihre Nachbarn größere Flächen zugewiesen, doch in den letzten Jahren sind große Pfirsichplantagen entstanden, auf Boden, den Großvater Cui und seine Nachbarn früher gemeinsam bestellten. Davon profitiert die Gemeinde, und ein Teil der Einkünfte wird in die Infrastruktur investiert. Noch vor fünf Jahren gab es im Dorf und der Umgebung nicht eine einzige befestigte Straße.

Opa Cuis Frau Wu Xianglian und ihre Schwiegertochter Li Jinxian bauen in ihrem Küchengarten im Hof des Hauses Tomaten, Weißkohl, Kürbisse und Gurken an und, auf einer Pergola, Weintrauben. Doch der Ertrag deckt nur rund zehn Prozent des jährlichen Bedarfs. Die übrigen Lebensmittel werden vom Lohn von Li Jinxians Ehemann Cui Haiwang gekauft, der als Druckmaschinenmechaniker in Beijing arbeitet. Cui junior würde lieber bei der Familie leben, doch auf dem Land gibt es keine Arbeit. Also kommt er nur an den Wochenenden nach Hause. Seine Frau arbeitet von Zeit zu Zeit in einer nahe gelegenen Textilfabrik, die Kleidung für Japan und die USA fertigt. 20 Yuan (rund 2,50 Dollar) verdient sie dort mit zehn Stunden einer Arbeit, die sie eigentlich hasst. Die Familie betrachtet sich im Vergleich zur übrigen Dorfbevölkerung als arm, doch immerhin kann sie sich einige Annehmlichkeiten leisten – Fernseher, Stereoanlage und einen Telefonanschluss. Und das Anwesen der Familie wurde in den vergangenen zwei Jahren renoviert.

Wie die meisten Chinesen werfen die Cuis fast nichts weg. Mit den Hüllen der Maiskolben werden drei Schafe gefüttert. Sie wurden als Lämmer angeschafft, um sie später an den Dorfschlachter zu verkaufen und mit dem Erlös das Familieneinkommen aufzubessern. Oma Cui flicht noch immer gelegentlich Sitzkissen aus Maisblättern. Für eine Matte braucht sie rund zwei Stunden, das Flechtwerk hält dann aber auch einige Regenzeiten durch. Die Hühner auf dem Hof sind für das Festmahl am chinesischen Neujahrsfest bestimmt – wenn sie keine Eier mehr legen, wandern sie allerdings schon eher in den Wok. Schweine halten die Cuis nicht. „Die Aufzucht ist zu teuer", sagt der Großvater, „sie brauchen Essensreste und Getreide, nicht bloß Grünfutter." Reste gibt es bei ihnen nicht, bis auf die Kleinigkeiten für die kleine weiße Katze, die vor dem Schlafzimmer döst, das der sechsjährige Enkel Cui Yuqi mit seinen Großeltern teilt. „Das ist eine echte Bauernkatze", sagt der Opa stolz. „Sie fängt eine Menge Mäuse. Die Katzen in Beijing wissen nicht einmal mehr, was eine Maus ist."

Obwohl immer mehr Chinesen auf dem Land auch über Geld verfügen, hat auf den Dörfern noch der überlieferte Tausch von Waren und Dienstleistungen Vorrang. Die Cuis geben einen Teil ihrer Erdnussernte für Erdnussöl. Einen Teil des selbst angebauten Maises lassen sie beim Müller im Dorf mahlen, Weizen tragen sie zum Nudelmacher, der sie in Nudeln auszahlt; für einen Zentner Weizen und fünf Yuan bekommen sie 40 Kilogramm Nudeln. Und um die Khakifrüchte zu ernten, klettern sie nicht selbst auf ihre fünf hohen Bäume, sondern lassen das von geübten Kletterern erledigen, die als Lohn einen Teil der Ernte bekommen. „Mein Enkel und ich schauen jedes Mal angespannt zu, wenn sie akrobatisch von einem Baumwipfel zum anderen springen", erzählt Opa Cui. Den Nervenkitzel zur Obsternte gibt es gratis.

Hat der Großvater eine Leibspeise? „Schweinefleisch", antwortet er spontan. Und ergänzt gleich darauf: „Schwein und Lamm. Und Rind." Und bringt es schließlich mit den Worten „Ich liebe Fleisch!" auf den Punkt. Seine Frau lacht, als sie auf dem Weg von einer Hausarbeit zur nächsten an ihm vorbeigeht. „Es gibt nichts, das wir nicht essen", sagt sie, und ihr Mann stimmt zu. „Während der Kulturrevolution haben wir gegessen, was wir kriegen konnten", erzählt er, „sogar Gras. Wenn etwas Essbares auf den Boden fiel, haben wir es aufgehoben, den Staub weggepustet und gegessen. Nichts ging verloren."

Großvater Cui macht sich Sorgen über den „Sittenverfall", den er bei der jüngsten Generation beobachtet: „Kinder bestellen sich riesige Mengen, die sie nicht aufessen können. Das finde ich schlimm. Und kleine Kinder kaufen sich auf dem Schulweg Youtiao (in Öl gebackene Teigstreifen), beißen ein paarmal ab und werfen den Rest weg. Das ist unanständig. Unser Enkel macht das nicht." Opa Cui glaubt, die Wurzel des Übels zu kennen: „Die Kinder haben zu viel Geld und werden schlecht erzogen. Über Verschwendung machen sie sich gar keine Gedanken."

Das Festhalten der Landbevölkerung an der traditionellen Kost weicht in der Enkelgeneration langsam auf. „Zum Geburtstag wünscht Cui Yuqi sich Dinge, die wir nicht essen, wie Butter und Kuchen", sagt der Großvater, der in seinem Leben nichts als die von seiner Mutter und später seiner Frau zubereiteten Speisen gegessen hat. Keiner in der Familie hat jemals Käse probiert. Cui Yuqi liebt Knabberzeug und Süßigkeiten. Und er würde gerne Fast Food nach westlicher Art probieren. Auch seine Mutter möchte das. Die Großeltern wollen davon aber nichts wissen, selbst wenn sie es sich eigentlich leisten könnten. Sie essen nie außer Haus. „Es ist sehr teuer", sagt Li Jinxian, „das können wir uns nicht erlauben."

Obwohl ihr Mann in Beijing arbeitet, ist die übrige Familie erst ein Mal in der riesigen Hauptstadt gewesen. Beijing liegt zwar nah, doch außerhalb der finanziellen Möglichkeiten der Familie Cui. Die Riesenstadt überforderte die älteren Leute, der kleine Cui Yuqi hingegen war fasziniert. Seine Mutter ist sicher, dass es ihn dahin zurückzieht. Der Großvater aber will nie mehr nach Beijing.

Wu Xianglian schneidet fürs Mittagessen die in der Frühe geernteten Tomaten. Sie macht Laobing, einen Teig aus Weizenmehl, der im heißen Öl knusprig und blättrig aufgeht. Dazu gibt es zarten Paksoi aus dem Wok. Während sie sich durch die kleinen

- Bevölkerung, Menschen/Haushalte: **800 000 000/245 000 000**
- Einwohnerzahl des Dorfes Weitaiwu: **450** (geschätzt)
- Anteil der in der Landwirtschaft tätigen arbeitenden Bevölkerung: **50 %**
- Anteil der Bevölkerung mit Zugang zu sicherer Wasserversorgung, Land/Stadt: **68/92 %**
- Anteil der Bevölkerung mit Anschluss an eine sichere Abwasserentsorgung, Land/Stadt: **29/69 %**
- Anteil übergewichtiger Menschen, Land/Stadt: **1/2,3**
- Verhältnis des Konsums zwischen Land- und Stadthaushalten: **1/3,5**
- Zahl der Selbstmorde im Verhältnis Land/Stadt: **4/1**
- Zahl der Todesopfer bei 420 Bauerndemonstrationen vor Regierungsgebäuden 1998: **7400**
- Jährliches Durchschnittseinkommen pro Person, Land/Stadt: **431/1029 $**
- Anteil nicht kommerzieller Energieträger wie Stroh, Papier, Dung an der Versorgung ländlicher Haushalte: **57 %**
- Verhältnis der Internetnutzer, Land/Stadt: **1/100**
- Häufigste Mordwaffe auf dem Land: **Rattengift**

Obst kauft Li Jinxian stets bei ihrer langjährigen Stammhändlerin auf dem Markt. Diesmal wird Li von ihrem Mann Cui Haiwang begleitet – normalerweise ist er bei seiner Arbeit im 100 Kilometer entfernten Beijing. Beide Ehepartner sind kritische Einkäufer, jede Melone wird mit Händen und Nase geprüft, ehe sie in den Korb wandert

Li Jinxians Lammfleischklöße

1 kg Lammfleisch (Schulter oder Bauch), fein gehackt oder durchgedreht

30 g Zwiebel, fein gehackt

30 g Ingwer, grob gehackt

2 Prisen Fünf-Gewürz-Mischung

Salz

1 Ei

50 g Korianderblätter, grob gehackt

1/2 TL weißer Pfeffer

1 TL Instant-Hühnerbouillon

Sesamöl und Essig

- Mit Essstäbchen Zwiebel, Ingwer, Salz und Fünf-Gewürz-Mischung unter das Fleisch mischen. Das Ei zugeben, die Masse gründlich verkneten und zu 2,5 cm großen Knödeln formen.
- 1,5 l Wasser aufkochen, salzen und die Knödel mit der Siebkelle hineinlegen. Erneut aufkochen und dann bei mäßiger Hitze 15 Min. ziehen lassen.
- Das Korianderkraut in den Sud geben, alles mit Instantbouillon, Salz, Pfeffer, Sesamöl und Essig abschmecken. Gut vermischen und im Topf zu Tisch bringen.

Beim Einkauf des Wochenbedarfs besorgen Li Jinxian und Cui Haiwang in der Metzgerei des nächstgelegenen Marktstädtchens Huhn, Lamm und Schweinefleisch *(oben rechts)*. **Die Verkäuferin ritzt die Rechnung mit der Messerspitze ins Holz des Tresens. Beim Obsthändler in einem anderen Ort prüfen sie den Geruch der Pflaumen, um die reifsten und süßesten Früchte zu finden** *(unten rechts)*

Anders als die Dongs im Herzen von Beijing, die fast alles in einem Supermarkt besorgen, kaufen die Cuis in ihrem Dorf in Sichtweite der Großen Mauer – zwei Autostunden östlich der Hauptstadt – auf dem Markt unter freiem Himmel ein. Einzige Ausnahme ist die Metzgerei, wo die Rechnung mit der Messerspitze auf den Tresen geritzt wird. Auf dem Weg zum Markt kamen wir an einem improvisierten Stand vorbei, an dem eine Nachbarsfamilie am frühen Morgen Sojamilch, fritierte Teigbällchen und einige andere gedämpfte oder in Öl gebackene Speisen Menschen auf dem Weg zur Arbeit anbot. Die Cuis kauften nichts davon – es war ihnen zu teuer. Aber auf dem Markt deckten sie sich bei ihrem Stammhändler mit Melonen, Trauben und Bananen ein – alles wurde ausgiebig betastet. An anderen Ständen kauften sie Äpfel, Pflaumen, Tomaten, Lauchzwiebeln, Pilze und andere frische Sachen. Als wir Stunden später die Einkäufe nach Hause schleppten, hatten die Nachbarn mit ihrem Frühstücksstand bereits Feierabend gemacht.

Den Cuis geht es gut in ihrem frisch renovierten Haus, doch sie haben die harten Zeiten nicht vergessen. Beim üppigen Mittagessen mit selbst gemachten fleischgefüllten Dampfbrötchen, geräuchertem Huhn, Tomaten, grünen Paprika mit Rindfleisch aus dem Wok, Rindfleisch mit Blumenkohl und weißem Reis erzählten sie vom Leben und der Ernährung während der Kulturrevolution. Wie viele andere Familien in China mussten die Cuis viele Jahre lang ein karges Dasein fristen. Jetzt freuen sie sich über ihren relativen Wohlstand.
— *Peter Menzel*

Beladen mit den Lebensmitteln fürs Familienfoto, kommen Li Jinxian and Cui Haiwang nach Hause. Großvater Cui Lianyou erwartet sie mit seinem Lastrad am Weg, der zu ihrem Haus führt. Wie die meisten Chinesen auf dem Land würden die Cuis normalerweise nicht so große Mengen einkaufen, sondern sich ihren täglichen Bedarf frisch besorgen

DIE CHINA-STUDIE

Bis vor einigen Jahren ernährte sich die chinesische Landbevölkerung hauptsächlich von einer Vielfalt fettarmer pflanzlicher Lebensmittel, reich an antioxidativen Mikronährstoffen, komplexen Kohlenhydraten und Ballaststoffen. Fleisch, hauptsächlich Huhn und Schwein, wurde nur an Feiertagen gegessen. Anfang der 1980er Jahre untersuchten Forscher die Ernährung und die Verbreitung von Krankheiten in 130 repräsentativ ausgesuchten chinesischen Dörfern. Die Studie stellte einen Zusammenhang zwischen der überwiegend vegetarischen Ernährung und einer geringeren Häufigkeit „typisch westlicher" Erkrankungen (Herzleiden, Diabetes, bestimmte Krebsarten) fest.

Demgegenüber führte schon eine relativ kleine Zunahme beim Verbrauch tierischer Lebensmittel zu einem Anstieg der für westliche Zivilisationen typischen Befunde. Auch andere Untersuchungen zur Gesundheit der chinesischen Landbevölkerung stützen die These, dass die gesündeste Art der Ernährung aus einer möglichst großen Vielfalt an vollwertigem Gemüse, Obst und verschiedenen Getreidesorten besteht.

– *T. Colin Campbell, Cornell University,*
Autor von „The China Study"

Zum Frühstück gibt es bei Familie Cui Eier von eigenen Hühnern *(unten rechts)* **und heiße Miantiao (Nudeln) mit gekochtem Spinat. Im Hof schält Li Jinxian unter den aufmerksamen Blicken der Urgroßmutter Cui Wu Maiskolben vom eigenen Feld** *(oben rechts)*. **Einen Teil des Maises verbraucht die Familie selbst, der Rest geht in den Tauschhandel; die Hüllen der Kolben werden an die Schafe verfüttert. Zwei Stunden später steht das Mittagessen auf dem Tisch. Der sechsjährige Cui Yuqi** *(ganz links)* **nimmt sich ein Stück geräuchertes Huhn. Außerdem gibt es: Blumenkohl mit Rindfleisch; getrockneten Tofu mit Gurke; gedämpften weißen Eierstich; grüne Paprika mit Rindfleisch aus dem Wok und am Morgen im Garten gepflückte Tomaten**

Zimmer der traditionellen dörflichen Behausung bewegt, bereitet ihre Schwiegertochter Li Jinxian weißen Reis und Baozi zu, faustgroße Dampfbrötchen mit einer Füllung aus Schweinefleisch und Gemüse. Ihr Sohn hat sich ins Schlafzimmer verkrochen, um dort seine Hausaufgaben in chinesischer Kalligraphie zu machen und kleine Zeichnungen, die er stolz seinen Eltern und Großeltern zeigt. Jeder in der Familie hält mit der Arbeit inne, wenn der Kleine sein neuestes Kunstwerk zeigen oder die Tiere auf dem einen Blatt und die Farbe des Himmels am Horizont auf dem anderen erklären will.

Die Kinder aus der Generation von Cui Yuqi, Sprösslinge der Einzelkindfamilien aus der Zeit, da der Staat jedem Ehepaar nur ein Kind gestattete, genießen die ungeteilte Aufmerksamkeit beider Eltern und oft auch noch zweier Großelternpaare. Die verordnete Familienplanung hat inzwischen Generationen hervorgebracht, bei denen das einzige Kind nur ein einziges Enkelkind hat. Diese Familien verwöhnen ihre Abkömmlinge nach Strich und Faden. Viele dieser Einzelkinder verstehen es, den größtmöglichen Vorteil aus ihrer Situation zu ziehen, doch Cui Yuqi scheint bis jetzt nicht der Versuchung zu erliegen, seine Stellung als Kronprinz auszunutzen. Aber es bleibt abzuwarten, was passiert, wenn in ein oder zwei weiteren Generationen dieses einst genossenschaftlich organisierte Riesenreich von lauter selbstgefälligen Egoisten bevölkert ist.

Urgroßmutter Cui Wu schreitet, auf ihren Stock gestützt, aus ihrem Zimmer im hinteren Teil des Hauskomplexes durch den einsetzenden Nieselregen zum Esszimmer. Seit dem Tod ihres Mannes vor vielen Jahren lebt sie, wie unter chinesischen Bauern üblich, bei der Familie ihres Sohnes. Sie hört schlecht und hatte vor einigen Jahren einen leichten Schlaganfall, doch den trockenen Humor hat sie sich bewahrt. Er kommt besonders dann zum Tragen, wenn von ihrer Kindheit die Rede ist. Von der traditionellen Tracht jener Zeit sagt sie: „Sie war schwer herzustellen und noch schwerer zu tragen." Bei der Heirat legte sie, wie damals für Frauen üblich, ihren Vornamen ab, den *Gui Ming*, den „Kinderzimmernamen". Heute trägt sie den Familiennamen ihres Mannes, Cui, und ihren eigenen, Wu. Ihren Mädchennamen hat sie vergessen.

Großmutter Wu deckt den Tisch mit Stäbchen, und vier Generationen nehmen Platz zur Mittagsmahlzeit. Nur Cui Yuqi sagt, er habe keinen Hunger. „Er mag kein Gemüse", sagt seine Großmutter.

Man nennt China auch eine Gemüsekultur. Wu Xianglian sieht in Yuqis Weigerung, Gemüse zu essen, einen kleinen Schuss vor den Bug der chinesischen Kultur. Seine Mutter überredet ihn, doch an den Tisch zu kommen, und der Junge entscheidet sich schließlich fürs Essen. Als Erstes greift er nach dem geräucherten Huhn.

Der Preis des grossen Reises

Wir hätten nicht zu träumen gewagt, einmal so reichlich zu Essen zu haben", sagt Opa Cui und erinnert sich an seine Kindheit im selben Dorf. „Damals aßen wir Maisbrei und gemischte Körner. Jetzt haben wir sortenreines Getreide, und es ist bezahlbar." Seine Mutter – Urgroßmutter Cui Wu – berichtet von ihrer Kindheit: „Wir aßen Kartoffeln. Nichts als Kartoffeln." Und ihr Sohn erzählt: „Wir waren auf das angewiesen, was der Boden hergab. Wenn es nicht regnete, mussten wir hungern. Es gab keine Bewässerung für die Felder. Wenn Wasser gebraucht wurde, mussten wir es selbst heranschleppen."

Mais spielt eine wichtige Rolle in der jüngeren Geschichte chinesischer Bauernfamilien. Er kam nach der Entdeckung Amerikas nach Asien und wurde zum wichtigsten Nahrungsmittel der Familie Cui, zusammen mit dem „kleinen Reis" – der Hirse, die besonders widerstandsfähig gegen Dürre ist. Erst nach der Kulturrevolution konnten sich die meisten Chinesen den weißen, so genannten großen Reis leisten. Heute wächst die Hälfte des im Lande verbrauchten Reises am Mittel- und Unterlauf des Jangtsekiang.

Seit wann gibt es bei den Cuis großen Reis? „In den 1960er Jahren war er uns zu teuer", erinnert sich die Urgroßmutter. – „Manche konnten sich damals großen Reis leisten", sagt Opa Cui, „doch keiner traute sich." Während der Kulturrevolution wurde jegliche Privatwirtschaft zerschlagen, die Landwirtschaft kollektiviert und das Volk in staatlichen Arbeitskolonnen organisert. Opa Cuis Erinnerung an das Essen in jener Zeit deckt sich mit der seiner Generation und jener seiner Mutter: „Es gibt kaum einen Unterschied zwischen der Ernährung während der Kulturrevolution und jener der Zeit davor. Es war immer schlecht. Jetzt ist es viel besser."

Die Familie Cui trägt keinerlei Verantwortung für den Inhalt dieses Kapitels. Der Text beruht ganz auf der eigenen Beobachtung der Autoren. Informationen über Staat und Regierung stammen aus anderen Quellen.

»Nie hätten wir uns vorstellen können, so viel zu essen zu haben«, sagt Großvater Cui Lianyou,
als er bei einer Zigarettenpause im Maisfeld von seiner Kindheit im Dorf erzählt

McSlow

Es war ein schlechter Scherz. Doch der Finger, den eine Frau in einem kalifornischen Fast-Food-Restaurant angeblich in ihrem Chili gefunden hatte, wies womöglich in die richtige Richtung: Misstrauen gegenüber den Rohstoffen und der Sicherheit von Fast Food ist angebracht. Fast Food hat fast so viele Gegner wie Kunden in den Filialen rund um die Welt. Doch nur wenige seiner Gegner denken ernsthaft darüber nach, warum es für die Massen so verlockend ist und welche soziale Funktion es hat – außer Bäuche mit Fett zu füllen. Aber man sollte seinen Feind kennen. Und listig handeln.

Fast Food hat die amerikanische Familienmahlzeit neu definiert, aber nicht zerstört. Es bietet Sicherheit (oder den Anschein davon) und Komfort in einem vertrauten Rahmen. Und es vermittelt ein Zugehörigkeitsgefühl – auch wenn das den Kritikern missfällt: Das Gefühl der Fast-Food-Gemeinsamkeit mit Menschen in aller Welt, die das gleiche Essen verzehren. Familien rund um den Globus haben angenehme Assoziationen mit dem, was die meisten vernünftigen Menschen als eine Schändung wahren Essens empfinden.

Doch bei aller Beliebtheit von Fast Food wird der tatsächliche Preis, den die Welt und die Menschen, die es produzieren und konsumieren, dafür bezahlen, immer deutlicher. Seit seinem Erscheinen im Jahr 2001 ist Erich Schlossers Buch „Fast Food Nation" die Offenbarung für jeden, der sich je gefragt hat, wie das Leben der Köche, Bedienungen und Reinigungskräfte in den Fast-Food-Filialen aussieht und das der Arbeiter in den Schlachthäusern, die das industriell erzeugte Fleisch weiterverarbeiten. Oft genug heißt die Antwort: erniedrigend, erbarmungslos und krank machend.

Schlossers schonungsloser Bericht hat die Fast-Food-Industrie zwar nicht in die Knie gezwungen, aber ihr Image ist angeschlagen.

Schon bald nach der Veröffentlichung änderten mehrere Konzerne ihre Einkaufspolitik, was eine Verbesserung der Produktionsmethoden von Lebensmitteln in den USA zur Folge haben könnte. McDonald's beugte sich den Forderungen von Tierschützern und verlangte von seinen Hühner- und Eierlieferanten eine Verringerung des Einsatzes von Antibiotika und mehr Platz für die Tiere. Und es verbannte genetisch veränderte Kartoffeln aus seinen Pommes frites – ein Schuss vor den Bug der Genmanipulations-Konzerne. Auch Taco Bell gab nach monatelangem Boykott den Forderungen einer Landarbeiterorganisation nach und sicherte Wanderarbeitern höhere Löhne zu.

Auf solche, von Verbrauchern angestoßene Entscheidungen kommt es in der globalen Landwirtschaft an. Die Macht zur Verbesserung der Umwelt, der Arbeitsbedingungen und der Rechte von Mensch und Tier liegt weniger bei Regierungen und Gewerkschaften als bei McDonald's und anderen Fast-Food-Ketten.

Die beste Strategie gegen Fast Food ist vielleicht dessen allmähliche Unterwanderung. Eine Kriegserklärung allein bewirkt keine Rückkehr zu regionaler Wirtschaft, zu schonenderen Methoden in der Landwirtschaft, keine sicherere Umwelt. Viele Menschen könnten sich *Slow Food* anschließen. Die vor 20 Jahren in Italien gegründete Bewegung beweist, wie wirksam die Bündelung der Kräfte vieler kleiner Gruppen mit ähnlicher (nicht gleicher) Stoßrichtung sein kann. Die mittlerweile in 50 Staaten aktive Bewegung verlagert ihr Augenmerk in jüngster Zeit auf die Entwicklungsländer. Mehr als jede andere Organisation hat sie unsere Aufmerksamkeit auf bedrohte Tierrassen gelenkt, auf alte Obst- und Gemüsesorten und aussterbende Traditionen, etwa bei der Herstellung von Käse, Wurst und Konfitüre. Mit welcher Geheimwaffe? Mit schlichter Freude am Essen.

Es geht darum, den Millionen von Menschen, die sich täglich schnell und preiswert verpflegen wollen, eine verantwortungsvollere (wenn auch nicht unbedingt schmackhaftere) Version des Fast Food anzubieten. Es gibt sogar schon zaghafte Ansätze zu „gesundem Fast Food". O'Naturals, im Besitz des Bio-Joghurt-Giganten Stonyfield Farms, ist eine kleine, aber wachsende Restaurantkette in Neuengland mit einem Angebot frischer, wohlschmeckender Gerichte aus Bioprodukten in einer familienfreundlichen Atmosphäre. Doch das Essen ist zu gut, und, schlimmer noch, es sieht zu gut aus – wie die Gerichte in einem Luxus-Bioladen: diverse Wok-Kreationen und solche, die Anleihen bei der angesagten mexikanischen und mediterranen Küche nehmen. Auf Plakaten sind die Bauern zu sehen, die die Tiere und das Gemüse für das Unternehmen großziehen. Das Konzept spricht Menschen an, die wissen, dass man seine Ernährung auf Getreide und frischem Gemüse aufbauen sollte und dass, wenn es einen schon mal nach einem Burger gelüstet, dieser gefälligst aus Weidemast-Bio-Rindfleisch zu sein hat.

Die Unterwanderung des Fast Food erfordert jedoch Kompromisse, etwa das Entwerfen von Speisen, bei denen es jedem Feinschmecker graust. Diese Kompromisse können aber sehr gewinnträchtig sein.

Ein echter Fast-Food-Konkurrent sollte mit stromlinienförmigen Rezepten mit Pseudobezügen zu Mexiko und dem Wilden Westen antreten. Die Läden müssen anonym und gleichförmig sein. Geben Sie ein Vermögen aus, um das Image zu kreieren, junge Leute würden eine Menge Spaß in Ihrem Laden haben! Das Plastikambiente mit dem kalten, abweisenden Charme der großen Ketten muss hell erleuchtet sein, die Toiletten und Kinderspielzonen sauber, der Handyempfang garantiert. Sie behaupten wahrheitsgemäß, Ihr Unternehmen handle verantwortungsvoll gegenüber der Umwelt und den eigenen Mitarbeitern, und versichern, dass ein bestimmter Anteil der Rohprodukte aus regionaler Erzeugung stammt. Die meisten Gerichte werden zu viel Fett und zu wenig Ballaststoffe enthalten, um wirklich gesund zu sein. Die Menüs dürfen nicht wirklich gut sein. Aber sie müssen vertraut wirken – die Themen von McDonald's und Co. aufgreifen. Der Unterschied liegt im Anspruch gegenüber Mitarbeitern, Kunden, Tieren und Umwelt. Sie praktizieren von Anfang an, was die Multis erst als Antwort auf weltweite Empörung zugestanden haben.

Wie immer kommt es auf den Preis an. Die Anbieter von gesundem Fast Food waren bislang nicht umsichtig genug, zugunsten niedriger Preise Kompromisse bei der Qualität einzugehen, noch waren sie klug genug, um mehr für zynische Werbung mit halbwahren Behauptungen anstatt für gute Produkte auszugeben.

Optimisten behaupten, der Verzehr einigermaßen anständiger Gerichte in einem Fast-Food-Restaurant werde ahnungslose Verbraucher auf die Suche nach noch besserer Kost führen. Aber vielleicht gehen Leute, die bei McDonald's ständig Salate mit Paul Newmans Dressing aus natürlichen Zutaten gegessen haben, eines Tages tatsächlich zu O'Naturals und entdecken, wie viel besser Bio-Huhn und Bio-Gemüse schmecken. Diese Konvertiten kaufen dann auf Bauernmärkten ein und bezahlen vielleicht mit Lebensmittelgutscheinen vom Sozialamt. Auf dem Markt können sie an Kochkursen teilnehmen oder bei einem Slow-Food-Event Tomaten und Käse aus regionaler Produktion probieren – oder sich gar der radikalen Bewegung anschließen und selbst kochen. Und eines glorreichen Tages wird Fast Food der Vergangenheit angehören …

So wird es kaum kommen. Eine Doppelstrategie ist gefragt. Einerseits die reine Lehre von Slow Food. Der andere, schnellere Weg ist ein ehrlicher, kreativer Kompromiss zur Untergrabung der Methoden und des Images von Fast Food. Das kann uns von McDonald's und Co. abbringen.

Corby Kummer ist leitender Redakteur des „Atlantic Monthly" und Autor von „The Pleasures of Slow Food: Celebrating Authentic Traditions, Flavors, and Recipes". Er schreibt im „Gourmet Magazine" und der „New York Times".

Die Unterwanderung des Fast Food erfordert Kompromisse, etwa das Entwerfen von Speisen, bei denen es jedem Feinschmecker graust

BEIJING, CHINA

SAN ANTONIO, TEXAS, USA

TOKIO, JAPAN

WARSCHAU, POLEN

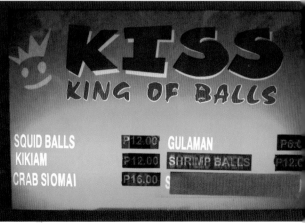

MANILA, PHILIPPINEN

BEIJING, CHINA

RALEIGH, NORTH CAROLINA, USA

MOSKAU, RUSSLAND

Fast Food

Hat es je eine andere menschliche Erfindung gegeben, die zugleich so geliebt und so gehasst wird wie Fast Food? Die Fast-Food-Multis gelten weltweit als Symbole der Amerikanisierung und der Globalisierung, aber gleichzeitig auch als Garanten von Bequemlichkeit, Verlässlichkeit und Sauberkeit. Ernährungsaktivisten von Paris bis Pretoria greifen Fast Food an. Doch Corby Kummer zeigt in seinem Begleitessay (S. 92), dass die Zwänge, die seine Verbreitung fördern, sich nicht so einfach beseitigen lassen. Vielleicht jedoch entsteht eine Gegenbewegung, die ebenso bequeme, aber gesündere Alternativen hervorbringt.

SHANGHAI, CHINA

Genug zum Leben

Getreide und andere stärkehaltige Lebensmittel: $ 1,10*

4,5 kg Malanga-Wurzel; 4 kg Brot; 3 kg Kartoffeln; 3 kg weißer Reis; 1 kg Nudeln; 500 g Maismehl.

Milchprodukte: $ 6*

7 l Trinkjoghurt; 1 kg Käse.

Fleisch, Fisch und Eier: $ 15,70*

1,5 kg Huhn; 1 kg Schweinekotelett; 12 Eier; 500 g Fisch‡ (von Ramon selbst gefangen); 500 g Schweinshaxe, tiefgekühlt.

Obst, Gemüse und Nüsse: $ 4,20

12 kg Wassermelonen; 3,1 kg Bananen; 2 kg Orangen; 1,2 kg Ananas; 1 kg Papaya; 1 kg Limonen; 500 g Guaven; 1,9 kg weiße Zwiebeln; 750 g Weißkohl; 750 g rote Bohnen; 750 g schwarze Bohnen; 1 Kopfsalat (650 g); 500 g Gurke; 500 g Knoblauch; 500 g Tomaten; 230 g rote Paprika; 230 g grüne Paprika; 250 g Tomatensauce.

Öle, Würzmittel und Saucen: $ 4,10*

1 l Pflanzenöl; 1 kg Zucker; 250 g rote und grüne Chilischoten; 250 g Salz; 75 g Mayonnaise; 25 ml Sojasauce; 10 g Annatto-Paste; 1 Hand voll schwarzer Pfeffer; Maggiwürze; Essig; Oregano.

Knabberartikel und Desserts: $ 5

10 kleine Kuchen.

Fertiggerichte und Instantprodukte: $ 3

1 l Spaghettisauce.

Restaurants: $ 10

Die Eltern kaufen Mittagessen bei der Arbeit. Sandra liebt es, einmal in der Woche chinesisch essen zu gehen. Ihr Lieblingsgericht: Bratreis.

Getränke: $ 7,60

3 l Cola; 2,5 l Bier; 5,3 l Mineralwasser; 500 g Kaffee; 250 ml Likör.

Sonstiges*

Instant-Getreidebrei‡ aus der Zuteilung; wurde an den Hund verfüttert.

Gesamtausgaben für Lebens- und Genussmittel in einer Woche: 1476 Kubanische Peso/$ 56,70

* Wert der Lebensmittelzuteilungen auf dem freien Markt: $ 13,20

‡ Nicht auf dem Bild

Die Familie Costa – Ramon Costa Allouis, 39, Sandra Raymond Mundi, 38, und ihre Kinder Lisandra, 16, and Fabio, 6 – im Hof ihres Großfamilienhauses in Havanna mit einem Wochenbedarf an Lebensmitteln. Gekocht wird drinnen auf einem Gasherd, draußen auf dem selbst gebauten Holzkohlegrill. Vorratshaltung: Kühlschrank und Opas Tiefkühltruhe im Hof

Besucher, die zum ersten Mal nach Kuba kommen, fühlen sich ins Jahr 1960 zurückversetzt. Oldtimer, bröckelnde historische Fassaden und erstaunlich höfliche, respektvolle Kinder. Die Stadt Havanna verströmt einen Charme, wie ihn einst Miami Beach in Florida hatte, bevor es von Hotel- und Fast-Food-Ketten und der Konsumgesellschaft vereinnahmt wurde. Doch auch auf Kuba ist die Zeit nicht stehen geblieben.

DIE WOHNUNG VON ANGELINA UND EURIPIDES COSTA IN HAVANNA ist zugleich Treffpunkt und Durchgangsstraße ihrer weitläufigen Familie und eines großen Freundeskreises. Jungen im Teenageralter ziehen auf dem Weg zum Meer mit Schnorchel und Harpune durch das Haus aus der spanischen Kolonialzeit, Stunden später kommen sie mit Sand an den Füßen und dem ein oder anderen selbst gefangenen Fisch zurück, den sie stolz präsentieren. „Das reicht nur für einen Imbiss", pflegt dann Eulina, die Tochter von Angelina und Euripides, mit einem liebevollen Lächeln zu sagen. Euripides, das Familienoberhaupt, kommt mit seinem Leiterwagen von der staatlichen Lebensmittel-Verteilstelle zurück. Das Brot verstaut er in der Tiefkühltruhe im Innenhof, den Reis kippt er in den Vorratskrug der Familie. Ansonsten findet man ihn im Wohnzimmer vor dem Fernseher, barfuß in seinem Schaukelstuhl. Doch der Alte behält immer auch das Fenster im Auge – für den Fall, dass, wie so oft, ein Freund vorbeischaut. Sein gesamtes Berufsleben hat Euripides in einer staatlichen Zigarrenmanufaktur gearbeitet.

Als ihr ältestes Kind heiratete, haben Euripides und Angelina ihr einstöckiges Haus im Stadtteil Mariano aufgeteilt. Eulina, inzwischen geschieden, lebt mit ihrer 15-jährigen Tochter Iris und dem 16-jährigen Sohn Javier im Haus. Eine Zeit lang auch ihr Bruder Orlando, bis er für sich und seine Familie eine Wohnung in derselben Straße fand. Und irgendwie haben es die Costas geschafft, auch für ihren Sohn Ramon und dessen Familie im Innenhof einen Anbau zu errichten – hoch, aber schmal. Um in ihre Wohnung zu kommen, müssen Ramon und seine Frau Sandra entweder durch die Räume von Eulina oder von Euripides gehen. Das wird aber von niemandem als Störung empfunden.

Auf dem Weg in ihre Wohnung grüßt Sandra ihren Schwiegervater. Sie hat es eilig, muss das Abendessen kochen. Sandra arbeitet als Schreibkraft beim Gericht und ist immer spät dran. Ihre 16-jährige Tochter Lisandra wäscht bereits das Gemüse am Spültisch der kleinen Freiluftküche im Hof. Ihre Mutter tauscht die Arbeitskleidung gegen Shorts und ein gestreiftes Top. Schon jetzt, Anfang April, ist es schwül in der Altstadt von Havanna. Sandra schält und schneidet Malanga-knollen. Sie werden in Öl fritiert. Dazu gibt es eine würzige Mojo-Sauce mit Knoblauch und Limettensaft sowie Congrí, das kubanische Nationalgericht aus Reis und Bohnen.

Sandras sechsjähriger Sohn Fabio kommt nach Hause und schaut, was es zu essen gibt, erst bei seiner Mutter, dann in Omas Küche. Er hofft auf Spaghetti, doch es gibt *arroz con pollo*, Reis mit Huhn. Er meldet es der Mutter und sagt: „Ich esse hier." – „Spaghetti mit Käse und Zucker sind sein Leibgericht" erklärt Sandra, während sie ihre Malanga-Fritten brät, „er würde das jeden Tag essen." Was würde er sonst noch gern essen? – „Hot Dogs, den ganzen Tag lang und jeden Tag."

Ramon kommt nach Hause, deckt den kleinen Tisch in der Küche mit bunt zusammengewürfeltem Geschirr und Besteck und setzt sich dann bis zum Abendessen zu seinem Vater vor den Fernseher.

Aus Eulinas Stereoanlage dröhnt in voller Lautstärke Christina Aguilera, damit auch die Teenager oben auf dem Dach die Musik hören können. Die Sängerin behauptet sich gegen den spanischen Rapper, der aus einer anderen Anlage stottert, und die „Tor! Tor! Tor!"-Schreie aus Euripides' Fernsehgerät. Lisandra sitzt auf der steilen Treppe, die hinauf zum „Fitnessraum" auf dem Dach führt, einer überdachten Ecke mit Taubenschlag, Hanteln und einer kühlen Brise. Zwei Cousins von Lisandra stemmen gerade die Gewichte und überprüfen mit einem Handspiegel ihre Fortschritte beim Body-building. Hier oben auf dem Dach hatte Eulina ihren inoffiziellen Friseursalon, bis die Regierung das Verbot von Privatbetrieben lockerte und sie den Salon ins Erdgeschoss verlegen konnte, in den Raum, der auf die Gasse führt.

Wie die meisten Kubaner bekommen Sandra und Ramon – der im Hafen für das staatliche Importkontor Cubalse arbeitet – etwa den gleichen Monatslohn, umgerechnet rund 15 Dollar. Und wie beinahe die Hälfte der Bevölkerung werden die Costas von Verwandten im Ausland unterstützt. Von deren Überweisungen behält der Staat

zehn Prozent als Steuer ein. Wasser- und Energieversorgung werden ebenso wie Verkehrsmittel und Wohnungen stark subventioniert, Schulbildung und Gesundheitswesen sind kostenlos. Subventionierte Lebensmittel werden monatlich auf Bezugsscheine ausgegeben. Leider jedoch reichen die Rationen nicht für den ganzen Monat, sodass die Kubaner auf teure Zukäufe auf Bauernmärkten und in staatlichen Läden angewiesen sind – oft mit dem Geld von den Verwandten im Ausland.

Anfang der 1990er Jahre hielten sich die Costas wie viele Bewohner Havannas im Innenhof ein Schwein, um es zu mästen und dann zu schlachten. Heute macht das fast keiner mehr, wegen des Schmutzes und Geruchs. „Es war auch einfach zu viel Arbeit", sagt Euripides, „und außerdem gibt es jetzt öfter Fleisch zu kaufen."

Die Menge der staatlichen Zuteilungen schwankt, je nachdem, was gerade verfügbar ist. Ein Pfund oder ein Kilogramm einer Eiweißquelle ist immer dabei – mal ein Huhn, mal ein Gemisch aus Fleisch und Soja, manchmal sogar Fisch. Als Extrazuteilung gibt es in unregelmäßigen Abständen Kaffee, Zucker, Salz, Bohnen, Reis und Öl. Jüngere Kinder bekommen Joghurt, ältere Erwachsene erhalten manchmal Cerelac, einen Instant-Getreidebrei. Dazu kommen Artikel wie Seife, Zahnpasta, Waschmittel und Tabak. Da bei den Costas niemand das Cerelac mag, kriegt es der Wachhund, der vom Dach aus die Passanten unten in der Gasse anbellt.

DIE BLOCKADE

Das von den USA auf dem Höhepunkt des Kalten Krieges verhängte Handelsembargo gegen Kuba wird noch immer aufrechterhalten. Nach Ansicht von Kritikern hat es nicht nur eine Mangelwirtschaft hervorgebracht, sondern auch Fidel Castro zum Volkshelden gemacht, zum sprichwörtlichen David, der dem Yankee-Goliath trotzt. Die Auswirkungen des Embargos waren weniger spürbar, solange der Ostblock bestand und die Sowjetunion als Schutzmacht Kubas auftrat. Nach dem Zerfall des Sowjetreiches verschlimmerte sich die wirtschaftliche Lage Kubas jedoch drastisch, sodass Castro Zugeständnisse in Richtung einer Marktwirtschaft machen musste.

Die Familie Costa trägt keinerlei Verantwortung für den Text dieses Kapitels. Er beruht ausschließlich auf den Beobachtungen der Autoren. Sämtliche Informationen über den Staat stammen aus anderen Quellen.

KUBA

- Einwohner: **11 308 800**
- Einwohner von Havanna: **2 411 100**
- Fläche: **110 860 km²** (fast genau so groß wie Bulgarien)
- Bevölkerungsdichte: **102 Einw./km²**
- Anteil der städtischen Bevölkerung: **76 %**
- Anteil der während Castros Regierungszeit geborenen Bevölkerung: **70 %**
- Lebenserwartung Männer/Frauen: **75/79 Jahre**
- Geburten pro Frau (durchschnittl.): **1,6**
- Anteil der Analphabeten unter den über 15-jährigen Männern/Frauen: **3/3 %**
- Kalorienaufnahme pro Person und Tag: **3152 kcal**
- Anteil der unterernährten Menschen: **11 %**
- Jährlicher Alkoholkonsum pro Person (reiner Alkohol): **3,4 l**
- Bruttosozialprodukt (BSP) pro Person bei Kaufkraftparität (auf Grundlage der Kosten für gleichwertige Waren in den USA): **5259 $**
- Jährliche Gesundheitsausgaben pro Person/Anteil am BSP: **185 $/7,2 %**
- Anzahl der Ärzte pro 100 000 Einwohner: **596**
- Anteil übergewichtiger Männer/Frauen: **55/57 %**
- Anteil fettleibiger Männer/Frauen: **12/21 %**
- Anteil der Diabetiker unter den über 20-Jährigen: **6 %**
- Verbrauch an Zucker und Süßungsmitteln pro Person und Jahr: **62,2 kg**
- Fleischkonsum pro Person und Jahr: **32,2 kg**
- McDonald's-Filialen: **1** (auf dem US-Stützpunkt Guantanamo)
- Zigarettenkonsum pro Person und Jahr: **1343 Stück**

In der Altstadt von Havanna – dem alten Hafenviertel – gehören Oldtimer noch immer zum vertrauten
Straßenbild. Das US-Handelsembargo von 1962 hat die Einfuhr neuer Autos verhindert. Doch selbst ohne diese
Beschränkung könnten sich nur wenige Kubaner überhaupt ein neues Auto leisten

FAMILIENREZEPT

Sandra Raymond Mundis Congrí

250 g rote Bohnen

2 scharfe gelbe Pfefferschoten

1/4 TL gemahlener Kreuzkümmel

1/4 TL getrockneter Oregano

250 g Schweinefleisch, in 2 cm große Stücke geschnitten

2–4 EL Schmalz

250 g Zwiebeln, geschält und gehackt

3 Knoblauchzehen

Salz

500 g Reis

50 g durchwachsener Räucherspeck

- Die Bohnen abspülen und zusammen mit einer Pfefferschote über Nacht einweichen.
- Die Bohnen aufkochen und bei sanfter Hitze garen. Abgießen, 3/4 l der Flüssigkeit aufheben.
- Kreuzkümmel und Oregano in einer Pfanne leicht anrösten.
- Das Fleisch in 2 EL Schmalz bei mittlerer Hitze anbraten, bis es Saft abgibt. Zwiebel, Knoblauch und die zweite Pfefferschote zugeben, braten, bis die Zwiebeln glasig sind. Bei Bedarf weiteres Schmalz dazugeben.
- Bohnen, Kochsud, Kümmel und Oregano dazugeben, mit Salz abschmecken und das Ganze aufkochen.
- Den Reis waschen, den Speck fein würfeln, die Hälfte in einer Pfanne auslassen und den Reis darin anschwitzen.
- Reis und Speck in die kochende Bohnenmischung geben. Zugedeckt bei sanfter Hitze garen, bis der Reis aufgequollen ist.
- Die restlichen Speckwürfel braten und als Garnitur aufs fertige Gericht streuen.
- Variation: Rote statt schwarze Bohnen. Gebratene Schwarten statt Speck.

Vor der Party sortiert Sandra *(links)* **Bruchreis aus. Am Abend feiert ihre Nichte Iris** *(rechts)* **ihren 15. Geburtstag – für Mädchen ein ganz besonderer Tag**

ZUTEILUNGSPOLITIK

1962 begann die kubanische Regierung mit der Ausgabe der *Libreta*, einem Zuteilungsheft, das die Familien berechtigt, bestimmte Mengen von Lebensmitteln in den Tausenden staatlichen Bodegas (Lebensmittelgeschäfte) und Placitas (Obst- und Gemüseläden) zu Spottpreisen zu kaufen. So kostete Anfang 2005 ein Kilo Reis gerade mal 36 kubanische Cents – rund ein US-Cent. Zusätzlich erhalten die Kinder vom Staat eine Schulspeisung, viele Betriebe bieten den Mitarbeitern ein kostenloses Mittagessen, und Rentner können in speziellen Restaurants verbilligt essen.

Auch Reis, getrocknete Bohnen, Öl, Eier, Rindfleisch, Seife, Milch, Brot, Zucker, Zigarren und Kaffee sind in den Bodegas und Placitas zu bekommen, wenn auch oft nur in begrenzter Menge.

Bis zu ihrem Zusammenbruch unterstützte die Sowjetunion Kuba mit großzügigen Lieferungen von Erdöl und Nahrungsmitteln. Seither betreiben die Kubaner Stadtgärten, die heute mehr als ein Drittel des Bedarfs an Gemüse liefern. Trotzdem reicht es für viele Familien oft nicht. Die monatliche Fleischration entspricht der Fleischmenge, die zwei Big Macs enthalten.

Heute decken die Zuteilungen der Libreta ein Drittel bis die Hälfte des Bedarfs. Den Rest müssen sich die Bürger auf den freien Bauernmärkten besorgen, die Castro 1994 legalisiert hat. Für viele Kubaner, die monatlich 200 bis 300 Pesos (8 bis 12 US-Dollar) verdienen, sind die Preise dort unerschwinglich. Auf dem freien Markt kostete 2005 ein Kilo Reis 22-mal so viel wie auf Bezugsschein.

Trotz der Schwächen des Systems muss anders als in anderen lateinamerikanischen Ländern kaum jemand hungern. Castros Kritiker beeindruckt dies jedoch nicht. Ihrer Meinung nach ist der Mangel die Folge des Niedergangs der landwirtschaftlichen Produktivität unter der kommunistischen Kollektivwirtschaft. Viele heute rationierte Produkte wie Zucker, Kaffee oder Zigarren waren früher reichlich zu haben.

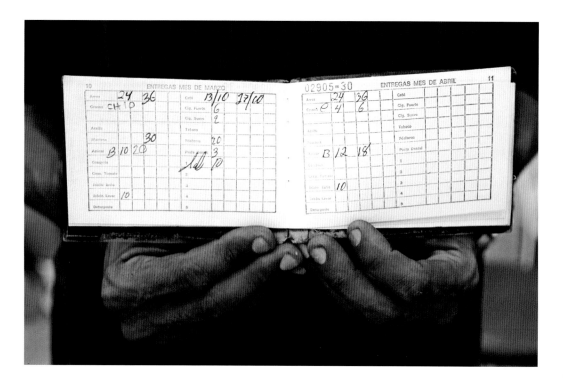

VOR ORT NOTIERT

Das beste Essen auf Kuba bekommt man laut meinem Freund Alberto in den Paladares, kleinen, privat geführten Restaurants mit offizieller Lizenz. Ich hatte Alberto vom kubanischen Nationalgericht Congrí (Reis mit schwarzen Bohnen) vorgeschwärmt, gebratenen grünen Bananen und der Malangawurzel, die ähnlich wie Kartoffeln als Pommes frites zubereitet wird. Mein Freund führte mich durch ein paar Gassen in den baumbestandenen Innenhof eines baufälligen Hauses aus der Kolonialzeit. Dort standen Tische und Stühle, über der Bar hing ein Fernseher an der Wand. Wir wurden von einer stattlichen Frau mittleren Alters begrüßt, die eine Küchenschürze trug. Neben ihr der stolze Besitzer des Lokals, ihr Mann Ricardo Alfonso Rodrigues – an Wochenenden spielt er Schlagzeug in der Rockband „Taksons". Nach dem ersten kühlen Bier machte ich den Fehler, nach der Band zu fragen. Schon hatte er den Fernseher angestellt, eine Kassette in den Rekorder geschoben und den Ton voll aufgedreht. Seine Musik ist ganz anders als die vom berühmten Buena Vista Social Club. Nach einer halben Stunde kamen Teller mit dampfenden Bohnen, Reis und Schweinefleisch. Und noch mehr Bier, das sich als gutes Mittel gegen zu viel Heavy-Metal-Musik erwies.
— *Peter Menzel*

Kubanische Familien bekommen Lebensmittelkarten *(oben)*, **mit denen sie theoretisch alle Grundnahrungsmittel zu stark subventionierten Preisen beziehen können. Tatsächlich aber ist manches oft nicht zu bekommen, sodass die Menschen gezwungen sind, zu wesentlich höheren Preisen in den Agromercados einzukaufen; dort gibt es Produkte der wenigen privaten Bauern und Waren von Genossenschaftsbetrieben, die ihr Soll übererfüllt haben. Unter den aufmerksamen Blicken von Sandra Costa misst ein Verkäufer im offenen Markt Agrape Guavo in Havannas Altstadtviertel Marianao Maismehl ab** *(unten)*

Auf dem freien Bauernmarkt Agrape Guavo stehen die Menschen für Fleisch an. Diese Märkte gelten als Zeichen der Bereitschaft der Regierung, die Marktwirtschaft in bescheidenem Ausmaß zuzulassen. Doch womöglich wird es sie bald nicht mehr geben. In den Jahren 2004 und 2005 beschränkte Castro die Zahl der Bauern, die eigenständig wirtschaften dürfen, und die Genehmigungen für Geschäftsgründungen; außerdem unterband er den Umlauf von US-Dollar

Die Costa-Enkel Javier *(mit Schnorchel)* und Ariel *(am Boden)* gehen vor dem Strand von Havanna auf Unterwasserjagd, zehn Fahrradminuten vom Zuhause in der Altstadt entfernt. Ariel nimmt die Beute aus, während Javier und ein Freund ihre Ausrüstung ablegen. Viele Kubaner angeln in ihrer Freizeit, wie diese Männer *(rechts)* am Malecón, der berühmten Hafenpromenade der Hauptstadt – als Hobby und zum Aufbessern der mageren Lebensmittelzuteilungen

Die Familie Ayme in ihrer Küche im Andendorf Tingo mit einem Wochenbedarf an Lebensmitteln: Ermelinda Ayme Sichigalo, 37, und ihr Mann Orlando Ayme, 35, mit ihren Kindern *(v. l. n. r.)* Livia, 15, Natalie, 8, Moises, 11, Alvarito, 4, Jessica, 10, Orlando junior, 9 Monate *(auf Ermelindas Schoß)*, und Mauricio, 2. Nicht im Bild: Lucia, 5, die bei ihren Großeltern lebt, um ihnen zu helfen. Gekocht wird auf offenem Holzfeuer. Vorratshaltung: durch Lufttrocknen

Arm, aber gesund

Getreide und andere stärkehaltige Lebensmittel: $ 17,40

45 kg weiße Kartoffeln; 22,7 kg weißer Bruchreis; 7 kg gemahlener Weizen*; 4,5 kg Maismehl; 4,5 kg feines Weizenmehl; 3,6 kg grünes Erbsenmehl; 2,7 kg grobes Weizenmehl.

Hinweis: Die Aymes bauen selbst Kartoffeln und Mais an, doch die Vorräte, auch an Gerste, sind aufgebraucht, und in dieser Jahreszeit gibt es nichts zu ernten.

Milchprodukte:

7 l Milch* von der eigenen Kuh (auf dem Bild ist nur ein Teil des Wochenbedarfs zu sehen).

Fleisch, Fisch und Eier:

Keine.

Obst, Gemüse und Nüsse: $ 11,30

6 kg grüne Kochbananen; 2,8 kg Bananen; 1,6 kg Orangen; 1,1 kg Zitronen; 450 g Brombeeren; 4,5 kg Linsen; 1,6 kg Möhren; 1,4 kg rote Zwiebeln; 900 g Lauch; 1 Kopfsalat (680 g).

Öle, Würzmittel und Saucen: $ 2,90

5 kg brauner Rohrzucker; 700 g Salz; 500 ml Pflanzenöl; 1 Bund Korianderkraut.

Getränke:

1 kleines Bund Brennnesseln, selbst gepflückt zum Aufbrühen; 1 Hand voll Maisblütenfäden (dienen abgekocht als Tee und Medizin). Wasser aus einer nahen Quelle zum Trinken und Kochen muss herbeigetragen werden.

Gesamtausgaben für Lebens- und Genussmittel in einer Woche: $ 31,60

* Aus eigenem Anbau. Wert der selbst produzierten Lebensmittel auf dem lokalen Markt: $ 3,20

ES ÜBERRASCHT NICHT, DASS ERMELINDA AYME SICHIGALO ihre Kinder lieber zu Hause in Tingo lassen würde, dem kleinen Andendorf hoch in den Bergen, statt sie mit zum Wochenmarkt zu nehmen, unten im Städtchen Simiatug. Vor allem ihre Jüngsten möchten gleich alles haben, was sie sehen, aber dafür hat Ermelinda kein Geld. Der vierjährige Alvarito sei der Schwierigste, sagt sie, „aber wenn ich ihn zu Hause lassen will, gibt es unweigerlich Streit". Wir hatten uns kaum vorstellen können, dass sich jemand mit der resoluten Ermelinda anlegt – bis wir Alvarito kennen lernten.

Wenn man acht Kinder zu versorgen und zu erziehen hat, dazu auf dem Feld arbeitet, eine Herde Schafe hütet, kocht, wäscht, stickt, als Hebamme, Naturheilerin und Marktfrau tätig ist – dann kann man sich vorstellen, dass zum Verwöhnen der einzelnen Kinder nicht viel Zeit bleibt. So ist ihr Mann Orlando Ayme, der ebenfalls mit zum Markt geht, der Ansprechpartner für elterliche Gefälligkeiten. In der Regel setzt sich Alvarito durch und kommt mit nach Simiatug. Doch auch ohne nörgelnden Nachwuchs wären die Einkaufstouren der Aymes nicht einfach. In Tingo gibt es keine Läden – nur Nachbarn, von denen man etwas leihen oder mit denen man etwas tauschen kann. Der Weg hinunter nach Simiatug ist fünf Kilometer lang.

Ecuador liegt am Äquator, und die Felder werden das ganze Jahr bestellt, doch die Felder der Aymes liegen über 3000 Meter hoch in den Bergen. „Unser Land ist trocken, und fast ständig weht ein scharfer Wind", sagt Orlando. „Da ist der Anbau schwierig." Trotz des ungünstigen Klimas schaffen es die Aymes, die meiste Zeit des Jahres von dem zu leben, was sie selbst ziehen: Kartoffeln, Oca (ein Wurzelgemüse), Mais, Weizen, dicke Bohnen und Zwiebeln. Das einzige tierische Eiweiß, das sie essen, stammt von Meerschweinchen und Hühnern. Ihre Kuh gibt ungefähr einen Liter Milch am Tag. Die Gewissheit, nicht hungern zu müssen, verdanken sie den 50 Schafen, die die Großfamilie für den Verkauf züchtet. Mit dem Erlös werden in der Trockenzeit Lebensmittel gekauft, denn dann gibt es so gut wie nichts zu ernten. Orlando vertritt im Dorf die Pachakutik, die nach dem legendären Inka-Herrscher benannte Partei. Dafür bekommt er 50 US-Dollar im Monat (der Dollar ist seit 2000 die offizielle Währung in Ecuador). Davon gehen 15 Dollar für die Miete des kleinen Zimmers in Simiatug ab, wo er übernachtet, wenn er Angelegenheiten für die Dorfgemeinde zu regeln hat. Der Rest ist schnell aufgebraucht. Die Einführung des Dollars hat zwar die Inflation gebremst, doch die Lage der Menschen ist eher schwieriger geworden, weil viele Händler die Währungsumstellung und die anschließende Verwirrung nutzten, um die Preise zu erhöhen. Plötzlich musste man für manchen kleinen Einkauf einen ganzen Dollar hinblättern – keine Kleinigkeit, wenn man bedenkt, dass viele Ecuadorianer mit weniger als zwei Dollar am Tag auskommen müssen.

Von Markttagen abgesehen, verbringen die Aymes die meiste Zeit in Tingo, mit Feldarbeit und Kindererziehung. Ihr Leben ist körperlich anstrengend – besonders das von Ermelinda, wie ihr Mann sagt. Ermelinda ist auch die Naturheilerin des Dorfes, sammelt Brennnesseln, Maiskolbenfasern, Schachtelhalm, Minze, Kamille, Pisang-Samen und Paico (ein Gänsefuß-Verwandter), aus denen sie Stärkungsmittel und Tees bereitet. „Es ist schwer, all diese Kinder gesund zu halten", sagt sie, „für Ärzte und Medikamente haben wir kein Geld." Doch Orlando meint, sie stelle ihr Licht unter den Scheffel. „Somos pobres, pero sanos", sagt er – „wir sind arm, aber gesund."

Als wir die Aymes im September besuchen, sind ihre Kartoffeln, das wichtigste Grundnahrungsmittel, aufgegessen – und nichts wächst. Sie wollen zwei Schafe verkaufen, um Lebensmittel für die Woche und ein paar Vorräte einzukaufen. Orlando hofft, in Simiatug für die Tiere 40 Dollar zu bekommen, von Händlern, die aus der größeren Stadt Ambato kommen, um Vieh zu kaufen.

Geldkühe – und Schafe

Das nur über eine unbefestigte Straße und Saumpfade erreichbare Städtchen Simiatug bietet die einzigen Einkaufsmöglichkeiten im Umkreis von 50 Kilometern. Wenn man die Bergbewohner in leuchtend roten Ponchos talwärts wandern sieht, dann ist Markttag. Auch die Aymes machen sich auf den Weg – mit Alvarito im Schlepptau. Schon am frühen Morgen bauen die fahrenden Händler ihre Stände auf: Zwiebeln, Paprikaschoten, Möhren und Tomaten. Kartoffel- und Reishändler verkaufen ihre Ware direkt vom Lkw in Zentnersäcken. Ein Gemüsehändler aus dem tropischen Tiefland hat auf einem Teppich aus frischen Bananenblättern Avocados, Orangen, Papayas und Bananen ausgebreitet. Auch Bauern aus der Umgebung bieten ihre Produkte an. Eine Frau verkauft Hüte.

Der Viehmarkt findet am Stadtrand auf einem Platz unterhalb des Schulhauses statt. Ihn steuern die Aymes zuerst an, um ihre Schafe zu verkaufen. Mit ihnen sind viele ihrer Nachbarn aus Tingo gekommen, die nicht nur Schafe, sondern auch Alpakas, Lamas, Kühe, Stiere und Ferkel verkaufen wollen. „Die Leute kaufen Ferkel, um sie großzuziehen und zu schlachten", sagt Orlando, „niemand verkauft eine Sau." Der Viehmarkt ist ein gesellschaftliches Ereignis, vor allem für die Männer, die die neuesten Nachrichten austauschen, während sie auf Käufer für ihre Tiere warten. Ein Eisverkäufer preist seine Hörnchen an, ein Mitarbeiter der Stadtverwaltung wartet, um die Steuern zu kassieren. Die Händler aus Ambato versuchen, den Tierbesitzern Dollar-Scheine in die Hand zu drücken, um einen Handel perfekt zu machen – doch ihre Gebote sind zu niedrig. Schließlich aber schlägt jemand ein, und plötzlich läuft der Handel. Orlando bekommt 35 Dollar für seine Schafe. Weniger als erhofft, doch zum Einkaufen reicht es. Die Händler werfen die Tiere zu Boden und binden ihnen die Beine zusammen. „Damit sie auf der Fahrt im Lastwagen nicht brechen", sagt Orlando. Jetzt hat er Geld, es ist Zeit zum Einkaufen, und Alvarito wittert seine Chance.

Die Einkäufe der Aymes richten sich nach dem Geldbeutel. Zuerst sind die Grundnahrungsmittel dran, dann kommt weniger Wichtiges, bis das Geld verbraucht ist. Orlando und Ermelinda nehmen einen Zentner Kartoffeln für drei Dollar und fünf Kilogramm Linsen für vier. Es folgen rund 25 Kilo Mehl verschiedener Art: Maismehl, feines und grobes Weizenmehl, grünes Erbsenmehl, Vollkornweizenmehl, alles von der einheimischen Bauerngenossenschaft. Ermelinda: „Sie machen uns gute Preise." Sie kauft auch Bruchreis, den halben Zentner für rund sechs Dollar – weniger als die Hälfte dessen, was sie für ganze Körner bezahlen müsste. Alvarito zieht die Aufmerksamkeit der Menge auf sich, weil er eine Szene macht, als er den gewünschten Kuchen aus der Vitrine der Genossenschaftsbäckerei nicht bekommt. Draußen auf der Straße werden Kochbananen gekauft, sechs Kilo zu 1,80 Dollar. Ebenso viel kostet eine fünf Kilo schwere Scheibe brauner Rohzucker, fest in Zuckerrohrblätter gewickelt. Daheim werden die Familienmitglieder sich Stücke davon abbrechen, um sie als Bonbons zu lutschen oder in heißem Wasser aufgelöst als süßen Trank zu genießen. Die fünf Kilo werden vor dem nächsten Markttag aufgebraucht sein. Frisches Obst und Gemüse stehen ganz unten auf der Liste und werden nur gekauft, wenn noch Geld übrig ist. Heute nehmen die

ECUADOR

- Einwohner: **13 213 000**
- Einwohner von Tingo: **80** (geschätzt)
- Fläche: **256 370 km²** (etwas kleiner als Neuseeland)
- Bevölkerungsdichte: **51 Einw./km²**
- Anteil der Stadtbevölkerung: **62%**
- Lebenserwartung Männer/Frauen: **68/74 Jahre**
- Anteil der Urbevölkerung: **38%**
- Geburten pro Frau (durchschnittl.): **2,8**
- Anteil der Analphabeten unter den über 15-jährigen Männern/Frauen: **6/9%**
- Kalorienaufnahme pro Person und Tag: **2754 kcal**
- Anteil der unterernährten Menschen: **4%**
- Jährlicher Alkoholkonsum pro Person (reiner Alkohol): **1,6 l**
- Bruttosozialprodukt (BSP) pro Person bei Kaufkraftparität (auf Grundlage der Kosten für gleichwertige Waren in den USA): **3580 $**
- Jahr der Einführung des US-Dollars als offizielle Währung in Ecuador: **2000**
- Jährliche Gesundheitsausgaben pro Person/Anteil am BSP: **76 $/4,5%**
- Anteil übergewichtiger Männer/Frauen: **40/51%**
- Anteil fettleibiger Männer/Frauen: **6/15%**
- Fleischkonsum pro Person und Jahr: **45 kg**
- Zahl der McDonald's-Filialen: **10**
- Zahl der Vulkane: **17**
- Zigarettenkonsum pro Person und Jahr: **232 Stück**
- Verbrauch an Zucker und Süßungsmitteln pro Person und Jahr: **48 kg**
- Anteil der Bevölkerung, der von weniger als zwei Dollar pro Tag leben muss: **41%**

Auf dem langen Heimweg vom Wochenmarkt im Tal führt Orlando Ayme das vom Schwiegervater
geliehene Pferd. Ermelinda *(Mitte)* trägt ihr Baby als Bündel auf dem Rücken, dazu ein paar Einkäufe.
Livia trottet mit ihren Schulbüchern hinterher. Der vierjährige Alvarito ist schon vorausgehüpft.
Wie die meisten Jungen in diesem Alter ist er ein wahres Energiebündel

FAMILIENREZEPT

Ermelinda Ayme Sichigalos
Locro de Papas – Kartoffelsuppe

Etwa 2,5 kg kleine Kartoffeln, schälen, die größeren halbieren

6 ganze Kohlblätter

1 Lauchzwiebel, ganz

1/2 EL Zitronensaft

2 mittelgroße Möhren in dünnen Scheiben

1/8 l Milch

4 TL Salz

125 g grüne Bohnen

2 TL Öl

Etwas Lammfleisch

- Die Kartoffeln in einem Topf mit Wasser bedecken und aufkochen
- Sobald die Kartoffeln kochen, Kohl und Lauchzwiebel zugeben. 5 Min. bei mittlerer Hitze kochen lassen, dann die übrigen Zutaten zugeben.
- 30 Min. bei mittlerer Hitze kochen.
- Dazu gibt es Reis, der mit fein gehackten Zwiebeln gekocht wurde, oder Bratkartoffeln mit Zwiebeln.

Gerstengrütze

1 Hand voll (ca. 100 g) geröstete Gerstengrütze

30 g harter brauner Rohrzucker

1 Naranjilla (tropische Frucht, ein Nachtschattengewächs), halbiert und ausgedrückt.

- Die Zutaten mit 3 Liter Wasser in einen Topf geben und 30 Min. kochen.

In Simiatug kauft Ermelinda bei der Kooperative ein *(oben links)* **– »Die haben die besten Preise.« Die Stadt ist voller Leben, wenn die Familien aus den Bergen einkaufen. Ein Mann packt seiner Frau einen Zentner Kartoffeln auf den Rücken** *(unten links)*. **In den Kneipen drängen sich die Männer (und ein paar Frauen), um ein einheimisches Bier zu trinken** *(ganz rechts)*

Der Markt in Zumbagua, drei Autostunden auf staubigen Straßen vom Dorf der Aymes entfernt, ist groß genug, um einige Touristen anzulocken. Im Städtchen existiert sogar ein kleines Hotel. Zumbagua liegt auf halbem Weg zwischen den Anden und dem Tiefland an der Küste. Auf dem Markt gibt es Waren aus beiden Klimazonen: Süßkartoffeln aus den Bergen neben roten Oca-Wurzeln, Ananas und Blöcken aus braunem Rohrzucker

Ungerührt warten einige Schafe unter Kadavern im Schlachthaus von Zumbagua, bis sie an der Reihe sind. Auf dem 400 Meter entfernten Viehmarkt können Käufer ein Tier aussuchen, um es töten, häuten und ausnehmen zu lassen. Einschließlich der Wegstrecke vom Markt zum Schlachthaus dauert das Ganze nicht einmal eine Stunde

Mit dem traditionellen Filzhut auf dem Kopf verbringt Ermelinda einen Teil des Vormittags in der fensterlosen Küchenhütte mit dem Säubern von Gerste. Nachdem sie Staub und Spreu weggeblasen hat, mahlt sie das Getreide für den Frühstücksbrei. Nachmittags, im Anschluss an die Feldarbeit, kommen oft Ermelindas Schwestern zu Besuch. Die Frauen schwatzen, stillen ihre Babys und knabbern getrocknete und geröstete Kartöffelchen

Aymes Möhren, Lauch, Zwiebeln und ein wenig Obst mit. Orlando packt so viel wie möglich auf das Pferd, das er vom Schwiegervater geliehen hat. Den Rest müssen er und Ermelinda selbst tragen. Alvarito ist enttäuscht. Er hatte sich einen roten Wollponcho gewünscht, wie ihn die Geschwister tragen, doch das Geld reichte nicht. Als sie zu Hause ankommen, ist es fast dunkel, und der Wind pfeift. Die zehnjährige Jessica ist den ganzen Tag mit den Schafen allein auf der Weide gewesen. Abends hat sie die Tiere in den Pferch getrieben und den Hund als Wächter bei der Herde zurückgelassen.

Im Küchenhaus entfacht Ermelinda ein Feuer aus der schwelenden Glut – die Familie besitzt zwei kleine Lehmhütten, in der anderen wird geschlafen. Hühner huschen durch die Tür und scharren, bis Ermelinda sie von Alvarito hinausscheuchen lässt. Er und der dreijährige Mauricio übernehmen freudig den Auftrag, doch die Hennen sausen sofort wieder herein, wenn jemand die Tür öffnet. Das geht so, bis das Abendessen fertig ist. Die achtjährige Natalie übernimmt von ihrer Mutter, ohne zu nörgeln, das Baby und schaukelt es in den Schlaf.

Ermelinda reguliert durch Umlegen der Holzstücke die Hitze des Feuers, um – wie bei einem modernen Herd – mit gleichmäßiger Temperatur kochen zu können. Das Küchenhaus hat keinen Abzug, Wände und Decke sind schwarz vom Ruß. Der Raum ist warm, aber verqualmt. Orlando gehört zu den wenigen Männern, die wir in Entwicklungsländern getroffen haben, die in der Küche helfen. Er pellt die Zwiebeln für die Kartoffelsuppe, die in einem Topf auf dem Feuer köchelt. Meerschweinchen laufen in der Küche herum, halten sich nahe am wärmenden Feuer. Die Nager werden gegessen, sobald sie ausgewachsen sind – voraussichtlich zu Ostern. Doch die rattengroßen Tiere der Aymes haben kaum Ähnlichkeit mit den Meerschweinchen, die in den großen Städten Ecuadors verkauft werden. Diese mit Luzerne und Kraftfutter ernährten Artgenossen werden so groß wie kleine Hunde.

Niemand muss zum Essen gerufen werden. Auch die älteste Tochter Livia, die nebenan im Schlafhaus Schulaufgaben gemacht hat, ist schon erschienen. Die Familie sitzt auf kleinen Holzbänken auf dem Lehmboden und isst die dicke Suppe, die es fast jeden Abend gibt. Es ist immer auch genug für Besucher da. Das ist die Gastfreundschaft, die seit eh und je in den Dörfern der Anden gilt. Die Frage nach den Lieblingsspeisen überrascht die Eheleute. Ermelinda sagt, sie isst alles gern, und kann sich für kein Leibgericht entscheiden. Orlando denkt nach und entscheidet sich schließlich für Erbsensuppe mit Kartoffeln. „Das liebe ich wirklich", sagt er. „Er liebt Lollis", neckt Ermelindas Schwester Zulema, die zu Besuch gekommen ist. Sie und die anderen Schwestern kommen oft zum Essen vorbei. Beim anschließenden Schwatz widmen sich die Frauen den bunten Handarbeiten, die sie über die Simai in Simiatug verkaufen, die Volkskunstgenossenschaft.

Bezeichnenderweise nennen die Aymes alle industriellen Lebensmittel „Schweizer" – der global agierende Nestlé-Konzern hat seine Produkte überall auf den wackligen Regalen der Läden in den Entwicklungsländern platziert. Gibt es etwas, was sie gern essen würden, sich aber nicht leisten können? „Ja", sagt Orlando, „Ölsardinen und abgepacktem Käse." Hat jemand aus der Familie je Fast Food gegessen? „Einmal, bei einem Seminar in Ambato", antwortet Orlando. „Es war Fleisch auf Brot (ein Hamburger). Es war okay, schmeckte aber etwas seltsam. Ich konnte nicht sehen, wie es zubereitet wurde."

Im Haushalt der Aymes gibt es weder Geräte noch Uhren oder moderne Küchenutensilien. Als Ermelinda Peter beim Auspacken seiner Fotoausrüstung beobachtet, sagt sie: „Ich hätte nie gedacht, jemals etwas so Kostbares hier zu sehen." Wir waren sprachlos.

Der Wind bläst jetzt stärker, und die einzelnen Familienmitglieder gehen hinüber in die andere Hütte. Es ist zehn Uhr abends, aber noch nicht Zeit zum Schlafengehen. Einheimische Musik dröhnt aus dem Radio, und die Kinder toben auf den Betten herum, während Livia an einem improvisierten Schreibtisch noch an ihren Hausaufgaben sitzt. Wegen des weiten Schulwegs geht sie nur an wenigen Tagen in der Woche zur Oberschule in Simiatug. Die kleineren Kinder besuchen die Dorfschule in Tingo – wenn sie nicht gerade die Schafe hüten müssen. Ermelinda ging zwei Jahre auf die Oberschule, doch sie musste sie abbrechen, als sie die ersten Kinder bekam. Sie will, dass alle ihre Kinder die Schule abschließen. Wir breiten auf dem Boden unsere Schlafsäcke auf frischem Stroh aus. Der Wind heult und lässt Sandkörner und Steinchen auf das Blechdach prasseln. Die Kinder schlafen zu fünft oder sechst in einem Bett.

Nur zu bald ist es dann wieder Frühstückszeit. Ermelinda stillt ihr Baby, während sie in einer Kurbelmühle Gerste mahlt. Die wird, mit Weizen gemischt und mit Zucker gesüßt, zu einen Topf Brei gekocht. Ermelinda wartet nun, bis die Kinder aufwachen.

VOR ORT NOTIERT

Bei meinen fünf früheren Reisen in die Anden hatte ich versäumt, die größte Delikatesse der Gegend zu probieren: Cuy – Meerschweinchen. Ich hatte die Tiere oft in den Hütten der Dorfbewohner gesehen, wo sie drinnen und draußen frei herumlaufen. Doch jedes Mal, wenn ich in einem Restaurant nach Cuy fragte, hieß es, das gebe es nur auf Vorbestellung. Besonders beliebt ist es als Speise bei den Verhandlungen zwischen zwei Familien vor einer Eheschließung, vor Hochzeiten, bei Taufen – und beim ersten Haarschnitt eines Jungen.

Diesmal war ich entschlossen, Cuy zu probieren. Also fragte ich Oswaldo Muñoz gleich, als wir nach unserer Ankunft aus Quito herausfuhren. „Gut, dass du fragst", sagte er, „ich kenne das beste Lokal für euch."

Zwei Stunden später hielten wir in Ambato vor einem Restaurant, in dem es Oswaldo zufolge das beste Meerschweinchen in ganz Ecuador gibt. Es heißt „Salon Los Cuyes II" – Meerschweinchenstube II. Trotz meines langjährigen Interesses für Cuys war ich überrascht von der Größe der Tiere: Am Spieß gebraten, sahen sie aus wie Dackel mit Rattenköpfen, samt Nagezähnen und knusprig gebratenen Ohren.

Das hellrosafarbene Fleisch mit der traditionellen Beilage, einem Eintopf aus Kartoffeln und Zwiebeln in Erdnusssauce, schmeckte köstlich, zwischen Spanferkel und Kaninchen – und es war genauso fett. Wir teilten uns zu dritt ein halbes Tier, doch wir schafften es nicht (Faith gab sich nicht wirklich Mühe). Das Festessen kostete für uns drei mit alkoholfreien Getränken und Trinkgeld 20 Dollar.   – Peter Menzel

An einem windigen Nachmittag trägt Ermelinda ihr Baby bei der Arbeit auf dem Kartoffelacker in zwei gekreuzten Wickeltüchern auf dem Rücken. Bei der Ankunft auf dem Feld, das zehn Fußminuten vom Dorf entfernt liegt, sprach das Paar zuerst ein kurzes Gebet an »Pacha mamá« – Mutter Erde. Gelegentlich muss Ermelinda das Baby zurechtrücken, doch sonst gibt es meist keine Probleme mit dem kleinen Bündel

Mamdouh Ahmed, 35 *(mit Brille)*, **und Nadia Mohamed Ahmed, 36** *(mit braunem Kopftuch)*, **in ihrer Wohnung. Um den
Tisch stehen ihre Kinder Donya, 14** *(ganz links mit ihrer Schwester Nancy, 8 Monate)*, **und Karim, 9** *(hinter den Bananen)*, **Nadias
Neffe Islaam, 8** *(im Fußballshirt)*, **ihr Bruder Rabie, 34** *(im grau-blauen Hemd)*, **dessen Frau Abadeer, 25,** **und deren Kinder
Hussein, 4,** **und Israa** *(18 Monate, auf dem Arm eines Freundes)* **sowie Nadias Vater** *(mit Turban)*

Nadias Spezialitäten

EIN WOCHENBEDARF IM MAI

Getreide und andere stärkehaltige Lebensmittel: $ 2,70

4 kg Kartoffeln; 1 kg Fladenbrot; 3 kg weißer Reis; 1 kg Basbousa-Grieß (zum Backen ägyptischer Kuchen, die mit Sirup getränkt werden); 1 kg Makkaroni; 500 g „Gullash" (eine Art Blätterteig).

Milchprodukte: $ 11,10

3 kg Milchpulver; 2 kg Butter; 1 kg Fetakäse; 1 kg ungesalzener Frischkäse; 500 g italienischer Käse in Scheiben (wird nicht regelmäßig gekauft); 450 g französischer Rahmkäse; 250 g Joghurt.

Fleisch, Fisch und Eier: $ 33,20

7,5 kg Hühner; 4 kg Lammfleisch (Mahlzeiten und Fleisch werden oft mit Nadias Bruder, dessen Frau und den beiden Kindern geteilt. Verwandte in Ägypten wohnen häufig zusammen oder in enger Nachbarschaft und essen oft gemeinsam, besonders an Feiertagen); 25 Eier; 1,4 kg Tunfisch in Dosen; 500 g Hacksteaks; 500 g TK-Rindfleisch; 400 g Corned Beef (Dose); 250 g Pökelfleisch.

Obst, Gemüse und Nüsse: $ 10,50

14 kg Wassermelonen; 2,5 kg Bananen; 2 kg Pfirsiche; 3,5 kg Auberginen; 3 kg rote Zwiebeln; 3 kg Tomaten; 2 kg eingelegte grüne Oliven mit Zitrone; 2 kg grüne Paprika; 2 kg Kürbis; 1 kg schwarze Oliven; 1 kg Gurken; 1 kg Knoblauch; 1 kg Weinblätter; 1 kg Langkapseljute (die grünen Blätter der Pflanze werden in Ägypten als Gemüse geschätzt und für Suppen verwendet); 1 kg Okraschoten; 500 g Bohnen; 250 g eingelegte Gemüse.

Öle, Würzmittel und Saucen: $ 7,10

4 l Sonnenblumenöl; 1 kg Zucker; 500 g Honig; 225 g schwarzer Pfeffer; 225 g Chilipulver; 225 g Korianderkörner; 225 g Kreuzkümmel; 225 g ägyptische Gewürzmischung; 200 g Salz; 3 Bund Petersilie; 3 Bund grüner Koriander.

Snacks und Süßigkeiten: $ 1,30

1 kg Halwa (eine Art Türkischer Honig aus Sesamkörnern).

Fertiggerichte: $ 0,09

1 Portion gekochte Bohnen.

Getränke: $ 2,50

1 l Cola, 1 l Orangenlimonade, 1 l weiße Limonade, 500 g Schwarztee; Leitungswasser zum Trinken und Kochen.

**Gesamtausgaben für Lebens- und Genussmittel in einer Woche:
387,85 Ägyptische Pfund/$ 68,49**

DAS ÄGYPTISCHES ESSEN IST SLOW FOOD, was an schwülen Tagen wie heute von Vorteil ist. Nadia Mohamed Ahmed und ihre Schwägerin Abadeer hocken barfuß im Schneidersitz auf dem Fußboden von Nadias Wohnung und höhlen fürs Abendessen Mini-Auberginen aus, um sie mit Lammfleisch-Farce zu füllen. Die acht Monate alte Nancy sitzt rittlings auf der Schulter ihrer Mutter Nadia und hält sich mit einem Arm an deren Kopf fest. Als die Kleine zu weinen beginnt, lässt Nadia sie heruntergleiten und gibt ihr die Brust – ohne die Küchenarbeit zu unterbrechen. Bald ist das Baby eingeschlafen, und die Mutter legt es aufs Bett im Raum neben der Küche. Mit ausgestreckten Armen liegt Nancy zwischen Töpfen und Pfannen. Die beiden Mütter lassen sich vom Lärm der anderen Kinder nicht aus der Ruhe bringen; die spielen draußen auf dem mit Wäsche vollgehängten Balkon über der Gasse. Goldarmbänder klimpern, während die beiden Frauen aus einer mit Zitrone und Knoblauch gewürzten Mischung von Reis und Lammfleisch Bällchen formen und diese in gedämpfte Weinblätter wickeln. Lebhaft plätschert ihr Gespräch, während sie die Päckchen stapeln. Beide Gerichte heißen „Mahschi" – arabisch für „gefüllt".

Nadias 14-jährige Tochter Donya setzt sich zu ihnen, um zu helfen. Sie trägt noch kein Kopftuch, doch Nadia und Abadeer leben zurückgezogen – wie viele Frauen in islamischen Ländern. Wenn Besucher kommen, bedecken sie ihr Haar, und die Kontakte zur Außenwelt überlassen sie den Männern. Die beiden Familien leben im selben Haus in der Altstadt von Kairo. Im Straßenbild mischen sich Mittelalter und Moderne. Busse und Eselskarren, junge Männer mit Lasten auf dem Kopf, Frauen mit und ohne Kopftuch.

Abadeers Mann Rabie kommt nach Hause, lässt sich in einen Sessel fallen und klagt über Schmerzen im Rücken und im Knie. Er ist Fremdenführer in der Altstadt und sucht die meiste Zeit Kundschaft in den Gassen. Lässig winkt er seine Frau herbei. Sie springt auf und bringt ihm ein Glas Wasser. Er trinkt langsam, sie arbeitet weiter. Nadias Mann, der Klempner Mamdouh, kommt erschöpft und schweigsam nach Hause. Ein Deckenventilator zerhackt das Licht der Leuchtstoffröhre und lässt die Szene wie auf einer Stummfilmleinwand flackern. Das Lüftchen ist eine Wohltat in der Schwüle. Die Sonne geht unter, die Menschen werden munter. Es ist Zeit für Mahschi.

ÄGYPTEN

- Einwohner: **76 117 000**
- Einwohner von Kairo: **7 629 900**
- Fläche: **1 002 000 km²** (ca. doppelt so groß wie Spanien)
- Bevölkerungsdichte: **76 Einwohner/km²**
- Anteil der städtischen Bevölkerung: **42 %**
- Lebenserwartung Männer/Frauen: **65/69 Jahre**
- Geburten pro Frau (durchschnittl.): **3,3**
- Anteil der Analphabeten unter den über 15-jährigen Männern/Frauen: **32/53 %**
- Kalorienaufnahme pro Person und Tag: **3338 kcal**
- Anteil der unterernährten Menschen: **3 %**
- Jährlicher Alkoholkonsum pro Person (reiner Alkohol): **0,5 l**
- Bruttosozialprodukt (BSP) pro Person bei Kaufkraftparität (auf Grundlage der Kosten für gleichwertige Waren in den USA): **3810 $**
- Jährliche Gesundheitsausgaben pro Person/Anteil am BSP: **46 $/3,9 %**
- Anteil übergewichtiger Männer/Frauen: **65/70 %**
- Anteil fettleibiger Männer/Frauen: **22/39 %**
- Anteil der Diabetiker unter den über 20-Jährigen: **7,2 %**
- Verbrauch von Zucker und Süßungsmitteln pro Person und Jahr: **30 kg**
- Jährlicher Fleischkonsum pro Person: **22,5 kg**
- Zahl der McDonald's-Filialen: **40**
- Preis eines Big Mac: **1,62 $**
- Zigarettenverbrauch pro Person und Jahr: **1275 Stück**
- Anteil der Bevölkerung, der von weniger als zwei Dollar pro Tag leben muss: **44 %**
- Anteil der Schlachttiere an den nach Ägypten importierten Kamelen: **90 %**

Muslime kommen zum Gebet in die Kairoer Al-Fath-Moschee (links); **ein Jugendlicher trägt frisches Brot aus** (rechts)

Nadia *(links)* und ihre Schwägerin Abadeer bereiten auf dem Fußboden vor der sehr kleinen Küche das
Abendessen zu: Mahschi, kleine gefüllte Auberginen. Nadias Baby Nancy schläft auf ihrem Schoß und Abadeers
Jüngste mag nicht still sitzen. In der Küche kühlen die frisch gebratenen Hühner ab *(ganz rechts)*. Bei den
Ahmeds wird immer reichlich gekocht, denn es soll für beide Familien und einige Freunde genügen

Nadia Ahmeds Okraschoten-Tajin mit Hammelfleisch

30 Knoblauchzehen, fein gehackt

5 EL Maiskeimöl

500–750 g Hammelfleisch, in Stücke gehackt

12 Lorbeerblätter

7 TL gemahlener Kardamom

2 TL gemahlener schwarzer Pfeffer

250 g Zwiebeln, fein gehackt

1 kg frische Tomaten, püriert

1 kg kleine grüne Okraschoten

1/8 l Fleischbrühe

2 TL Salz

- Den Backofen auf 180° C vorheizen.
- Den Knoblauch in einer Pfanne mit 1 EL Öl hellbraun anrösten.
- Das Fleisch mit Lorbeer, Kardamom und Pfeffer in einen Topf geben, knapp mit Wasser bedecken, aufkochen und 45 Min. bei schwacher Hitze ziehen lassen.
- In einer großen Kasserolle die Zwiebeln im restlichen Öl glasig anschwitzen, das Tomatenpüree dazugeben, aufkochen, die Okraschoten dazugeben, nochmals aufkochen und bei mäßiger Hitze unter häufigem Rühren garen, bis das Gemüse fast weich ist.
- Fleischmischung und Fleischbrühe zum Gemüse geben und das Ganze 10 Min. köcheln lassen.
- Alles in einen Tajin-Topf aus Ton geben, Knoblauch und Salz unterrühren und das Ganze zugedeckt im Backofen 10 bis 20 Min. fertig garen.

Kairo, eine der am dichtesten bevölkerten Städte der Welt, müsste auf einer internationalen Straßenlärm-Skala wohl den ersten Platz einnehmen. Diese Kakophonie ist die Nationalhymne (gespielt rund um die Uhr), und die Autohupe ist das Nationalinstrument. Hitze und Staub spielen bei der Daueraufführung wichtige Rollen. Das alles sind Gründe, warum ich die Dächer von Kairo schätze. Wie die meisten Bewohner – wenn sie zu den Glücklichen mit Zugang zu einem Dach gehören.

Einen Überblick über die Szenerie verschafft man sich am besten hoch oben von einem der vielen hundert Minarette aus. Ein kurzes Gespräch mit dem Pförtner der Moschee, und mit ein wenig Bakschisch öffnen sich die Tore. Viele Dächer sind voller Sperrmüll, Baumaterialien und Abfall – gelebte Geschichte der Hausbewohner. Ich habe Menschen nicht nur Wäsche aufhängen, sondern Glas- und Plastikflaschen sortieren, Schweine, Hühner und Tauben füttern, Fußball spielen, Drachen steigen lassen, essen, schlafen und beten gesehen – alles auf dem Dach. Bei Sonnenuntergang steigen Tausende von Ägyptern hinauf zu ihren Taubenschlägen, um ihre Vögel fliegen zu lassen. Dies ist die beste Zeit, um auf dem Dach zu sein: mit einer kühlen Brise, bunten Drachen und Tauben.

Bei meinem ersten Besuch in Kairo vor mehr als zehn Jahren verspeiste ich eine sehr leckere, aber auch verdächtig platte Taube. Vermutlich war sie unter einen Lkw-Reifen geraten. Diesen lukullischen Genuss im Sinn fragte ich einen Lehrer, ob er die Vögel in seinem Taubenschlag auf dem Dach auch esse. „Nein", antwortete er und rollte entsetzt mit den Augen, „ich esse meine Tauben nicht. Sie sind mein Hobby, ich habe jeden Abend Freude, sie fliegen zu sehen. Ich kenne niemanden, der seine Tauben isst." Seltsam, wo doch gebratene Tauben in Kairo überaus beliebt sind – sie gelten als Aphrodisiakum.   – Peter Menzel

Die Familie Le Moine in ihrem Wohnzimmer im Pariser Vorort Montreuil mit einem Wochenbedarf an Lebensmitteln.
Michel und Eve Le Moine, beide 50, hinter ihren Töchtern Delphine, 20, und Laetitia, 16 *(mit Spaghetti und Kater Coppelius)*.
Gekocht wird auf dem Elektroherd und in der Mikrowelle. Vorratshaltung erfolgt in einer Kühl-Gefrier-Kombination.
Lieblingsspeisen – Eve: frisches Gemüse; Delphine: Thaiküche; Laetitia: Spaghetti alla Carbonara

Bequemlichkeit siegt

Getreide und andere stärkehaltige Lebensmittel: $ 23,40

3,1 kg Brot verschiedener Sorten; 500 g Spaghetti; 250 g Schoko-Croissants; 100 g einfache Croissants; 225 g Cornflakes; 2,5 kg Kartoffeln.

Milchprodukte: $ 24,50

2 l Milch; 1 kg Fruchtjoghurt; 1 kg Naturjoghurt; 600 g Schokoladenjoghurt; 500 g Kokosnussjoghurt; 250 g Butter; 230 g französischer Käse; 140 g Ziegenkäse; 70 g geriebener Käse.

Fleisch, Fisch und Eier: $ 92,30

1 kg TK-Rindfleisch; 800 g Grenadierfisch; 600 g Lachs; 530 g Rindscarpaccio; 410 g Garnelen; 400 g Huhn; 400 g Wurst; 360 g Schinken; 350 g Lammfleisch; 300 g Ente; 210 g Rindersteak mit Knochen; 200 g Schinken-Vorspeisen-Teller; 130 g Tunfisch.

Obst, Gemüse und Nüsse: $ 55

1,3 kg Ananas; 1 kg Bananen; 900 g Khakifrüchte; 800 g Äpfel; 500 g Birnen; 400 g Kiwis; 270 g Orangen; 250 g Pflaumen; 200 g weiße Trauben; 180 g Mandarinen; 2,4 kg gemischtes Gemüse; 2 kg TK-Gemüse; 1,6 kg Tomaten; 860 g Kürbis; 800 g Palmherzen; 440 g grüne Bohnen; 265 g rote Bete; 250 g Kohl; 1 Avocado, 1 Artischocke; 180 g Sojasprossen; 2 Lauchzwiebeln; 1 Bund Schnittlauch; 10 g frischer Knoblauch, 500 g Walnüsse.

Öle, Würzmittel und Saucen: $ 32,20

1,2 l Essig; 300 g Schwarze-Johannisbeer-Konfitüre; 300 ml Olivenöl‡; 300 ml Sonnenblumenöl; 200 g Honig; 200 g Nussnougatcreme; 175 g Tomatenketchup; 150 g Zucker; 100 g Cornichons; 50 g Mayonnaise; 50 g Senf; 25 g Petersilie; 20 g Basilikum*; 20 g Salz; 15 g Selleriesalz; 12 g getrocknetes schwarzes Basilikum; 3 g schwarzer Pfeffer.

Snacks und Süßigkeiten: $ 17,10

750 g Apfelkompott; 360 g Mousse au Chocolat; 280 g Orangen-Soja-Kekse; 150 g Kekse; 250 g Trauben-Nuss-Mandel-Schokolade; 100 g Zartbitter-Karamel-Schokolade; 100 g Zartbitterschokolade; 200 g Müsliriegel.

Fertiggerichte und Instantprodukte: $ 85,70

525 g Tomaten-Tabouleh; 450 g Schinken- und Mozzarella-Pizza; 400 g gefüllte Weinblätter; 326 g Salat; 200 g Surimi (japanisches Krebsfleisch-Imitat aus Fisch); 10 Kantinenmahlzeiten (mit Fleisch, Gemüse, Obst und Brot. Auf einer Punkteskala für Nährwert und Geschmack geben die Eltern Le Moine ihrem Kantinenessen in beiden Kategorien 8 bis 9 von 10 möglichen Punkten).

Fast Food: $ 32,50

Shanghai Express: 1 Portion Sushi; China-Imbiss: 1 Gericht; McDonald's: 1 McChicken, Pommes frites, Mineralwasser.

Getränke: $ 44,80

18 l verschiedene Mineralwasser; 2 l Orangensaft; 2 l Sojamilch; 1 l Tomatensaft; 1 l Möhrensaft; 1 l Tropical-Fruchtsaft; 750 ml Cidre (Apfelwein); 750 ml Rotwein; 150 ml Whisky; 70 g Kaffee; 25 Earl-Grey-Teebeutel.

Sonstiges: $ 12,60

2 kg Katzenfutter.

Gesamtausgaben für Lebens- und Genussmittel in einer Woche: € 315,20/$ 421,90

* Selbst gezogen   ‡ Nicht auf dem Bild

Während der Woche ernähren sich die Tanzstudentin Delphine Le Moine und ihre Schwester Laetitia, die noch zur Schule geht, mittags hauptsächlich von Joghurt, chinesischem und anderem Fast Food. Der Software-Ingenieur Michel und die Bibliothekarin Eve essen mittags in den Kantinen ihrer Betriebe, wo es mehrgängige Menüs zur Auswahl gibt. Beide geben ihren Kantinen die Note „sehr gut".

WENN DIE 20-JÄHRIGE DELPHINE LE MOINE am Wochenende Freunde zum Essen einlädt, kocht sie ein klassisches französisches Menü mit Fleischgang und Gratin, Käse und Salat, passenden Weinen, schönem Käse und einem üppigen Dessert. Während der Woche wird einfacher gegessen – und internationaler. Delphines Eltern Michel und Eve beklagen zwar, dass die kleinen Läden im Quartier schließen, weil sie nicht mit den Supermarktketten konkurrieren können, doch auch sie kaufen meist im Megamarkt der Firma Auchan ein – der günstigen Preise wegen und weil man alles an einem Ort bekommt. „Es gibt noch immer die klassischen Patisserien und Bäckereien, Metzger-, Gemüse- und Käseläden, wo man bessere Qualität als im Supermarkt bekommt", sagt Michel Le Moine, Software-Ingenieur und bekennender Feinschmecker, „freilich zu höheren Preisen." Wie die Le Moines denken viele Franzosen, und weil immer mehr im Supermarkt eingekauft wird, verschwinden allmählich die typisch französischen Geschäfte.

Die Einwanderer – jeder vierte Pariser ist im Ausland geboren – haben eine Vielfalt ethnischer Lebensmittel mitgebracht. Michel schätzt den weltoffenen Geschmack seiner Landsleute, doch er beklagt das Schwinden der Esskultur. „Die jungen Leute verbringen immer weniger Zeit mit Essen", sagt er, „sie nehmen nur noch Nahrung auf. Sie genießen die Mahlzeiten nicht mehr richtig." Seine dem jugendlichen Tempo unterworfenen Töchter mögen dem zustimmen. Delphine hat aber noch eine andere Sorge: „Es ist schön, fremde Speisen zu probieren. Ich glaube aber, dass sich zu viele Leute amerikanisch ernähren – ich fürchte, in ein paar Jahren wird die französische Küche untergegangen sein." Aber wenn sie in Eile ist, geht sie selbst zu McDonald's.

Michel, dessen Mutter noch täglich frisch bei den Händlern an der Ecke einkaufte, sagt, man müsse nur die richtige Wahl unter den vielen Möglichkeiten treffen: „Wir ernähren uns heute genauso gesund wie früher, vielleicht sogar gesünder – auch wenn wir geputzte Salate kaufen und das Essen fertig ist, sobald wir die Packung aufreißen." Eve wuchs auf dem Land auf, zu Hause hatten sie keinen Kühlschrank. Ihre Mutter kaufte jeden Tag frisch ein und hatte einen üppigen Gemüsegarten. Für Eve ist das nur noch eine schöne Erinnerung. Sie hat einen vollen Kühlschrank, aber auch einen vollen Terminkalender.

Delphine Le Moines Clafoutis aux Abricots (Aprikosen-Törtchen)

Butter für die Förmchen

150 g Mehl

250 g Zucker

1 Prise Salz

4 Eier Größe M

1/8 l Milch, 1/8 l Sahne

5 EL Rum

500 g reife Aprikosen, halbiert und entsteint

- Den Backofen auf 200° C vorheizen.
- 6–8 Kuchenförmchen mit Butter ausstreichen.
- Mehl, Zucker und Salz in den Mixer geben, nacheinander Eier, Milch, Sahne und Rum zugeben und alles gut durchmixen.
- Die Aprikosenhälften auf die Förmchen verteilen und gleichmäßig mit der Gussmasse bedecken.
- 30 Min. backen – bis die Masse gestockt ist und bei der Stichprobe fast nichts an einem Holzzahnstocher hängen bleibt. Warm servieren.

Bei einem Studienjahr in Australien vermisste Delphine Baguettes, französischen Käse und Patisserie. »Das australische Essen ist eine Mischung aus amerikanischer und englischer Kost«, sagt sie, »viel Wurst und Fleisch, Fisch und Chips und Eiscreme und Sahnetorten. Aber es gibt auch herrliche Früchte.« Laetitia war in Indien, wo sie ihre Abneigung gegen den dort viel verwendeten Koriander entdeckte. Sonst aber hat ihr das indische Essen gut geschmeckt. Die Reisen haben den Horizont der Mädchen erweitert, doch für exotisches Essen brauchen sie nicht so weit zu reisen. »Wir essen täglich Sachen aus aller Welt«, sagt ihre Mutter Eve. »Wir kochen japanisch, chinesisch, thailändisch und vietnamesisch. Wir kaufen tropische Früchte aus dem fernen Asien – und Tomatenketchup aus Amerika«

- Einwohner: **60 424 000**
- Einwohner der Region Paris: **11 264 000**
- Anteil der im Ausland Geborenen an der Pariser Bevölkerung: **23 %**
- Fläche: **543 965 km²** (gut eineinhalbmal so groß wie Deutschland)
- Bevölkerungsdichte: **111 Einw./km²**
- Anteil der städtischen Bevölkerung: **76 %**
- Lebenserwartung Männer/Frauen: **76/84 Jahre**
- Geburten pro Frau (durchschnittl.): **1,9**
- Anteil der Kernkraft an der Stromerzeugung: **77 %**
- Kalorienaufnahme pro Person und Tag: **3654 kcal**
- Jährlicher Alkoholkonsum pro Person (reiner Alkohol): **13,3 l**
- Jährlicher Verbrauch an Wein/alkoholfreien Getränken pro Person: **50,2/22,6 l**
- Bruttosozialprodukt (BSP) pro Person bei Kaufkraftparität (auf Grundlage der Kosten für gleichwertige Waren in den USA): **$ 26 920**
- Jährliche Gesundheitsausgaben pro Person/Anteil am BSP: **$ 2109/9,6 %**
- Anteil übergewichtiger Männer/Frauen: **44/33 %**
- Anteil fettleibiger Männer/Frauen: **7/6 %**
- Käsekonsum pro Person und Jahr: **23,8 kg**
- Fleischkonsum pro Person und Jahr: **100,8 kg**
- Anzahl der McDonald's-Filialen: **973**
- Preis eines Big Mac: **$ 3,75**
- Zigarettenkonsum pro Person und Jahr: **2058 Stück**

Vor ihrem Training im »Centre International de Danse Jazz Rick Odums« macht die Tanzstudentin Delphine Le Moine *(oben, Mitte)* Dehnübungen. Beim Wocheneinkauf der Familie im riesigen Hypermarché Auchan wiegt sie an der SB-Waage Tomaten ab *(links oben)*. Nach dem Familienfoto mit Lebensmitteln gaben sich die Le Moines Mühe, so viel von den eingekauften leicht verderblichen Waren wie möglich zu verbrauchen *(links unten)*

A la carte vom Karren

JEDER, DER EINMAL IM AUSLAND WAR, hat es erlebt: Man geht durch eine Straße und ist plötzlich gefangen vom Essensduft und dem Anblick fremdartiger, nie zuvor gesehener Speisen in Buden und Ständen am Straßenrand. Der Magen meldet Hunger. Sie gehen zum Stand und zeigen auf den Grill oder den Wok oder die Auslage und sagen: „Bitte, eines, nein zwei von – diesen Dingern da." Der Standbesitzer lächelt und überreicht Ihnen Ihre Portion. Sie beißen rein und wissen, jetzt bin ich mitten drin im Herzen dieses fremden Ortes. Sie kosten oft ein Stück jahrhunderte-, vielleicht jahrtausendealter kulinarischer Kultur.

Koscheri (Linsen mit Zwiebeln und Reis) in Kairo, *Pão de Queijo* (Käsebrötchen) an der Copacabana, Skorpione am Spieß, die dem „So isst der Mensch"-Team in Beijing angeboten wurden, Piroggen in St. Petersburg, *Takoyaki* (Krakenknödel) in der Fußgängerzone von Osaka, *Sasizza 'nto canali* (Würstchen vom gebogenen Grill) im Little Italy in New York – all diese Dinge auf der Straße zu essen kann starke Erinnerungen an Orte und Augenblicke wecken. Doch die Köstlichkeiten müssen nicht einmal in der Esstradition verwurzelt sein. Manches ist so modern wie Autos und elektrisches Licht. Deswegen muss es nicht schlecht sein. Gerade wegen ihrer Modernität kann die typische Straßenkost ein wirksames Mittel im Kampf gegen die Globalisierung sein.

Straßenkost ist ein Produkt des Marktkapitalismus, der sich erst mit der industriellen Revolution und dem Beginn des Welthandels ausbreitete. Fernhandel hatte es seit Jahrhunderten gegeben, doch hauptsächlich in Form von Tributzahlungen und Steuern, die von Königen und Heerführern erhoben wurden. Erst ab dem 15. Jahrhundert an gewann der Privatsektor – Kauffahrer, Händler und Spekulanten – allmählich an Bedeutung. Historiker wie Eric R. Wolf haben darauf hingewiesen, dass die Privatwirtschaft lieber Geld- als Tauschgeschäfte tätigt. Bares lässt sich leichter transportieren und tauschen. Die neuen Gewerbetreibenden, die Färber, Weber, Bergleute, Schreiber, Näherinnen, Boten und auch andere Handwerker, bevorzugten ebenfalls den Lohn in bar. Fabrikbesitzer, Händler und Arbeiter waren über längere Zeit fernab vom häuslichen Herd. Diese hungrigen Leute, die unterwegs mit Taschen voller klingender Münze waren, brachten ein neues Gewerbe hervor: das der Imbissbudenbesitzer.

Als der 17-jährige Benjamin Franklin 1723 erstmals nach Philadelphia kam, nachdem er wegen seiner Zeitungsartikel und dem Unmut der Behörden aus Boston fliehen musste, waren mobile Imbisshändler schon alltäglich. Der hungrige junge Mann steuerte gleich einen Bäckerkarren an und kaufte von seinem letzten bisschen Geld „drei große fette Brötchen". Wie er an seinen Brötchen kauend durch die Straßen zog, war er ein direkter Vorläufer der gehetzten Mutter, die heute mit ihren Kindern im Familienauto das Fast-Food-Drive-in besucht.

In unserer Zeit besetzen Straßenküchen die gleiche sozio-ökonomische Nische wie zu Franklins Zeiten – nur dass sie heute viel verbreiteter sind. Auf den Philippinen etwa gibt es eine besonders lebendige Straßenküchenszene. Die in diesem Buch vorgestellte Familie Cabaña nutzt sie regelmäßig und gern. Mittags sausen die jüngeren Kinder aus der Schule zu den qualmenden, duftenden Ständen und Buden in den umliegenden Straßen, genauso wie die Eltern und größeren Geschwister in ihren Mittagspausen. In Begleitung der Cabañas auf derem täglichen Gang durch Manila stießen die Autoren auf scherzhaft benannte Leckerbissen wie „Helme" (fritierte Hühnerköpfe), „Adidas" (gebackene Hühnerfüße), „IUD" („Verhütungsspirale" – fritierte Hühner-Innereien) und „Betamax", in Öl gebackene Blutwurststücke. Die ganze Stadt schien sich um die Fress-Stände zu scharen, mit Nachbarn, Verwandten, Arbeitskollegen tratschend, nach Spießen mit fettem Fleisch verlangend. Ohne die Straßenküchen wären Zigtausende von Filipinos arbeitslos, und das Land wäre um ein vitales Stück städtischen Lebens ärmer.

Die Straßen von Manila stehen Existenzgründern offen – einengende und kostentreibende Vorschriften gibt es so gut wie keine. Dementsprechend sind auch die Hygienestandards niedrig. Genau wie anderswo in der Welt. Vor Jahren besuchte ich einmal den Markt eines entlegenen Städtchens im Nordwesten Indiens. Es war ein besonders heißer Tag, und nach einigen Stunden an der Sonne trat ich in den Schatten eines Baldachins, wo mehrere Händler das Joghurtgetränk Lassi anboten, adrett serviert aus einem ölfassähnlichen Gefäß voller dicker Eisbrocken. Das Lassi schmeckte so köstlich erfrischend, dass ich noch ein zweites Glas trank. Keine zehn Minuten später wurde mir schlagartig bewusst, dass Milchprodukte ein idealer Nährboden für jede Art von Bakterien sind. Innerhalb eines Tages stieg mein Fieber auf über 40 Grad. Zum Glück hatte ich ländlich-unschuldige Keime erwischt, die es noch nie mit modernen Medikamenten zu tun gehabt hatten. Ein Antibiotikum machte ihnen den Garaus. Hygiene ist aber nicht das einzige Problem bei der Straßenkost. Einmal führte ich stolz einen japanischen Freund auf ein Foodfestival in New York und spendierte ihm dort ein dickes Stück Apfelkuchen mit Eiscreme. Doch von der ungewohnt reichhaltigen Kost wurde ihm schrecklich schlecht.

Man kann davon ausgehen, dass solche Ärgernisse mit Straßenküchen dazu führen werden, dass mit wachsendem Wohlstand die schmuddeligen Buden von Manila durch saubere, bunte Filialen von McDonald's, Kentucky Fried Chicken, Starbucks und Yoshinoya verdrängt werden. Für die Menschen, die sich aus der Armut hocharbeiten, haben diese modernen Fresstempel eine starke Symbolkraft. Nehmen Sie die Çeliks in Istanbul, deren Kinder eher nach Bic Macs schreien statt nach Kebabs, Böreks (gefüllte Blätterteigtaschen),

Kokoreç (gegrillte Lammkutteln) und Sesamtörtchen, die auf den Straßen von Istanbul Touristen aus westlichen Ländern anlocken. Angesichts der Finanzkraft der global operierenden Fast-Food-Ketten muss man befürchten, dass das Zeitalter der Garküchen in unserem Jahrhundert zu Ende gehen wird.

Manche Food-Journalisten glauben aber, dass es anders kommen wird. Weil Garküchen mit Düften und Geschmack Orte und Augenblicke unverwechselbar prägen, fehlt ihnen die Universalität und Einförmigkeit der Fast-Food-Ketten. „Helme" und „Adidas" verhalten sich zum allgegenwärtigen Big Mac wie Materie und Antimaterie. Doch der mangelnde Wiedererkennungswert könnte sich als besondere Stärke des Straßenstandes erweisen.

Die Fast-Food-Multis breiten sich in aller Welt aus. Doch der Wohlstand, der ihr Wachstum nährt, wird auch die Konkurrenz durch die Garküchen stärken. Starbucks expandiert gerade stark in Brasilien. Doch es stößt auf Konkurrenz wie die Casa do Pão de Queijo, wo man zum Espresso die von den Brasilianern so geschätzten kleinen windbeutelartigen Käsebrötchen bekommt. Eine Vereinigung von Straßenhändlern hat sich zur Kette entwickelt. Die Casa do Pão de Queijo beschreitet einen kulinarischen „dritten Weg", indem sie saubere, hygienisch einwandfreie Speisen wie die Multis bietet und dennoch ein Stück Tradition bewahrt.

Welche Vision wird wahr? Die der von wenigen Fast-Food-Ketten meist amerikanischen Ursprungs dominierten Welt oder die Tausender eigenständiger, in ihrer Kultur verwurzelter Straßenstände? Die Antwort wird letztlich davon abhängen, wie viele Menschen die Möglichkeit schätzen, auf die Straße zu treten und im nächsten Moment von Erinnerungen an bestimmte Plätze und Augenblicke umgeben zu sein.

Charles C. Mann ist Mitarbeiter des „Atlantic Monthly", des „Journal of Science" sowie der „Washington Post" und der „New York Times".

Weil Garküchen mit Düften und Geschmack Orte und Augenblicke unverwechselbar prägen, fehlt ihnen die Universalität und Einförmigkeit der Fast-Food-Ketten, die Kritiker gern beklagen

ZUCKERWATTE IN KAIRO, DER HAUPTSTADT ÄGYPTENS

WARME BREZELN BEI DER BLAUEN MOSCHEE IN ISTANBUL, TÜRKEI

AM SPIESS GEBRATENES MEERSCHWEINCHEN IN AMBATO, ECUADOR

MARKTSTÄNDE MIT BRATHÜHNERN IN PHNOM PENH, KAMBODSCHA

SEEPFERDCHEN, ZIKADEN UND VERPUPPTE SEIDENRAUPEN IN PEKING, CHINA

ANANAS- UND MANGOSCHNITZEL IN COLOMBO, SRI LANKA

SCHWEINE- UND HÜHNERINNEREIEN IN MANILA, PHILIPPINEN

ROTE SOLEIER IN MANILA, PHILIPPINEN

SCHAFSKOPFSUPPE IN ZUMBAGUA, ECUADOR

BETELNUSSVERKÄUFER IN VARANASI, INDIEN

Straßenküchen

Sie gelten als die Urform des Fast Food. Chinesen knabbern fritierte Skorpione. Im Nahen Osten verkauft man würzige Kebabs, und Laufburschen tragen Tabletts mit Teegläsern in die umliegenden Geschäfte. Auf der Straße zu kochen ist billig, besonders in Städten mit vielen Arbeitslosen wie Manila, oder in Mexiko-Stadt, wo Händler Tacos und Quesadillas nach Wunsch kombinieren. Straßenküchen entstanden als billige Verpflegungsstätten für die Armen, wie Charles Mann (siehe S. 128) in seinem Essay erläutert. Doch mit der Entwicklung zur mobilen Wohlstandsgesellschaft wachsen die Ansprüche an diese praktische, schnelle Essgelegenheit.

Jörg, 45, und Susanne Melander, 43, mit ihren Söhnen Kjell, 10, und Finn, 14, in ihrem Wohnzimmer in Bargteheide bei
Hamburg mit einem Wochenvorrat an Lebensmitteln. Gekocht wird auf dem Elektroherd und in der Mikrowelle, Vorratshaltung
in Kühl-Gefrier-Kombination und Tiefkühltruhe. Leibgerichte – Jörg: Bratkartoffeln mit Speck und Zwiebeln, Heringe;
Finn: gebratene Nudeln mit Ei, Käse; Kjell: Pizza und Vanillepudding; Susanne: »Alles, was gut und frisch ist«

Wenn möglich, Bio

Getreide und andere stärkehaltige Lebensmittel: $ 32

1,5 kg Müsli; 1,25 kg Kartoffeln; 1,5 kg Vollkorntoast;
1 kg Vollkornbrot; 1 kg Ciabattabrot; 600 g Brötchen;
500 g Roggenbrot; 2 Schoko-Croissants; 1 kg Nudeln.

Milchprodukte: $ 64,30

12 l fettarme Frischmilch; 4,5 kg Magerjoghurt; 2 l Fruchtjoghurt; 1,65 kg Joghurtdessert; 1 kg Eiscreme; 800 g
Hartkäse; 500 g griechischer Joghurtdip; 400 g Schlagsahne;
300 g Sauerrahm; 250 g Butter.

Fleisch, Fisch und Eier: $ 51,30

1,2 kg Rindfleisch; 1,1 kg Rindergulasch; 12 Eier;
640 g gemischter Aufschnitt; 600 g Rinderhackfleisch;
500 g Schweinefleisch; 400 g Heringsfilets (Dose);
600 g Fischstäbchen; 130 g Speck in Scheiben.

Obst, Gemüse und Nüsse: $ 78,10

4 kg Orangen; 1,75 kg Äpfel (vom eigenen Baum); 1,2 kg Bio-
Bananen; 300 g blaue Trauben; 5 kg Weißkohl; 1,5 kg Cherry-
Tomaten; 1 kg TK-Erbsen; 500 g Möhren; 1 kg Zwiebeln; 1 kg
Gurken; 1 kg Kohlrabi; 2 Kopfsalate; 2 Köpfe Eisbergsalat;
800 g Fenchel; 720 ml saure Gurken; 2 Bund Rauke; 500 g
Lauch; 300 g Champignons; 1 Bund Suppengrün (Möhren,
Sellerie und Lauch); 1 Bund Radieschen; je 250 g rote und
gelbe Paprika; 200 g eingelegte Pepperoni; 1 Bund
Lauchzwiebeln; 1 Knolle Knoblauch.

Öle, Würzmittel und Saucen: $ 31,80

500 ml Olivenöl; 300 g Salatdressing; 250 g Senf;
250 g Zucker; 250 ml Ketchup; 200 g Meersalz; 125 g
Schweineschmalz; 125 g Puderzucker; 125 g Halbfett-
margarine; 100 g Paprikapulver; 50 g schwarzer Pfeffer;
50 ml Balsamessig; 7 g Oregano; 1 Vanilleschote.

Snacks und Süßigkeiten: $ 14,60

500 g Schokolade (diverse Sorten); 500 g Christstollen;
300 g Pistazien; 2 Franzbrötchen.

**Fertiggerichte und Instantprodukte:
$ 66,80**

1,1 kg TK-Pizza; 900 g TK-Tortelloni; 900 g TK-Buttergemüse;
800 ml Erbseneintopf (Dose); 400 g Tomatensauce; 300 g
gefüllte Oliven; 250 g getrocknete Tomaten in Olivenöl; 200 g
Tütensuppe; 6 EL Gemüsebrühe; 5 Kantinenmahlzeiten pro
Woche: Finn isst meist Pizza oder Spaghetti, Jörg grünen
Salat, Fleischsalat, Rouladen mit Kartoffeln und Gemüse;
Spinat mit Kartoffeln und Wurst, Chili con Carne; Susanne isst
bei der Arbeit Joghurt (Kjell isst mittags zu Hause).

Getränke: $ 70,20

9 l Mineralwasser; 5 l alkoholfreies Bier; 4 l Multivitaminsaft;
3,3 l Starkbier; 3 l Rotwein; 2,64 l Malzbier; 2 l Orangensaft;
400 g Kakaopulver; 250 g Espressokaffee; 200 g Früchtetee;
25 Teebeutel; Leitungswasser zum Trinken und Kochen.

Sonstiges: $ 91

Diverse Vitaminpillen und Nahrungs-Ergänzungspräparate,
die von Susanne und den Kindern täglich eingenommen
werden.

**Gesamtausgaben für Lebens-
und Genussmittel in einer Woche:
375,40 Euro/$ 500**

Aus der Gluthitze des Tschad direkt in einen Schneesturm im novemberkalten Deutschland zu kommen versetzt Körper und Geist einen Schock. Doch als wir uns ins Haus von Jörg und Susanne Melander in Bargteheide nördlich von Hamburg flüchten, umfängt uns wohlige Wärme. Es ist einfach gemütlich – für diesen Begriff gibt es im Englischen keine adäquate Übersetzung. Aber die Gemütlichkeit ist in jeder Ecke dieses gastlichen Heims zu spüren: Die Lampen sind gedimmt, Kerzen brennen. Draußen heult der Wind. Wir sitzen geborgen am wärmenden Kamin.

WÄHREND WIR DAS SCHÖNE HEIM der Melanders bewundern, wird uns bewusst, dass Jörg mit seinen vielen handwerklich genutzten Wochen-enden und Susanne mit ihrem gestalterischen Talent im Laufe der Jahre das Haus komplett renoviert und erneuert haben. Es gehörte Jörgs Großtante Emmy. Das junge Paar zog bei ihr ein, bevor die Söhne geboren waren. „Sie war für Kjell und Finn die Oma", sagt Susanne. Sie spricht mit sanfter, tiefer Stimme, während sie uns Tee eingießt. Jörg und sein Vater, ein gelernter Tischler, renovierten das Haus über Jahre. Zuletzt 1997 nach dem Tod der Tante. Mit der Feinarbeit sind sie bis heute beschäftigt.

Die funktionelle Küche mit den exakt schließenden Schranktüren und sanft gleiten-den Schubladen ist ein Kunstwerk im Stil der berühmten Frankfurter Küche der 1920er Jahre – aber weniger streng. Das Haus mit dem steilen Dach, das auch starken Schnee-lasten standhält, ist ein typisches deutsches Siedlungshaus des vorigen Jahrhunderts. Unter dem Giebel steht der Zentralrechner der computervernetzten Familie – auch eines von Jörgs Wochenendprojekten. Dort oben gibt es auch Regale voller Bücher, Landkarten und CDs mit klassischer Musik. „Die Jungs lesen mehr als ihre Freunde", sagt Susanne, „aber nicht so viel wie wir früher." Ihr Mann, studierter Biologe, arbeitet in der Hamburger Redaktion der Zeitschrift GEO. „Ich habe nur am Wochenende Zeit", sagt er, „und da gibt es immer jede Menge zu tun." Jetzt, da Susanne wieder angefangen hat, als Altenpflegerin zu arbeiten, hat er noch mehr zu tun. Susanne macht Schichtdienst, und so übernimmt Jörg einen größeren Teil an der Küchenarbeit und am Einkaufen. Und zum ersten Mal wagt er sich mit uns solo in den großen Supermarkt der Famila-Kette – ohne seine Frau.

Die Angst des Einkäufers

Die Auswahl in einem modernen Supermarkt ist zigfach größer als in den kleinen Läden, die einst für Deutschland typisch waren. Und für den vorsichtigen, präzis denkenden Menschen Jörg ist die große Auswahl gleichbedeutend mit unendlich vielen Möglichkeiten, das Falsche einzupacken. Er nähert sich Famila beinahe ängstlich. „Susanne kauft so effizient ein, dass ich es kaum so gut schaffen werde", sagt er. Hätte irgendein anderer das gesagt, würde ich zur imaginären Fiedel greifen, um seinen Versuch der Drückebergerei zu begleiten. Doch Jörgs Angst ist echt. „Man kauft so leicht das Falsche", sagt er. Er bevorzugt das leichter überschaubare Angebot von Aldi.

Die Famila-Läden sind zwar groß, aber doch nicht so gewaltig, grell beleuchtet und lärmig wie die der multinationalen Konkurrenz. „In einem echten Hypermarket würden Sie wahrscheinlich in Ohnmacht fallen", sage ich Jörg. „Das würde ich gar nicht schaffen", antwortet er, und wir lachen alle herzlich über seine vermeintliche Ungeschicklichkeit. Jörg fühlt sich wohler in kleineren Läden und auf dem Wochenmarkt in der Mitte des Städtchens, den er auf kürzestem Weg über den alten Kirchhof erreichen kann. „Manche Dinge bekommt man in den großen Läden günstiger", sagt Susanne, „aber ich kaufe frische Sachen lieber auf dem Markt. Ich will wissen, woher Obst und Gemüse kommen, ob es genügend Sonne bekommen hat und ob es reif oder unreif gepflückt wurde." Die Händler auf dem Markt bieten vieles aus eigenem Anbau, oder sie versorgen sich am frühen Morgen direkt beim Erzeuger. Susanne gibt sich viel Mühe, ihre Familie mit möglichst vollwertigen Lebensmitteln zu ernähren. Zusätzlich kauft sie Fischölkapseln und Herbalife-Produkte. Am liebsten würde sie nur Bio-Erzeugnisse verwenden, doch die sind deutlich teurer als konventionell produzierte Ware.

Der Wochenmarkt

Die Deutschen lieben ihre Wochenmärkte und trotzen Wind und Regen, Schnee und Eiseskälte, um gesundes Obst und Gemüse, Gewürze und Tee, Fleisch, Fisch und Blumen einzukaufen. Susanne und Jörg ziehen zu Fuß mit Bastkorb und „Hackenporsche" los.

„Die Kartoffeln kommen aus den Vierlanden, dem großen Gemüseanbaugebiet im Südosten Hamburgs", erklärt uns ein Händler. „Dort gibt es auch große Gewächshäuser. Die fahrenden Händler bieten ihre Ware meist auf Anhängern an. Die Stände sind überdacht, viele haben seitliche Planen und Gasheizungen, um Waren und Menschen vor dem Frost zu schützen. Das Gemüse scheint sich bei diesem Wetter wohler zu fühlen als die Kunden. Männer in dicken Wintermänteln packen Gurken und Paprika in Tüten. Bei einem türkischen Händler mit großer Teeauswahl läuft das Geschäft blendend. Susanne kauft einen duftenden Kräutertee.

„Wir brauchen viele Zwiebeln", sagt Susanne beim Anblick des Angebots am Stand von Herrn Putfarcken, der unter anderem Kohlrabi, Rettich, Knoblauch, Spinat, Pilze und grüne Bohnen hat. Er baut selbst in den Vierlanden Gemüse an und verkauft neben den eigenen auch die Produkte anderer Erzeuger, sowohl aus biologischem wie aus konventionellem Anbau. An zwei Tagen in der Woche steht er auf zwei verschiedenen Märkten, die übrige Zeit kümmert er sich gemeinsam mit der Familie um seine Beete und Gewächshäuser. Er geht gern auf die Märkte. Wenn man die Kosten für Fahrzeuge und Standmiete zusammenrechne, sei das zwar genauso teuer wie ein eigener Laden, „doch es ist besser für die Ware", behauptet Putfarcken. An fast allen Ständen gibt es etwas zu probieren: Gemüse, Käse, Joghurtdips, Brot. Nachdem Peter sich durch den Markt genascht hat, wird er heute Abend nichts mehr essen.

Samstag – Brötchenzeit

Am Wochenende radelt Jörg morgens immer zum Bäcker, um für Kjell und Finn Franzbrötchen oder Schoko-Croissants zu holen. Für Susanne und sich selbst nimmt er schlichte Brötchen, die sie mit Käse und Aufschnitt belegen. Daheim ruft er durchs Treppenhaus, um die Jungs zu wecken. Kjell ist als Erster unten, sitzt noch halb schlafend vor seinem Franzbrötchen und dem Kakao, das Kinn auf die gekreuzten Arme gestützt. Finn braucht etwas länger, doch dann sitzt Jörg endlich mit seinen Söhnen am schönen Tisch mit der dicken Platte, den Jörgs Vater gebaut hat. Susanne arbeitet bis zum Nachmittag – mitunter auch länger – im Altenpflegeheim. „Es gibt dort furchtbar viel Papierkrieg zu erledigen", sagt sie, „und man kann die Menschen doch nicht einfach am Feierabend fallen lassen wie den Griffel im Büro." Jörg hat gestern groß eingekauft, da kann er sich heute entspannt einem neuen Projekt im Haus widmen. „Carpe Diem" steht bei den Melanders auf Schildern in jedem Zimmer – nutze den Tag. Eine Ermahnung, die Jörg und Susanne wohl nicht brauchen.

Dekoriert wie die Schulterstücke einer Paradeuniform, liegen die vorbereiteten Rouladen in Reih und Glied auf dem Tresen in der kleinen Küche der Melanders. Für den Abend haben Jörg und Susanne vier Gäste zum Essen eingeladen. Rouladen sind eine Spezialität der Familie. Das in den 1920er Jahren erbaute Haus hat Jörg von seiner Großtante geerbt und eigenhändig mehrfach modernisiert

Die deutsche Kultur ist mir vertraut. Die Eltern meiner Mutter wie die meines Vaters kamen kurz vor dem Ersten Weltkrieg in die USA. Mein Onkel Otto hatte einen Lebensmittelladen mit deutschen Spezialitäten.

Vaters Gebot, den Teller stets leer zu essen, machte mir besonders jeden Dienstagabend zu schaffen, wenn es Mettwurst mit Sauerkraut und Salzkartoffeln gab. Später lernte ich eingelegte Heringe nach Hausfrauenart und Schwarzbrot schätzen. Und wenn ich heute nach Deutschland komme, kann ich nur schwer an einer Würstchenbude vorbeigehen, ohne mir eine Thüringer oder Krakauer zu genehmigen.

Zu meinen unliebsamsten kulinarischen Kindheitserinnerungen gehört ein Paradegericht meiner Mutter: Sie nahm eine dünne Scheibe weich geklopftes Rindfleisch und wickelte es um eine saure Gurke und eine Zwiebel. Die Rouladen wurden mit Zahnstochern zusammengesteckt und in einem gusseisernen Bräter geschmort. Das Fleisch gab klebrigen braunen Bratensaft ab, der die Sauce bildete, die das trockene Fleisch wieder saftig machen sollte. Rouladen waren für mich fast so schlimm wie Mettwurst mit Sauerkraut.

Darum war ich nur professionell als Fotograf begeistert, als Jörg und Susanne freudig verkündeten, Jörg würde am Abend für Freunde seine Spezial-Rouladen zubereiten. Die in der winzigen Küche sorgsam komponierten und stundenlang geschmorten Rindfleischbomben in klebriger brauner Sauce ernteten begeisterte Oohs und Aahs von Gästen und Familienmitgliedern – von allen außer mir. Selbst Faith, die Fleisch nicht besonders schätzt, aß ihre Roulade auf. Jörg verzehrte gleich zwei. Ich habe meine Roulade zwar anstandshalber bewältigt; aber manche Kindheitserinnerungen bleiben eben haften. – *Peter Menzel*

- Einwohner: **82 425 000**
- Einwohner von Bargteheide: **13 680**
- Fläche: **357 027 km²**
- Bevölkerungsdichte: **231 Einw./km²**
- Städtische Bevölkerung: **88 %**
- Lebenserwartung Männer/Frauen: **76/82 Jahre**
- Geburten pro Frau (durchschnittl.): **1,4**
- Kalorienaufnahme pro Person und Tag: **3496 kcal**
- Jährlicher Alkoholkonsum pro Person (reiner Alkohol): **12,5 l**
- Bruttosozialprodukt (BSP) pro Person bei Kaufkraftpariität (auf Grundlage der Kosten für gleichwertige Waren in den USA): **27 100 $**
- Jährliche Gesundheitsausgaben pro Person/Anteil am BSP: **2412 $/10,8 %**
- Anteil übergewichtiger Männer/Frauen: **64/54 %**
- Anteil fettleibiger Männer/Frauen: **20/19 %**
- Anteil der Diabetiker unter den über 20-Jährigen: **4,1 %**
- Fleischkonsum pro Person und Jahr: **82 kg**
- Im Fleischkonsum enthaltener Wurstverbrauch pro Person und Jahr: **30,4 kg**
- Zahl der McDonald's-Filialen: **1211**
- Preis eines Big Mac: **3,42 $**
- Zigarettenkonsum pro Person und Jahr: **1702 Stück**

Auf dem Wochenmarkt in Bargteheide am Freitag benutzt Susanne Jörgs Brust als Schreibunterlage, um die Einkäufe auf ihrer Liste abzuhaken *(oben links)*. Eine Stunde später kommen sie auf dem Heimweg durch die Stadtmitte *(oben)* an der Kirche aus dem 13. Jahrhundert vorbei. Am nächsten Tag schneit es. Weil Susanne an diesem Samstag arbeitet, kauft Jörg auf dem Markt im benachbarten Ahrensburg *(unten links)* das Fleisch für die Rouladen ein

Nach dem Gang zum Markt hat Jörg ein Feuer im Kamin gemacht. Susanne stellt Joghurtdips, gefüllte Oliven, frisches Brot und Dresdner Stollen auf den Tisch und gießt ihrer Freundin Venita Kaleps eine Tasse Tee ein *(oben)*. Am nächsten Morgen ist Susanne schon zur Arbeit ins Krankenhaus gefahren, und Kjell wartet bei einer Tasse Kakao auf Vater und Bruder *(rechts)*. Zum Frühstück gibt es frische Brötchen, Aufschnitt und Käse

Die Familie Bainton in ihrem Wohnzimmer in Collingbourne Ducis in der Grafschaft Wiltshire mit einem Wochenbedarf an Lebensmitteln. Von links nach rechts: Mark, 44, und Deb Bainton, 45 *(mit Hund Polo)*, und den Söhnen Josh, 14, und Tadd, 12. Gekocht wird mit Elektroherd und Mikrowelle. Vorratshaltung in Kühl-Gefier-Kombination und Tiefkühlschrank. Leibgerichte – Mark: Avocados; Deb: Garnelen-Sandwich; Josh: Krabbencocktail; Tadd: Schokoladentorte mit Schlagsahne

Der Frühstückskocher

Getreide und andere stärkehaltige Lebensmittel: $ 20,40

1,75 kg Kartoffeln; 600 g neue Kartoffeln; 1,36 kg weiches Weißbrot; 800 g krustiges Weißbrot; 170 g Bio-Knoblauchbaguette; 150 g Kräcker; 680 g Vollkornflocken; 350 g Cornflakes; 500 g Haferflocken; 370 g Schokopops; 500 g Mehl mit Backtriebmittel; 500 g Blätterteig; 500 g Tagliatelle.

Milchprodukte: $ 27,90

13,25 l teilentrahmte Milch; 1,9 l Vollmilch; 1,2 kg Erdbeerjoghurt; 500 g Pudding; 325 g Cheddarkäse; 227 g Sahnefrischkäse; 170 g Rhabarberjoghurt; 170 g Karamelljoghurt; 125 g Butter; 100 g Käse.

Fleisch, Fisch und Eier: $ 28,30

1 kg Schweinefleisch; 500 g Schweineschnitzel; 12 Eier; 510 g Tunfisch; 335 g Schinken; 156 g Frühstücksspeck; 150 g TK-Garnelen.

Obst, Gemüse und Nüsse: $ 35,30

2,7 kg Äpfel; 700 g Bananen; 635 g Orangen; 410 g kernlose Weintrauben; 227 g Ananas (Dose); 1,3 kg Baked Beans (Dose); 1 kg Rosenkohl; 1 kg Erbsen; 320 g Salatgurke; 825 g Bio-Weißkohl; 700 g Blumenkohl; 700 g Möhren; 540 g Pastinaken; 735 g Champignons; 450 g Eisbergsalat; 450 g Tomaten; 400 g Brokkoli; 300 g rote Zwiebeln; 300 g grüne Bohnen; 150 g Zuckerschoten; 150 g frische Erbsen.

Öle, Würzmittel und Saucen: $ 20,30

425 g Butterersatz-Aufstrich; 400 g Tomatenketchup; 284 g Salatcreme; 284 g Mayonnaise; 150 ml Olivenöl; 227 g Bio-Erdnusscreme; 125 g weißer Zucker; 100 g brauner Rohrzucker; 50 g Salatsauce; 50 g Paprikapulver; 40 g schwarzer Pfeffer; 30 g Meersalz; 30 g Tafelsalz; Basilikum und Petersilie (Topfkräuter); 340 g Himbeerkonfitüre; 80 Süßstofftabletten.

Snacks und Süßigkeiten: $ 26,90

800 g Candyriegel; 750 g TK-Appetithappen; 400 g Milchschokolade; 380 g Siruptarte; 725 g Bonbons verschiedener Sorten; 200 g Teegebäck; 536 g Chips diverser Sorten; 425 g Dessertmousse verschiedener Sorten.

Fertiggerichte und Instantprodukte: $ 27,80

900 g TK-Pommes-frites; 600 g Linsen-Gemüsesuppe; 600 g Käse-Pepperoni-Pizza; 450 g Käse-Nudelsauce; 400 g Tomatencremesuppe (Dose); 400 g Käse-Zwiebel-Flan; 400 g Hühner-Pilz-Flan; 220 g Schinken; 200 g Saucenpulver; 150 g Carbonara-Nudelsauce.

Getränke: $ 38,50

2,4 l Fruchtsaftgetränk; 2 l Mineralwasser; 6 l Bier; 1 l Ananassaft; 1 l Apfelsaft; 1 l Orangensaft; 500 g Trinkschokoladenpulver; 375 ml Rotwein; 175 g Röstkaffee; 40 Teebeutel; Leitungswasser zum Trinken und Kochen.

Sonstiges: $ 27,60

2,4 kg Katzenfutter (Dose); 2,3 kg Hundefutter (Dose); 375 g Trockenfutter für Katzen; 100 g Feinschnitttabak; 4 Päckchen Zigarettenpapier.

Gesamtausgaben für Lebens- und Genussmittel in einer Woche: GBP 155,54/$ 253

DEB BAINTON NENNT IHREN SOHN JOSH einen „Beinahe-Vegetarier". Halb im Scherz sagt sie, bald werde das Pendel wohl endgültig in diese Richtung ausschlagen und eine herzhafte Linsensuppe den traditionellen Sonntagsbraten ersetzen. „Aber ich mag doch Braten", sagt ihr Mann Mark mit gespielter Sehnsucht. Doch es besteht nicht wirklich die Gefahr eines Fleischentzugs. Deb sagt: „Wir essen oft verschiedene Menüs am selben Tisch."

Die Gespräche im Hause Bainton — sie nennen sich selbst „the Bees" — erinnern manchmal an einen Sketch von Monty Python. Deb: „Er ist der Frühstückskocher." Mark: „Ich bin nicht der Frühstückskocher." Deb: „Doch. Wenn du das Frühstück kochst, bist du der Frühstückskocher." Die Söhne Josh und Tadd vertiefen sich derweil in die Comics der Sonntagszeitung. „Heute machen wir ein ordentliches englisches Frühstück mit Eiern, Speck, Pilzen und geschmorten Tomaten", sagt Deb, auch wenn noch ungeklärt ist, wer mit der Kocherei dran ist. Schließlich steht Mark an der Bratpfanne, Deb assistiert. „Bruch", sagt sie unbekümmert, als ein Ei samt Schale im spritzenden Fett landet. Bis sie die Schalenstücke aus der Pfanne gepickt hat, hat sich Josh lieber schon für Vollkornflocken entschieden.

Am Wochenende wollen die Baintons mit Josh und seinen Freunden im Dorfpub seinen 14. Geburtstag feiern, mit Menü, Torte, Schlagsahne aus der Sprühdose und einer Runde Billard. Doch erst muss der Wocheneinkauf erledigt werden — ein Job, um den sich keiner reißt. Im Auto fahren die Baintons durch ihr hübsches Dorf Collingbourne Ducis, benannt nach einem längst verblichenen Herzog. Auf idyllischen Sträßchen geht es vorbei an hübschen Reetdachhäuschen und durch Dörfer der berühmten, durch Stonehenge bekannt gewordenen Grafschaft Wiltshire. Kurz vor dem Städtchen Marlborough erreichen sie die Moderne in Gestalt eines großen Waitrose-Supermarkts.

„Ich schiebe den Wagen", sagt Mark, „aber ich darf nichts aussuchen." Alle möglichen seltsamen Dinge fänden sich im Küchenschrank wieder, wenn Mark einkauft, behauptet Deb, „und er bringt einen Haufen Süßigkeiten mit." Dagegen haben die Jungen nichts — auch wenn Josh lieber teure Shrimps in den Wagen schmuggelt. Für den Alltag decken sich die Baintons vor allem mit Fertiggerichten, Tiefkühlpizzas und Orangensaft ein.

Ich freute mich auf den Besuch bei den Baintons im Südwesten Englands. Sie wohnen in der Nähe von Stonehenge, das ich noch nie gesehen hatte. Weil es von hohen Zäunen umgeben und nur von 9.30 bis 16.00 Uhr geöffnet ist, kann man es unmöglich bei Sonnenauf- oder -untergang fotografieren, wenn das Licht am besten ist. Also stand ich um vier Uhr auf, fuhr im Dunkeln durch wabernde Nebel, parkte auf einer Wiese und ließ Faith im Wagen zurück, um mich an das Objekt meiner Begierde zu schleichen. Ich war keine 100 Meter weit gekommen, da hatte mich schon die Polizei erwischt. Meinen Presseausweis ignorierten sie. Nach dem 11. September gab es keine Ausnahmen. Immerhin haben sie mich nicht verhaftet. Auch nicht, als ich sagte, das echte Rätsel von Stonehenge sei, wieso es nicht zu interessanten Zeiten geöffnet ist. Das gute Licht verpasst zu haben musste ich aber nicht bereuen. Der Sonnenaufgang zerfloss in farblosen grauen Nebelschwaden.
— *Peter Menzel*

FAMILIENREZEPT

Mark Baintons Käse-Kartoffel-Torte

330 g Stampfkartoffeln pro Person

9 Basilikumblätter in feinen Streifen (1 Blatt als Garnitur aufheben)

3 Stängel glatte Petersilie, fein gehackt (1 Blatt als Garnitur aufheben)

250–350 g Cheddarkäse in dünnen Scheiben

- Den Backofen auf 180° C vorheizen.
- Kartoffeln mit Basilikum und Petersilie (oder anderen Kräutern nach Belieben) mischen.
- 2 cm dick Kartoffelmasse auf den Boden einer Auflaufform verteilen. Mit Käsescheiben belegen. Darauf kommen die restlichen Kartoffeln und der verbliebene Käse.
- In 25–30 Min. goldbraun backen, mit Kräutern garnieren und servieren.

- Einwohner: **60 271 000**
- Einwohner von Collingbourne Ducis: **880**
- Fläche: **242 910 km²** (fast ein Drittel kleiner als Deutschland)
- Bevölkerungsdichte: **248 Einw./km²**
- Anteil städtischer Bevölkerung: **89 %**
- Lebenserwartung Männer/Frauen: **76/81 Jahre**
- Geburten pro Frau (durchschnittl.): **1,6**
- Kalorienaufnahme pro Person und Tag: **3412 kcal**
- Jährlicher Alkoholkonsum pro Person (reiner Alkohol): **9,8 l**
- Bruttosozialprodukt (BSP) pro Person bei Kaufkraftparität (auf Grundlage der Kosten für gleichwertige Waren in den USA): **26 150 $**
- Jährliche Gesundheitsausgaben pro Person/Anteil am BSP: **1835 $/7,6 %**
- Anteil übergewichtiger Männer/Frauen: **63/59 %**
- Anteil fettleibiger Männer/Frauen: **19/21 %**
- Anteil der Diabetiker unter den über 20-Jährigen: **3,9 %**
- Fleischkonsum pro Person und Jahr: **79,4 kg**
- Zahl der McDonald's-Filialen: **1110**
- Preis eines Big Mac: **3,44 $**
- Zahl der Fish-and-Chips-Lokale: **8600**
- Menge des in diesen Lokalen jährlich verzehrten Fischs: **50 034 Tonnen**
- Zigarettenkonsum pro Person und Jahr: **1748 Stück**

An den Wochenenden gibt es das klassische englische Frühstück *(links)*, an Werktagen normalerweise Zerealien wie Vollkornflocken, auch wenn Tadd lieber Tomatensuppe mag. Deb, Assistentin an einer Sonderschule, nimmt meist eine Tasse Tee und ein Stück Toast und geht mit den Kindern aus dem Haus. Mark ist Schweißer, arbeitet im Schichtdienst und sieht seine Familie meistens nur an den Wochenenden

Mit Freunden und Familie feiert Josh Bainton am Samstagabend seinen 14. Geburtstag im Dorfpub »The Crown«.
Am nächsten Morgen macht Mark *(oben links)* das Frühstück, wie üblich an den Wochenenden – wenn er nicht seine
Frau Deb überreden kann, das zu übernehmen. Es gibt Spiegeleier mit Toast, Schinken und Pilzen *(unten links)*

Die Familie Madsen im Wohnzimmer ihres Hauses in Kap Hope auf Grönland mit einem Wochenvorrat an Lebensmitteln. Emil, 40, und Erika Madsen, 26, haben drei Kinder: Martin, 9, Belissa, 6, und Abraham, 12, *(v. l. n. r.)*. Gekocht wird auf einem Gasherd. Vorratshaltung mit Kühl-Gefrier-Kombination. Leibgerichte – Emil: Eisbär; Erika: Narwalhaut; Abraham und Belissa: grönländische Kost; Martin: dänische Kost

Jäger im ewigen Eis

Man könnte die Madsens für eine ganz normale Familie halten, die zum Wintercamping aufbricht — wären da nicht die toten Seevögel in ihrer Auffahrt und 26 heulende Hunde draußen vor der Haustür, 440 Kilometer nördlich vom Polarkreis.

N ICHT EINMAL 700 MENSCHEN WOHNEN an der mittleren Ostküste Grönlands, die meisten von ihnen im Städtchen Ittoqqortoormiit am Scoresbysund und der Grönlandsee — kurz Ittoq genannt. Im Sommer wird Ittoq per Schiff versorgt, den Rest des Jahres aus der Luft oder per Schneemobil über den zugefrorenen Sund. Wir treffen den einheimischen Jäger Emil Madsen in Ittoq, wo er nach einem Jagdausflug einen Zwischenstopp einlegt. Weil es in seinem winzigen Dorf Kap Hope nur einen kleinen staatlichen Laden mit nicht verderblichen Waren gibt, den seine Frau Erika führt, kauft Emil Lebensmittel im ebenfalls vom Staat betriebenen Markt in Ittoq. Dann besteigen wir seinen Hundeschlitten für den langen Weg zu ihm nach Hause.

Wir fahren am Sund entlang nach Westen, vorbei an gewaltigen Eisbergen, vereisten Gipfeln und endlosen Schneefeldern. Als Fremder ist man fasziniert vom Blick in die Landschaft, doch was unmittelbar vor einem abläuft, ist mindestens ebenso spannend. Keine der mir bekannten Schilderungen des Dahingleitens auf einem Hundeschlitten gibt einen wirklichen Eindruck von der großen Hundemeute, die rennt, was das Zeug hält. Der warm verpackte Jäger vorn auf dem Schlitten bietet dazu einen Kontrast: Zigarette zwischen den Fingern, tastet er sich durch die SMS auf seinem Handy. Gute zwei Stunden sausen wir dahin, holpern über alte Schlittenspuren und Hundehaufen. Im Auto bräuchte man für die Strecke zehn Minuten — wenn es eine Straße gäbe.

Emils jüngstes Kind Belissa, ein fröhliches Mädchen mit rundem Gesicht und strahlendem Lächeln, umarmt ihren Vater an der Tür des modernen Holzhauses in Kap Hope. Emil und Erika sind recht zurückhaltend, wie die meisten erwachsenen Inuit — ihre drei Kinder und der Neffe Julian, der zu Besuch ist, sind es ganz und gar nicht —, was ebenfalls typisch ist. Ihre übliche gute Laune wird noch verstärkt durch die Erwartung des bevorstehenden Ausflugs zu einem Gletschersee im Inneren der Insel. Im Laufe des Abends

---

Getreide und andere stärkehaltige Lebensmittel: $ 34,10

1,4 kg dunkles Brot; 700 g Knäckebrot; 12 weiße TK-Brötchen; 1 Packung Kekse; 1,5 kg Reis; 1 kg Nudeln; 2,2 kg Müsli und Zerealien; 440 g Kartoffelpüreepulver.

Milchprodukte: $ 4,90

2 kg Milchpulver (ergibt 7,5 l Milch); 375 g gesalzene Butter.

Fleisch, Fisch und Eier: $ 54

12 kg Moschusochse*; 4,5 kg Walross*; 4 kg Wildgänse*; 1,5 kg Eisbär; 850 g ganze Alken-Vögel*; 1,5 kg Hot-Dog-Würstchen; 750 g TK-Rinderhackfleisch; 500 g TK-Bratwurst; 500 g Schinken; 640 g Hackfleischbällchen; 350 g Stockfisch; 300 g Dosenwurst und 4 Scheiben Ei (aus einer Art hartgekochter Eierwurst, von der man gleichmäßige Scheiben abschneiden kann); 150 g Frühstücksspeck; 220 g Capelin (Fische).

Obst, Gemüse und Nüsse: $ 8,70

620 g Mandarin-Orangen (Dose); 300 g Fruchtcocktail (Dose); 600 g Zwiebeln; 400 g Tomaten-Chili-Sauce; 280 g Champignons (Dose).

Öle, Würzmittel und Saucen: $ 25,70

1,5 kg Tomatenketchup; 1 kg Salz; 500 g Zucker; 0,5 l Narwaltran (nicht im Handel, entweder aus eigener Jagd oder geschenkt); 400 g Marmelade; 350 g Schokoladenaufstrich; 300 g Kaffeeweißer; 250 ml Worcestersauce; 425 g HP-Sauce; 200 g Mayonnaise; 200 g Remoulade; 50 g dänische Röstzwiebeln; 30 g schwarzer Pfeffer.

Snacks und Süßigkeiten: $ 54,30

1 kg Bonbons diverser Sorten; 300 g Schokolade; 175 g Schokoriegel; 500 g Kartoffelchips; 350 g Cracker; 280 g Kekse; 250 g Rosinen; 2 Packungen Kaugummi.

Fertiggerichte und Instantprodukte: $ 35,70

1 kg Instant-Hühnerbouillon; 1 kg Instant-Nudeln; 900 g Frühlingsrollen; 600 g Kartoffeln mit Wurst; 600 g Tütensuppe; 200 g Leberwurst (Dose).

Getränke: $ 36,40

3 l Fruchtsirupkonzentrat; 3 l Orangensirupkonzentrat; 2 l Apfelsaft; 1 l Orangensaft; 350 ml Cola; 1,4 l diverse Limonaden; 300 g Instant-Kaffee; 40 Beutel (60 g) Früchtetee; 80 l Quellwasser.

Sonstiges: $ 23,50

3 Packungen Zigaretten.

Gesamtausgaben für Lebens- und Genussmittel in einer Woche: 1928,80 Dänische Kronen/$ 277,30

* Aus eigener Jagd. Wert des selbst geschossenen Fleisches auf dem lokalen Markt: $ 221,30

schenken die vier ihre Aufmerksamkeit abwechselnd dem MTV-Programm im Fernsehen und den Gesprächen Emils mit seinen Jägerfreunden – die schauen gegen Mitternacht auf einen Teller Moschusochsen-Eintopf herein. Das Haus der Madsens in Kap Hope ist eine Anlaufstelle für jeden, der zwischen Ittoq und der Flugzeug-Landepiste am Constable Point unterwegs ist.

Zum Frühstück am nächsten Morgen gibt es Tee, Saft aus süßem Konzentrat und Müsli mit Milch aus Milchpulver. Dazu laufen dänische Tanzvideos und MTV. Gekocht wird in der kleinen, mit allem modernen Komfort ausgestatteten Küche, nur fließendes Wasser gibt es nicht. Gegessen wird vor dem Fernseher – ob Besuch da ist oder nicht. Niemand hat es eilig, weil es zu dieser Jahreszeit nicht mehr dunkel wird. Das bleibt vom zeitigen Frühling bis in den Spätsommer so. Nach dem Frühstück reicht Erika den Söhnen durchs offene Fenster den Proviant hinaus: einen Brocken gefrorenes Moschusochsenfleisch in einer Plastiktüte; einen wetterfesten Behälter mit Nudeln, Keksen und Müsli; einen Suppentopf, Angelgerät und einen Petroleumkocher. Die Jungen laden alles auf die beiden Schlitten. Der neunjährige Martin lernt gerade, Emils zweiten Schlitten zu führen. Der zwölfjährige Abraham meidet die Hunde. Vor drei Jahren wurde er von den Tieren eines anderen Jägers angefallen und lebensgefährlich verletzt.

Als Emil dick vermummt erscheint, stimmen die meisten Hunde ein Freudengeheul an – sie wissen, dass es gleich losgeht. Andere rollen sich etwas enger auf dem Schnee zusammen, um noch ein paar Minuten zu schlafen. Es sind keine Haus-, sondern Arbeitstiere, die ihr Leben im Gespann verbringen, um mehr als 500 Kilo schwere Lasten zu ziehen. Emil zurrt Schlafsack und Zelt fest, stellt Flinte und Büchse in ein Gestell am Heck des Schlittens. Er bedeckt den Schlitten mit Fellen und beginnt, Nylonleinen auszulegen und die Hunde nacheinander an ihre Plätze zu führen. Drinnen versucht Belissa, ihre Stiefel über mehrere Paar Socken anzuziehen. Ihre Mutter hilft: ein Paar Socken aus, Stiefel an, Haar zum Pferdeschwanz gebunden. Parka an. Hut, Fäustlinge, Sonnenbrille. Die Puppe zum Spielen während der stundenlangen Schlittenfahrt kommt in den lilafarbenen

Rucksack mit Spice-Girls-Motiv. Endlich fertig, schreitet Belissa durch die Tür hinaus und ruft in den kalten Wind.

Aufbruch

Wir folgen der Küstenlinie. Die Gespanne wechseln sich in der Führung ab. Vorn auf unserem Schlitten sitzen kettenrauchend Emil und Erika, in der Mitte liegt Belissa und spielt mit ihrer Puppe, hinter mir am Heck steht Peter mit der Kamera. Die Szenerie ist atemraubend, die Kälte dringt durch Mark und Bein – auch, nachdem wir uns in Eisbärfelle gehüllt haben. Im Mai schwanken die Temperaturen um den Gefrierpunkt. Erika, die mit der Kälte aufgewachsen ist, sagt, sie empfinde sie nicht. Sie ist winzig, aber kräftig gebaut und nur 14 Jahre älter als ihr ältester Sohn Abraham. Belissa kuschelt sich jetzt zum Schlafen an ihre Mutter. Die drei Jungen auf dem Nachbarschlitten halten sich warm, indem sie abwechselnd abspringen und nebenherlaufen. Den ganzen Tag singen die Kinder „Oh Happy Day“, Edwin Hawkins' Gospel-Klassiker. Aus dem Fernsehen haben sie nur diese drei Worte gelernt. Mit Rufen dirigiert Emil die Hunde nach links oder rechts, den zweiten Schlitten hat er stets im Auge, da die Jungen nicht sehr aufmerksam sind. Letztlich führen die von Emil ausgebildeten Hunde den zweiten Schlitten.

Oft frage ich Emil, ob unter uns Wasser oder Land liegt. Immer wieder führt unsere Strecke über zugefrorene Fjorde, und dem Eis sieht man nicht an, was darunter ist. Emil orientiert sich an Eisbergen in der Ferne. Den Übergang vom Eis zum offenen Wasser nennt er „Eiskante“ – im endlosen Weiß ist sie nicht auszumachen. Kein Problem im Winter, doch gefährlich, wenn sich bei steigenden Temperaturen Risse im Eis bilden. Keiner möchte sich auf einer großen Scholle wiederfinden, wenn sie abbricht und aufs Meer driftet.

Wir kommen ins Landesinnere – das behauptet Emil jedenfalls. Ich kann mich in dem uns umgebenden Weiß nicht orientieren. Wir überqueren einen Hügel und stehen plötzlich vor einem gewaltigen Gletscher und vereisten Bergen, die bis an einen zugefrorenen See reichen. Wir sind überrascht, dass das Ufer mit Flechten bewachsen ist. Emil pflockt die Hunde an und füttert sie mit Robbeninnereien.

Ein großes Holzkreuz wacht über den Friedhof von Kap Hope. Sowohl Emil als auch Erika Madsen sind in dem Dorf aufgewachsen, das heute nur noch zehn Einwohner hat. Emils Vater ist hier oben begraben. Am Horizont reflektiert ein gewaltiger Eisberg das Licht der tief stehenden Sonne. Im Sommer geht sie in diesen Breitengraden, weit nördlich vom Polarkreis, niemals unter – allerdings verschwindet sie für kurze Zeit hinter den Hügeln, die das Dorf umgeben

Damit die lange Fahrt mit dem Hundeschlitten nicht zu langweilig wird, läuft der neunjährige Martin ein Stück nebenher. Wenn die oberste Schneeschicht so fest ist, dass die Hunde nicht einbrechen, können sie den eine halbe Tonne schweren Schlitten stundenlang ziehen. In der Ebene erreichen sie dabei etwa die Geschwindigkeit eines laufenden Menschen, bergab saust das Gespann so schnell dahin, dass der Schlittenführer bremsen muss, damit das Fahrzeug nicht die Zugtiere überfährt

Nach fünfstündiger Fahrt sind die Madsens am Ziel angelangt, einem zugefrorenen Gletschersee. Müde und hungrig verschlingt die Familie Emils Moschusochsen-Eintopf mit Nudeln. Am nächsten Tag gehen Emil und Erika mit den Kindern angeln. Sie lassen mit Haken bestückte Leinen durch die zuvor ins 1,20 Meter dicke Eis geschlagenen Löcher herab. Als Köder dient Seehundspeck. Hat ein Wandersaibling angebissen, holt Erika ihn mit einem geübten Ruck an der Leine heraus. Emil, ein talentierter Koch, bereitet die Fische später mit einer milden Currysauce zu

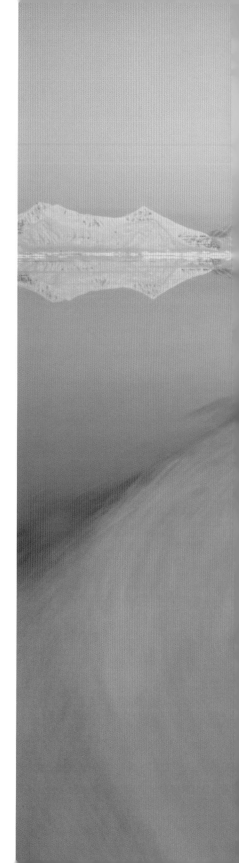

Im Scoresbysund, einer großen Bucht an der Ostküste Grönlands, erlegt Emil kurz nach Mitternacht mit einem Meisterschuss einen Seehund. An der Einschlagstelle des Geschosses spritzt das Wasser auf. Emils Sohn Abraham und sein Neffe Julian bemerken den Schuss nicht einmal – die Jungen sind im Bug unter ein paar alten Jacken eingeschlafen. Nach dem Verladen der Beute kehrt der Jäger erschöpft, aber glücklich nach Hause zurück

Julian und Abraham schleppen den frisch erlegten Seehund ins Haus, während Emil das Boot aufs Land zieht und die Ausrüstung verstaut. Die neugierigen Hunde folgen der Beute und lecken deren Blutspur auf. Die Jungen sind zum Umfallen müde – es ist 1.30 Uhr. Dennoch schaffen sie es, den Seehund bis ins Haus zu ziehen. Über Nacht bleibt er im Flur vor der Toilettentür liegen. Am folgenden Morgen wird Erika das Tier fachgerecht zerlegen

GRÖNLAND
(ZU DÄNEMARK)

- Einwohner: **56 000**
- Einwohner des Weilers Kap Hope: **10**
- Anteil der Inuit-Urbevölkerung: **88 %**
- Fläche: **2 166 086 km²** (sechsmal so groß wie Deutschland, gehört zu Dänemark)
- Bevölkerungsdichte: **0,03 Einw./km²**
- Anteil der städtischen Bevölkerung: **83 %**
- Bruttosozialprodukt (BSP) pro Person bei Kaufkraftparitiät (auf Grundlage der Kosten für gleichwertige Waren in den USA): **20 000 $**
- Unterstützung durch Dänemark pro Person und Jahr: **6786 $**
- Anteil der eisfreien Landfläche: **19 %**
- Lebenserwartung Männer/Frauen: **64/70 Jahre**
- Geburten pro Frau (durchschnittl.): **2,45**
- Jährlicher Alkoholkonsum pro Person (reiner Alkohol): **12,2 l**
- Anteil der nach 1960 geborenen Bevölkerung, der über Alkoholprobleme im eigenen Elternhaus berichtet: **50 %**
- Jährliche Gesundheitsausgaben pro Person: **2622 $**
- Anteil der Raucher unter den über 18-Jährigen: **über 60 %**
- Zahl der Tage pro Jahr, an denen die Temperatur unter null Grad Celsius liegt: **279**
- Anteil fettleibiger Männer/Frauen: **16/22 %**
- Anteil der Diabetiker an den über 35-Jährigen: **10 %**
- Zuckerkonsum pro Person und Jahr: **36,6 kg**
- Fleischkonsum pro Person und Jahr: **113,6 kg**
- Anteil der Bevölkerung, der mindestens viermal pro Woche Seehund isst: **20 %**
- Anzahl der McDonald's-Filialen: **0**
- Alter, in dem die meisten Schlittenhunde nicht mehr arbeitsfähig sind und erschossen werden: **6–8 Jahre**
- Jahr der Versenkung der „Titanic" durch einen grönländischen Eisberg: **1912**

FAMILIENREZEPT

Grönländischer Seehundeintopf

1 kg Seehundfleisch, in 2 cm große Würfel geschnitten

60 g Reis

Salz

1 Zwiebel, in Scheiben geschnitten

- Fleisch und Reis in einen Topf geben, mit Wasser bedecken und aufkochen.
- Nach Geschmack salzen und die Zwiebel zugeben.
- 45–60 Min. sanft köcheln lassen.

Im staatlichen Warenhaus von Ittoqqortoormiit *(oben links)*, dem nächsten größeren Dorf (550 Einwohner), bekommt man fast alles – von der Butter bis zur Flinte. Auch das Fleisch von Seehund, Moschusochsen und anderen arktischen Tieren gehört zum Angebot, doch die meisten Grönländer schießen ihres selbst. Jagen, um die Familie zu ernähren, ist der Lebensinhalt von Emil Madsen – ein Handwerk, das er vom Vater gelernt hat. Emil ist oft eine Woche oder länger unterwegs, um die Speisekammer zu füllen. Die Preise im Warenhaus sind hoch, was nicht überrascht – doch der dänische Staat unterstützt die Grönländer mit jährlich 6786 $ pro Person (nach der jüngsten Statistik aus dem Jahr 1999).
Erika Madsen zerlegt den Seehund, den ihr Mann Tags zuvor geschossen hat *(unten links)*. Die besten Stücke verspeist die Familie, den Rest bekommen die Hunde. Das Fell wird getrocknet und verkauft

Nach dem Fressen lassen sich die erschöpften Tiere in den Schnee fallen. Emil und Erika errichten oberhalb des Sees unser Biwak, während die Jungen und Peter mit langen, lanzenartigen Piken Löcher zum Angeln ins 1,20 Meter dicke Eis hacken. Martin schöpft von Zeit zu Zeit mit bloßen Händen den Eismatsch aus den Löchern. Den Durchbruch schaffen sie gerade rechtzeitig vor dem Abendessen. Emil und Erika haben Moschusochsen-Eintopf mit Nudeln gekocht. Die wohlige Wärme der Petroleumöfen füllt das Zelt. Hastig schlingen wir den Eintopf hinunter. Einfach köstlich.

Schneehasen hoppeln in der Ferne übers Eis, während Emil, Erika und die Kinder bis gegen zwei Uhr früh angeln. Die Fische lassen sie vor dem Zelt in den Schnee fallen. Es ist drei Uhr, und noch immer scheint die Sonne. Zeit zum Schlafengehen. Die Hunde haben sich im Schnee zu Kugeln gerollt und schlafen. Die Menschen trollen sich in die Schlafsäcke. Mein Thermometer zeigt fünf Grad unter null. „Angenehmes Schlafklima", würde Peter sagen. Wenn er wach wäre.

Zum Frühstück gibt es Puffreis und Müsli. Emil kippt sich Milchpulver und Zucker auf die Flocken, gibt Wasser dazu und rührt um. Nach dem Frühstück wird weitergeangelt. Ich verliere allmählich die zeitliche Orientierung. Neben dem Zelt stapeln sich die Fische. Erika nimmt sie aus, Emil dünstet einige im Topf. Köstlich. Dann wieder auf den Schlitten – Emil will Robben jagen.

Am Anfang der Fahrt sind die Leinen der Hunde wie ein Fächer angeordnet, der Leithund hat die längste Leine. Doch nach einer Weile verheddern sich die Schnüre, bis die Tiere schließlich mit den Schultern aneinander stoßen. Nach ein paar Stunden sind die Leinen zu einem dicken Tau verflochten. Emil bremst hart und reißt am Seil, dass die Hunde stürzen. So ausgeruht wie heute, ist er beim Entwirren sanft zu den Tieren. Doch wenn er erschöpft ist, tritt und prügelt er sie. Später erfahre ich, dass er seine Hunde besser behandelt als die meisten Grönländer. Grund für den harten Umgang mit den Tieren sei die Tatsache, dass sie draußen im Eis für den Jäger lebenswichtig sind. Jäger und Hunde müssen im Team arbeiten, Fehler können tödlich sein. Wenn dennoch einer passiert, stellt Emil klar, wer der Boss ist. Ist er schlecht drauf, bekommen das auch die Hunde zu spüren.

Emil behält die Jungen im anderen Schlitten auch jetzt stets im Auge. Beim Überqueren einer Spalte rutscht der letzte Hund plötzlich jaulend ins Wasser. Die anderen Tiere legen sich mit aller Kraft ins Geschirr, um nicht mitgezogen zu werden. Emil springt vom

Schlitten, um den Hund aus dem Wasser zu ziehen. Plötzlich steckt der Schlitten im Spalt fest und beginnt rückwärts ins Wasser zu rutschen. Erika wirft Belissa auf sicheres Eis und springt dann selbst ab. Ich bin auf dem hinteren Teil des Schlittens und kann mich nicht selbst retten. Der Schlitten rutscht weiter rückwärts. Emil brüllt die Hunde an, sie sollen ziehen. Er und Peter packen den Schlitten und ziehen. Mit knapper Not schaffen sie den Schlitten aus der Gefahrenzone. Nur die Schlafsäcke sind nass geworden. Jetzt weiß ich, warum sich Emil um die Jungen auf dem zweiten Schlitten sorgt.

Wir nähern uns der Eiskante. Die ganze Familie späht aufs Wasser, ob der Seehund noch mal auftaucht, der sich kurz zuvor gezeigt hatte. Alle steigen ab und halten den Atem an. Abraham stellt die hölzerne Gewehrstütze auf, Emil legt sich mit der Büchse in den Schnee. Ein kleiner glänzender Kopf taucht aus dem Wasser auf, Emil drückt ab. Er hat getroffen, weiß aber nicht, ob der Seehund tot oder nur verletzt ist. Die übrige Familie holt das Boot vom zweiten Schlitten und lässt es zu Wasser. Emil springt hinein und rudert mit aller Kraft zu der Stelle, an der Blut im Wasser zu sehen ist. Erika und die Jungen hauen eine Rampe in die Eiskante, um das Boot später wieder hochzuziehen. Emil wartet 30 Meter draußen, die Büchse im Anschlag. Doch der verletzte Seehund taucht nicht wieder auf. Geschlagen kehrt Emil zurück, lässt sich mit dem Boot aufs Eis ziehen. Misserfolge dieser Art erlebt er selten. Im vorigen Jahr hat er einen Eisbären, ein paar Walrösser, etliche Narwale, viele Seevögel und Hasen und 175 Robben erbeutet. Das Fleisch wurde von der Familie und von Freunden verzehrt, Innereien und Knochen bekamen die Hunde. Die Felle verwenden die Madsens selbst, oder sie verkaufen sie.

Emil ist enttäuscht, aber er gibt nicht auf. Zu Hause hat er ein Motorboot. Nach der zweistündigen Heimfahrt und dem Auspacken will er es noch einmal wissen. Erika und Belissa bleiben daheim, doch die Jungen, Peter und ich begleiten ihn. Das Erlebnis, auf dem spiegelglatten Wasser zwischen 20 Meter hohen Eisbergen durchzubrausen, entschädigt uns für die Eiseskälte bei dieser hohen Geschwindigkeit, die viel beißender ist als auf dem Schlitten. Das Wasser bewegt sich. Wir sehen nur eine kleine Welle, nicht aber den Seehund. Doch Emil hat alles im Blick, er stoppt das Boot und trifft das Tier ins Auge. Es ist sofort tot. Julian hilft ihm, die Beute ins Boot zu ziehen. Daheim wird Erika am nächsten Morgen die Robbe zerlegen.

VOR ORT NOTIERT

Die Fahrt mit dem Hundeschlitten entlang der menschenleeren Küste Grönlands war ein großartiges Erlebnis. In der letzten Maiwoche war es warm – knapp unter dem Gefrierpunkt –, und die Sonne küsste um zwei Uhr kurz den Horizont, um dann wieder aufzugehen.

Die ersten beiden Tage verbrachten wir an einem zugefrorenen See am Fuß eines Gletschers, etwa fünf Schlittenstunden von Emils Dorf entfernt. Nachdem wir um 20 Uhr die Zelte aufgeschlagen hatten, gingen wir hinaus aufs Eis. Wir brauchten mehr als eine halbe Stunde, um Löcher durchs Eis zu schlagen. Im Nu hatten wir jede Menge Wandersaibling gefangen. Julian machte eine große Schau und warf sich mit Anlauf auf die zappelnden Fische, sobald sie auf dem Eis landeten. Dann entschloss er sich doch für den Gnadentod der Fische: durch einen kräftigen Biss in den Kopf (siehe S. 204).   – Peter Menzel

Emils zehnjähriger Neffe Julian schlägt zum Takt eines MTV-Videoclips beim Frühstück
die Luftgitarre. Seine Kusine Belissa verfolgt schläfrig das Treiben der Rockstars im Fernsehen
und wartet, dass ihre Mutter das Frühstück serviert. Julian ist für eine Woche zu Besuch bei
Onkel und Tante und hat die Familie auf den Jagdausflug ins Landesinnere begleitet

Die Mendozas in ihrem Hof in Todos Santos de Cuchumatán mit einem Wochenbedarf an Lebensmitteln. Zwischen Fortunato Pablo Mendoza, 50, und seiner Frau Susana Pérez Matias, 47, stehen *(v. l. n. r.)* Ignacio, 15, Cristolina, 19, und Nichte Sandra, 10, (stellvertretend für Marcelucia, 9, die lieber spielen wollte). Ganz rechts: Sandra Ramos, 11 (im Haus lebende Helferin). Abwesend: Xtila, 17, und Jun, 12. Gekocht wird mit Gasherd und Holzherd. Vorratshaltung im Kühlschrank

Allerheiligen-Rausch

EIN WOCHENBEDARF IM NOVEMBER

Getreide und andere stärkehaltige Lebensmittel: $ 11,50

21,8 kg Mais*; 9,1 kg Kartoffeln; 3,6 kg Masa (aufgeschlossenes Maismehl für Tortillas); 2 kg Pasta; 1,8 kg Maistortillas; 500 g Haferflocken; 450 g Reis ‡.

Milchprodukte: $ 2,30

400 g Milchpulver.

Fleisch, Fisch und Eier: $ 7,90

1 Huhn von 2 kg (die beiden anderen Hühner auf dem Foto sind für das Allerheiligen-Festmahl); 30 Eier.

Obst, Gemüse und Nüsse: $ 34,80

3,4 kg Bananen; 2,9 kg Ananas; 2,3 kg Mamey (große Sapote); 1,8 kg Passionsfrüchte; 1,5 kg Cherimoya-Früchte; 1,2 kg Orangen; 1 kg Zitronen; 6 kg getrocknete schwarze Bohnen; 5,5 kg grüner Kürbis; 2,2 kg Blumenkohl; 2 kg grüne Bohnen; 1,6 kg Salatgurken; 4,5 kg Tomaten; 5 kg Möhren; 2,3 kg Avocados; 2,3 kg Zwiebeln; 1,5 kg Chayote-Kürbis; 1,4 kg Lauchzwiebeln; 1,1 kg Weißkohl; 700 g rote Paprika; 500 g grüne Chilischoten.

Öle, Würzmittel und Saucen: $ 8,90

3 l Pflanzenöl; 1 Bund (170 g) gemischte frische Kräuter; 140 g weißer Zucker; 85 g schwarzer Pfeffer; 85 g Knoblauchsalz; 85 g Zwiebelsalz; 85 g Salz; 2 Stangen (43 g) Zimtrinde.

Snacks und Süßigkeiten: $ 4

450 g handgemachte Schokolade; 425 g Tortillachips.

Fertiggerichte und Instantprodukte: $ 0,79

85 g Instant-Hühnerbouillon.

Getränke: $ 5,70

19 l Wasser in Flaschen; 500 g Weizentrunk-Pulver; 225 g Instant-Kaffee.

Gesamtausgaben für Lebens- und Genussmittel in einer Woche: 524 Quetzales/$ 75,90

* Aus eigenem Anbau. Wert der selbst angebauten Lebensmittel auf dem lokalen Markt: $ 4,10

‡ Nicht auf dem Bild.

Von Feiertagen abgesehen, essen die Dorfbewohner weniger als einmal pro Woche Fleisch. Dreimal am Tag kommen Reis, Bohnen, Kartoffeln, Eier und Tortillas auf den Tisch – in verschiedenen Kombinationen. „Bei uns gibt es auch keinen Fisch", sagt Susana, „wir sind zu weit vom Meer entfernt. Ihre 19-jährige Tochter Cristolina erzählt, dass sie keinen Nachtisch essen. „Wenn wir Lust auf eine Nachspeise haben, nehmen wir eine Banane", sagt sie und lässt mit einem Lächeln ihre gesunden, strahlend weißen Zähne blitzen. Obwohl Soft Drinks im Dorf zu haben sind – und die Mendozas sie in ihrer neuen Bar verkaufen –, trinkt die Familie nur Wasser, einen Weizentrank und Instant-Kaffee. Die Mendozas essen Obst und Gemüse nur, wenn sie Saison haben. Nicht vorher und nicht nachher, weil die Läden im Dorf keine Kühlmöglichkeiten haben, um verderbliche Waren außerhalb der Saison anzubieten. Als Cristolina fünf Autostunden von Todos Santos entfernt studierte, aß sie keine Kartoffeln, obwohl es sie zu Hause reichlich gab. „Der Preis war unglaublich", sagt sie, „doppelt so teuer wie bei uns. Und sie waren ganz klein." Hat sie sie vermisst? „Oh, ja!"

D ER FESTLICH GESCHMÜCKTE FRIEDHOF des entlegenen Städtchen Todos Santos in den Cuchumatán-Bergen wird noch farbenfroher, als ein Künstler aus Guatemala-Stadt letzte Hand an ein prachtvolles buntes Kreuz anlegt. Um ihn herum putzen Frauen die Familiengräber für Allerheiligen heraus. An den Häusern hängen frisch geschlachtete Schafe am Gebälk der Veranden, Familienmitglieder helfen beim Abziehen des Fells und beim Zerlegen – oder zumindest mit gutem Rat. Für die Todos-Santeros ist Allerheiligen ein doppelter Feiertag. Neben dem allgemeinen Fest feiern sie auch noch Kirchweih, das Fest der Gemeinschaft der Stadtheiligen. Musiker mit Gitarren und Marimbas mischen sich in den Gassen unter die Einheimischen, zum Entzücken der zahlreich angereisten Fremden, meist Touristen aus Europa und den USA, die gespannt den Start eines der seltsamsten Pferderennen der Welt erwarten (siehe S. 158). Die bereits gut abgefüllten Männer feiern mit solchem Eifer, dass ohne den mäßigenden Einfluss der Frauen wohl die ganze Stadt in einen Vollrausch fiele. Zum Glück ist nur einmal im Jahr Allerheiligen.

An normalen Tagen arbeiten die Todos-Santeros auf ihren Feldern, wo sie Mais, Bohnen, Kartoffeln, Weizen, Gerste und Zuckerrohr anbauen. Viele sind Indios vom Volk der Maya und sprechen ihre alte Sprache Mam. Seit immer mehr Touristen kommen, verdienen sich manche Bewohner ein Zubrot, indem sie Zimmer an ausländische Studenten vermieten, die in der Stadt Spanisch-Kurse besuchen. Frauen geben Kurse im Weben kunstvoller Bänder, andere betreiben Bars und Restaurants. Fortunato Mendoza und seine Frau Susana sind gleich in mehreren Geschäftszweigen aktiv, um ihre fünf Kinder zu ernähren. Der studierte Lehrer Fortunato ist zugleich Musiker, Zimmervermieter und Schamane. Hier auf dem Land fällt der Mann ein wenig aus dem Rahmen. Er hat es geschafft, seine Kinder studieren zu lassen – und ist dennoch fest in der Tradition verwurzelt. Seine ruhige, gelassene Susana – „die Liebe meines Lebens" – und die Kinder packen die vielen Jobs an, die aus seinen Projekten (zuletzt eine neue Bar) entstehen, und kümmern sich ums Kochen und den Haushalt. Fast jeden Abend schauen Freunde und Verwandte bei Susana und Fortunato herein. Die Besucher sind stets willkommen, es gibt ein leckeres Abendessen und anregende Gespräche, die sich oft bis spät in die Nacht hinziehen.

VOR ORT NOTIERT

Der 1. November schien uns der ideale Termin für die Reise nach Todos Santos de Cuchumatán zu sein. Wir würden das Doppelfest von Allerheiligen und Kirchweih erleben und eine Familie für unser Buch finden. Das Trinken fängt schon Tage vor dem Fest an und gipfelt in einem seltsamen, gefährlichen Ritual, einer Verbindung von Pferderennen und Wetttrinken: Eine Horde von Männern in schwarzer Festkleidung galoppiert zwischen den Zuschauern am Rand der Strecke auf einem Stück der ins Dorf führenden Hauptstraße auf und ab. Bei jeder Wende halten die Reiter an und nehmen einen kräftigen Schluck aus der Schnapsflasche. Das geht stundenlang weiter – neue Reiter kommen in den Wettbewerb, wenn andere vom Pferd fallen oder einfach betrunken aufgeben.

Nach dem Ausscheiden des letzten Reiters durch Alkohol oder Erschöpfung zieht die Menge weiter zum Friedhof, um Allerheiligen zu feiern. Die Familien lassen sich zwischen den festlich geschmückten Gräbern ihrer Angehörigen nieder, um bis in den Abend hinein zu beten, trinken, feuerwerken, trinken, musizieren, trinken, essen, trinken, Erinnerungen auszutauschen und nochmals zu trinken.

Bei unserer Ankunft war jedes Bett im Dorf belegt, sodass wir froh waren, auf einem hölzernen Bettgestell im Haus einer Maya-Familie unterzukommen. Am nächsten Tag hatten wir das Glück, auf Fortunato, Susana und ihre fünf Kinder zu treffen. Fortunato, ein gebildeter, im Dorf angesehener Mann, hatte sich wie die anderen aufs Fest vorbereitet – indem er sich voll laufen ließ. Am Morgen des 1. November ritt und trank er mit seinen Freunden um die Wette. Beim Fototermin am frühen Nachmittag schaffte es Fortunato, nach mehreren ohne Schlaf durchzechten Nächten mit einer gewaltigen Willensanstrengung Haltung zu bewahren. Aber ganz klar war sein Blick nicht. — *Peter Menzel*

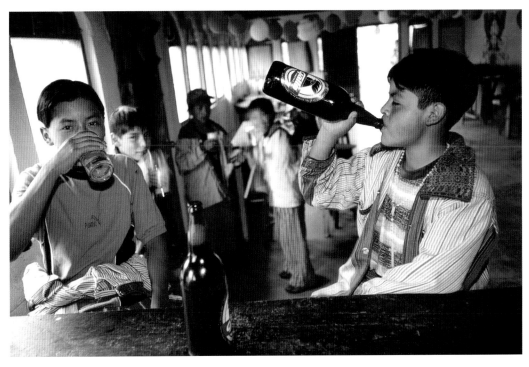

Susana Pérez Matias' Schafsuppe

1,5 kg Hammelfleisch mit Knochen

2,5 kg Kartoffeln, geschält und in Stücke geschnitten

30 g Orleanstrauch-Samen (Anatto)

2 Zwiebeln, in Scheiben geschnitten

125 g grob gehackte grüne Korianderblätter

Salz

- Das Fleisch in mittelgroße Stücke schneiden, abspülen und in einen Topf geben, der Suppe für 10 Personen fasst. Kartoffeln zugeben, aufkochen, abschäumen und 2–3 Stunden köcheln lassen.
- Anatto in warmem Wasser vorweichen, abgießen und mit Zwiebel und Koriander zur Suppe geben. 6 Min. mitkochen.

Truthahnsuppe

1 Truthahn

2,5 kg Maismehl

4 Würfel Hühner- oder Gemüsebrühe

75 g gemahlener schwarzer Pfeffer

Salz

- Einen Truthahn von 5 kg schlachten und ausnehmen; das Fleisch in mittelgroße Stücke schneiden, abspülen und in einen 14-l-Topf geben.
- Mit 9 l Wasser bedecken, aufkochen und 2–4 Stunden köcheln lassen. Das Fleisch herausnehmen.
- Das Maismehl mit 1 l kaltem Wasser anrühren, die Mischung in die Brühe rühren, aufkochen und ausquellen lassen. Mit Salz, Pfeffer und Bouillon abschmecken
- Das Fleisch in die Suppe geben, nochmals 6 Min. kochen.

Die Küche ist der Mittelpunkt des Familienlebens bei den Mendozas, und bei Fortunato (*rechts, Mitte*) geht die Liebe durch den Magen: »Am glücklichsten bin ich, wenn ich Susanas Reis und Bohnen, selbst gemachte Tortillas und ihre Truthahnsuppe esse«

- Einwohner: **14 281 000**
- Einwohner von Todos Santos de Cuchumatán: **26 000**
- Fläche: **108 889 km²** (knapp so groß wie Bulgarien)
- Anteil der Urbevölkerung: **66 %**
- Bevölkerungsdichte: **131 Einw./km²**
- Anteil der städtischen Bevölkerung: **47 %**
- Anteil der Haushalte mit Anschluss ans Stromnetz: **56 %**
- Lebenserwartung Männer/Frauen: **63/69 Jahre**
- Lebenserwartung der Urbevölkerung im Vergleich zur Nicht-Urbevölkerung: **−13 %**
- Geburten pro Frau (durchschnittl.): **4,4**
- Anteil der Analphabeten an den über 15-jährigen Männern/Frauen: **22/37 %**
- Kalorienaufnahme pro Person und Tag: **2219 kcal**
- Jährlicher Alkoholkonsum pro Person (reiner Alkohol): **1,9 l**
- Bruttosozialprodukt (BSP) pro Person bei Kaufkraftparität (auf Grundlage der Kosten für gleichwertige Waren in den USA): **4080 $**
- Jährliche Gesundheitsausgaben pro Person/Anteil am BSP: **86 $/4,8 %**
- Anteil übergewichtiger Männer/Frauen: **53/61 %**
- Anteil fettleibiger Männer/Frauen: **13/25 %**
- Anteil unterernährter Menschen: **25 %**
- Anteil der Diabetiker an den über 20-Jährigen: **2,7 %**
- Fleischkonsum pro Person und Jahr: **23,8 kg**
- Zahl der McDonald's-Filialen: **38**
- Preis eines Big Mac: **2,01 $**
- Zigarettenkonsum pro Person und Jahr: **609 Stück**
- Anteil der Bevölkerung, der von weniger als zwei Dollar pro Tag leben muss: **37 %**

Viele Menschen im Städtchen halten sich Truthähne und Schafe, um sie für eine Familienfeier an den Festtagen zu schlachten *(oben)*. Auf dem Marktplatz herrscht vor dem Fest Hochbetrieb *(oben links)*, dann wird nicht nur auf der betonierten Marktfläche, sondern auch in den Nebenstraßen gehandelt. Am Sonntag versammeln sich die Menschen des Hauses Mendoza mit Verwandten in der geräumigen Küche zur traditionellen Truthahnsuppe *(unten links)*

Essen, das uns anschaut

WIR HABEN EIN gespaltenes Verhältnis zu Tieren, in dem Zuneigung und Grausamkeit nebeneinander existieren. Unsere Hunde bekommen Weihnachtsgeschenke, doch kaum jemand verschwendet einen Gedanken auf das armselige Leben jenes Schweines, das als Weihnachtsschinken auf den Tisch kommt – obwohl dieses Tier eine dem Hund mindestens ebenbürtige Intelligenz besitzt.

Wir leben mit dieser Entfremdung, weil Schweine aus unserem Blickfeld verschwunden sind. Mit Ausnahme der Hausgenossen kommen echte Tiere – solche, die leben und sterben – in unserem Alltag nicht vor. Fleisch kaufen wir abgepackt und so zerstückelt, dass es kaum noch an Tiere erinnert. Ihr Verschwinden aus unserem Leben hat eine Leere hinterlassen.

Vor Jahren schrieb der Engländer John Berger einen Essay mit dem Titel: „Why look at animals?" Er behauptet, dass der Verlust des täglichen Kontakts mit Tieren – und besonders des Blickkontakts – uns in den Beziehungen zu anderen Lebewesen verunsichert hat. Jener Blickkontakt erinnerte daran, dass Tiere uns sehr ähnlich und zugleich sehr anders sind. In ihren Augen sahen wir Vertrautes – Schmerz, Angst, Zuneigung – und zugleich etwas unerreichbar Fremdes. Dieses Paradoxon war die Grundlage einer Beziehung, die uns erlaubte, Tiere zu achten und sie gleichzeitig ohne wegzusehen zu töten und zu essen. Heute schauen wir entweder weg, oder wir werden Vegetarier.

Diese Überlegungen führen uns zwangsläufig zu den Ställen der Agrarindustrie, wo alle Feinheiten der Moralphilosophie gegenstandslos werden: Dort wird alles, was wir zumindest seit Darwin über Tiere wissen, missachtet. Die Mastanlagen mit ihrer Intensivhaltung wurden nach dem Grundsatz konstruiert, Tiere seien Maschinen ohne Schmerzempfindung. Da kein denkender Mensch diese These noch vertreten kann, erfordert die Massentierhaltung von den Betreibern die Abschaltung der eigenen Wahrnehmung und bei uns übrigen die Bereitschaft zum Wegsehen.

Ferkel werden in der industriellen Mast nach zehn Tagen von ihren Müttern getrennt (in der Natur erfolgt die Entwöhnung nach 13 Wochen), weil sie mit einer mit Hormonen und Antibiotika versetzten Nahrung schneller zunehmen. Infolge der vorzeitigen Entwöhnung haben sie ihr Leben lang ein Verlangen, zu saugen und zu kauen. In den engen Ställen versuchen sie dieses Bedürfnis durch Beißen am Schwanz anderer Tiere zu befriedigen. Ein normales Schwein würde darauf mit heftiger Abwehr reagieren, doch ein entmutigtes Tier nimmt es gleichgültig hin. Psychologen sprechen von „erlernter Hilflosigkeit". Sie ist ein häufiges Phänomen bei zusammengepferchten Tieren, und so vegetieren Zehntausende von Schweinen ohne Sonne, Erde oder Stroh in Schuppen mit Blechdächern dahin. Sie stehen auf Metallgittern, durch die Kot und Urin fallen. Da ist es kein Wunder, dass so empfindsame und intelligente Tiere wie Schweine depressiv werden und zulassen, dass an ihren Schwänzen gekaut wird, bis die sich entzünden. Das US-Landwirtschaftsministerium empfiehlt als Abhilfe das Kupieren der Schwänze. Die Operation wird ohne Betäubung mit der Kneifzange durchgeführt. Dabei soll der größte Teil des Schwanzes entfernt werden – bis auf einen Stummel. Warum nicht ganz? Weil der Eingriff nicht das Objekt der Begierde beseitigen, sondern dieses empfindlicher machen soll. Danach nämlich ist ein Biss derart schmerzhaft, dass selbst das abgestumpfteste Tier sich wehrt.

Mastanlagen bieten ein albtraumhaftes Beispiel dessen, wozu der durch kein Gesetz und von keiner moralischen Instanz gebremste

Kapitalismus fähig ist. Das Leben wird auf die Fleischproduktion reduziert. Der ehrwürdige Begriff Leiden wird zu Stress – ein wirtschaftliches Problem, das man billig durch das Kupieren der Schwänze löst.

Doch bevor Sie dem Fleischgenuss entsagen, möchte ich Sie auf einen Hof ganz anderer Art führen. Zur Polyface Farm gehören 223 Hektar Wiesen und Wald im Shenandoah-Tal im US-Staat Virginia. Hier halten Joel Salatin und seine Familie Rinder, Schweine, Hühner, Kaninchen, Truthähne und Schafe. Sie leben alle in einer komplizierten ökologischen Symbiose, in der nach Salatins Worten „jede Art ihre physiologischen Bedürfnisse voll ausleben kann".

Das heißt, seine Hühner leben wie Hühner, Kühe wie Kühe, Schweine wie Schweine. Für viele Tierschützer ist die Polyface Farm dennoch ein Vernichtungslager. Doch wer diese Tiere anschaut, glaubt, ihre Gefühle zu erkennen. Genauso, wie wir wahrscheinlich das Leiden der Tiere bemerken würden, wenn wir es denn sähen, ist auch Tierglück leicht zu erkennen.

Salatin schlachtet Hühner und Kaninchen direkt auf der Farm und würde mit Rindern, Schweinen und Schafen ebenso verfahren, wenn die Behörden ihn ließen. Er hat mir den Schlachtplatz im Freien hinter seinem Wohnhaus gezeigt – eine Art Freiluftküche mit Betonboden, Waschtischen und Brühbecken aus Edelstahl, einer Rupfmaschine und Trichtern, in denen das Geflügel zum Ausbluten kopfüber hineingesteckt wird. Hühner zu schlachten ist keine angenehme Sache, doch Salatin besteht darauf, es selbst zu tun, weil er überzeugt ist, es schonender zu machen als jede Schlachterei. Jeder, der mag, kann ihm dabei zuschauen.

Auf Salatins Hof ist der von John Berger geforderte Blickkontakt zwischen Mensch und Tier alltäglich. Leben und Tod der Tiere sind nicht hinter Blechwänden abgeschottet. „Essen, das uns anschaut" pflegt Salatin sein Warenangebot zu nennen. Eine Werbung, die manchen abschrecken mag. Unsere Empfindungen beim Blick in die Augen eines Schweines, Huhnes oder Rindes mögen verschieden sein. Der eine sieht ein seelenloses Wesen, andere sehen ein Geschöpf mit Rechten, ein Glied in der Nahrungskette, ein Gefäß für Schmerz und Lust oder schlicht eine leckere Mahlzeit.

Salatins Freiluft-Schlachthof beruht auf einem moralischen Konzept. Jemand, der öffentlich ein Huhn schlachtet, tut es sorgfältig, mit Rücksicht auf das Tier wie auf den Verbraucher. Meine Forderung mag verrückt erscheinen, doch um die Tiere in der Agrarindustrie zu erlösen, müsste man nur ein Gesetz erlassen, nach dem die Beton- und Blechwände der Mastanlagen durch Glas ersetzt werden. Wenn es „neue Rechte" zu verwirklichen gilt, dann wohl vor allem das Recht zum Hinsehen.

Die Industrialisierung – und Entmenschlichung – der amerikanischen Tierindustrie ist eine relativ junge, vermeidbare Erscheinung. In keinem anderen Land werden Tiere für die Nahrungsgewinnung derart zusammengepfercht und brutal geschlachtet wie in den USA. Würden die Wände unserer Fleischfabriken durchsichtig, würden wir nicht mehr lange so verfahren. Das Kupieren der Schweineschwänze würde über Nacht verschwinden, das Schlachten von Rindern im Akkord bald aufhören – wer könnte schon einen solchen Anblick ertragen? Ja, Fleisch würde teurer. Wir würden wohl auch weniger davon essen. Aber wenn wir denn Tiere äßen, würden wir es bewusst tun, mit der Würde und dem Respekt, den sie verdienen.

Auszug aus „An Animal's Place",
„New York Times Magazine", November 2002, © Michael Pollan 2005

Michael Pollan ist Mitarbeiter des „New York Times Magazine" und Professor für Journalistik an der kalifornischen Universität Berkley. Zurzeit arbeitet er an einem Buch über Ökologie und Ethik des Essens, das im Frühjahr 2006 erscheinen soll.

Das Leben wird auf die Fleischproduktion reduziert.
Der ehrwürdige Begriff Leiden wird zu Stress – ein wirtschaftliches Problem,
das man billig durch das Kupieren der Schwänze löst

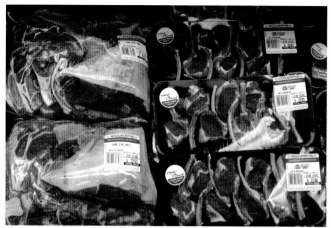

LAMM IN EINEM WOOLWORTH-SUPERMARKT IN BRISBANE, AUSTRALIEN

ENTEN AUF DEM QINGPING-MARKT IN GUANGZHOU, CHINA

SCHWEINEFLEISCH AUF DEM DIVISORIO-MARKT IN MANILA, PHILIPPINEN

MARKTSTÄNDE MIT RINDERINNEREIEN IN N'DJAMENA, DER HAUPTSTADT DER REPUBLIK TSCHAD

SEEHUND AM KAP HOPE IN GRÖNLAND

SCHAF IM SCHLACHTHOF AUF DEM MARKT VON ZUMBAGUA IN ECUADOR

SCHWEINEFLEISCH UND SCHMALZ AUF DEM MARKT VON CUERNAVACA IN MEXIKO

SCHWEINETRANSPORT IM BALIEM VALLEY IN PAPUA-NEUGUINEA

RINDFLEISCH AUF DEM GEMEINDEMARKT VON TODOS SANTOS IN GUATEMALA

Fleisch

In Europa und in den USA stammt Fleisch größtenteils aus industriellen Agrarbetrieben, und wir kaufen es abgepackt im Supermarkt. Anderswo wird es von Kleinbauern erzeugt und von Metzgern verkauft – wie diese Bilder belegen. In seinem Begleitessay setzt sich Michael Pollan (siehe S. 162) mit der Agrarindustrie auseinander. Das Schlachten in Industriebetrieben mag die Kosten senken, doch Kritiker wenden dagegen ein, es verletze die altehrwürdige Pflicht des Jägers, seiner Beute mit Achtung zu begegnen.

Die Familie Patkar – Vater Jayant, 48, Mutter Sangeeta, 42, Tochter Neha, 19, und Sohn Akshay, 15 – im Wohnzimmer ihres Hauses in Ujjain im indischen Bundesstaaat Madhya Pradesh mit einem Wochenvorrat an Lebensmitteln. Gekocht wird auf einem Gasherd; die Vorratshaltung erfolgt in einer Kühl-Gefrier-Kombination

Fleisch – nein danke!

Die Hindus glauben, dass vor langer Zeit bei einem Kampf zwischen Göttern und Dämonen vier Tropfen aus der Kanne mit dem Nektar der Unsterblichkeit verschüttet wurden. Die vier Tropfen fielen in die heiligen Flüsse der Städte Allahabad, Hardwar, Nasik und Ujjain. Alle drei Jahre strömen viele Millionen Pilger, Sadhus und Yogis abwechselnd in eine der vier Städte und feiern Kumbh Mela – das Fest des Gefäßes der Unsterblichkeit.

Getreide und andere stärkehaltige Lebensmittel: $ 5,40

6 kg Chapatis (kleine Fladenbrote); 4 kg Weizenmehl; 1,5 kg Kartoffeln; 1 kg Poha (Reisflocken); 1,5 kg weißer Reis; 500 g Toast-Brot; 500 g Haferflocken; 500 g Kichererbsenmehl.

Milchprodukte: $ 9,70

7 l Milch‡; 2 kg Joghurt; 500 g Milchpulver; 450 g Eiscreme; 250 g Ghee (geklärte Butter).

Fleisch, Fisch und Eier:

Die Familie gehört zur Kaste der Brahmanen und isst weder Fleisch noch Fisch.

Obst, Gemüse und Nüsse: $ 7,70

3 kg Wassermelone; 2 kg Orangen; 1 kg weiße Trauben; 360 g Limetten; 340 g Kokosnuss; 2,5 kg Zwiebeln; 1,5 kg Kürbis; 1 kg Bitterkürbis; 1 kg Weißkohl; 1 kg Blumenkohl; 1 kg Tomaten; 1 kg gelbe Linsen; 750 g Auberginen; 500 g Kichererbsen; 500 g Gurke; 500 g grüne Linsen; 500 g Okraschoten; 500 g rote Bohnen; 250 g schwarze Bohnen; 250 g Korianderkraut; 250 g grüne Paprika; 100 g grüne Chilischoten; 500 g gemahlene Nüsse.

Öle, Würzmittel und Saucen: $ 4,50

1 l Sojaöl; 500 g Salz; 250 g eingelegte Gurken; 250 g weißer Zucker; 200 g Tomatenketchup; 100 g Kumin; 100 g Bockshornklee-Samen; 100 g Minze; 100 g Senfkörner; 50 g schwarzer Pfeffer; 50 g Knoblauch-Chutney; 50 g getrocknete, gemahlene Mango; 50 g Petersilie; 50 g rotes Chilipulver; 25 g Anissamen; 25 g Kurkuma; 10 g Teufelsdreck (Asafötida); 10 g Nelken.

Snacks und Süßigkeiten: $ 2,30

500 g Gulab Jamun (in Öl gebackenes Hefegebäck), wird mit kardamomgewürztem Sirup getränkt; 500 g Upma Rawa (würziges Griesgericht); 250 g Papadam (dünne, knusprige sonnengetrocknete Oblaten aus Linsenmehl, zum Knabbern oder zerbröselt auf die Suppe streuen); 100 g Maismehlkräcker; 100 g Kekse; 100 g ausgezogene Nudeln; 50 g Reismehlkekse; 50 g Weizencracker.

Fertiggerichte und Instantprodukte: $ 1,90

500 g Khaman (süße, dampfgegarte Kichererbsen-Küchlein); 200 g Instant-Nudelterrine; 100 g Chole Masala (Kichererbsen-Masala); 3 Stück Puri (fritiertes Weizenfladenbrot).

Straßenkost: $ 3,10

Chole Bhature (Kichererbsen-Curry mit Fladenbrot); Idli (gedämpfte Reisküchlein); Pav Bhaji (gerolltes Brot mit pikantem Gemüsepüree); 1 kleine Pizza; Uttapam (mit Kokosmilch gebackenes, dickes knuspriges Fladenbrot), wird mit pikantem Gemüse serviert; 5 Dosa (knusprige, würzige Pfannkuchen), werden mit Chutney oder anderen würzigen Saucen serviert; Bhel Puri (würziger Puffreis mit Chutney); Gurke und Zwiebel; 1 kleines Sandwich mit Tomate, Gurke und Zwiebel.

Restaurants: $ 2,90

Abendessen im Shree Ganga Restaurant für vier Personen mit Malai Kofta (Kartoffelklöße in Gemüsesauce); Navratan Korma (Obst und Gemüse in cremiger Sauce mit Kräutern, Gewürzen und Cashewnüssen); Jeera-Reis (mit Kumin und Cashewkernen gebratener Reis); Tandoori Roti (Fladenbrot aus dem Lehmofen); gebratenem Dhal Papadam (Linsenmehl-Oblaten); grünem Salat; eingelegten Gurken und Nachtisch.

Getränke: $ 1,80

2 l Cola; 150 g Chai-Tee (Schwarztee); 15 g Instantkaffee; Brunnenwasser zum Trinken und Kochen.

Gesamtausgaben für Lebens- und Genussmittel in einer Woche: 1636,25 Rupien/$ 39,30

‡ Nicht auf dem Bild

FÜR DAS KUMBH-MELA-FEST, das in der zentralindischen Stadt Ujjain im Bundesstaat Madhya Pradesh alle zwölf Jahre gefeiert wird, hat sich die halbe Familie Patkar Urlaub von der Arbeit oder der Schule genommen. Jayant Patkar aber hat Urlaubssperre. Er ist Ingenieur beim Wasserwerk, und das Versorgungssystem wird in den Wochen der Wallfahrt jedes Mal vor eine Zerreißprobe gestellt. Viele der Millionen Pilger, die in dieser Zeit nach Ujjain kommen, bleiben den ganzen Monat. Für Jayants Frau Sangeeta, die Direktorin des Oxford Junior College, ist es eine entspanntere Zeit, ebenso für ihren 15-jährigen Sohn Akshay. Die 19-jährige Tochter Neha hat schulfrei, doch sie büffelt für die Aufnahmeprüfung für das Medizinstudium. Gleich nach dem Frühstück wird sie mit ihrem Motorroller zu einer Tutorenstunde brausen.

Sangeeta gibt Öl in die Bratpfanne, dann Senfkörner. Als es brutzelt, kommen dünn geschnittene Kartoffeln, Zwiebeln und gehackte Chilischoten dazu. Alles wird unter Rühren goldgelb gebraten, dann fügt sie Poha hinzu, eingeweichte Reisflocken, und würzt mit Zucker, Salz und einer Prise Kurkuma für die Farbe. Das Ganze wird noch einmal kurz durchgebraten. Sie deckt die Pfanne zu und stellt sie mit den Beilagen – gehacktes Korianderkraut mit geraspelter Kokosnuss und *sev*, salziges Knabbergebäck aus Kichererbsenmehl, auf den Tisch. Unter einem großen gerahmten Bild des von ihnen verehrten Gurus Shri Parthasarathi Rajagopalachari nimmt die Familie am Tisch Platz. Sangeeta verteilt Poha auf die Teller, streut Kokosnuss mit Koriander und zuletzt die gebratenen Nudeln über die Portionen. Fleisch kommt bei den Patkars nie auf den Tisch. Wie die meisten Hindus sind sie Vegetarier – auch wenn die vegetarischen Regeln eher locker ausgelegt werden. „Wir sehen die Dinge nicht so streng wie die Eltern meines Vaters", sagt Sangeeta. Die Patkars gehören zur Kaste der Brahmanen, der Klasse der Priester und Gelehrten. Akshay ist ein untypischer Vegetarier. Viele Gemüse mag er nicht, besonders die in Indien beliebten Kürbisse und Zucchinisorten. Aber weil sich seine Familie so ernährt, macht er es mit. Er gibt zu, schon mal Huhn gegessen zu haben – mit Genuss.

Bei allen unterschiedlichen Ernährungsgeboten der verschiedenen Volksgruppen hegen die Inder eine gemeinsame Leidenschaft: den Imbiss. Auf den Straßen des Landes gibt es Tausende von Garküchen, die etwa *chole bhature* anbieten (Kichererbsencurry mit Fladenbrot), gedämpfte Reisküchlein, *pav bhaji* (in Brot gewickeltes würziges Gemüsepüree), *uttapam* (dickes, knuspriges, mit Kokosmilch gebackenes Fladenbrot), *dosa*, würzige Pfannkuchen mit Chutney oder anderen scharfen Saucen, *bhel puri* (pikanter Puffreis mit Curry), *lassi* (Joghurtgetränke), Obstsäfte und natürlich Tee. Jede Region des ausgedehnten Landes hat ihre eigenen unverwechselbaren Spezialitäten, doch durch die zunehmende Mobilität der indischen Gesellschaft beginnen die Grenzen zu verwischen. Die Patkars selbst sind einige Male umgezogen, wenn Jayant einen besseren Job in einer anderen Stadt antrat.

Kumbh Mela

Das religiöse Fest versetzt die vier heiligen Städte alle zwölf Jahre in einen Ausnahmezustand. Millionen von Hindus pilgern zu den Gurus und Yogis, beten zum obersten Gott Shiva und nehmen reinigende Bäder in Ujjains heiligem Fluss Shipra. Kilometerweit erstrecken sich die Zeltlager, in denen Pilger und heilige Männer untergebracht sind. In den Gemeinschaftszentren der Ashrams werden den ganzen Monat lang täglich Tausende von Menschen verpflegt. Die Stadtverwaltung steht unter Dauerstress, doch sie schafft es, für die Massen eine – zumindest meistens – funktionierende Infrastruktur auf die Beine zu stellen. Scharen von Menschen drängen sich zu jeder Tages- und Nachtzeit an beiden Ufern des Flusses, auf den Treppen, die ins Wasser führen, und auf den Brücken. Auch die Patkars werden im Laufe des Monats mehrmals zum heiligen Fluss Shipra pilgern und das eine oder andere reinigende Bad nehmen.

Im Hinduismus gibt es so viele Sekten und Zweige wie Blätter an einem Baum, und alle veranstalten zu Kumbh Mela ihre Prozessionen.

Der Hinduismus umschließt viele Strömungen und Schulen in friedlicher Koexistenz. Die Gläubigen halten sich an die Grundregeln und picken sich dann aus den einzelnen religiösen Lehrmeinungen das heraus, was ihnen zusagt. So schaffen sie sich ihr ganz persönliches Glaubensgebäude.

Zum großen Fest verlassen asketische heilige Männer ihre meditative Einsiedelei. Manche – die Sadhus – tragen nur einen gelben Lendenschurz. Auf der Suche nach Erleuchtung haben sie allen irdischen Gütern entsagt. Sie werden im ganzen Land verehrt. Andere, die Nagas, gehen nackt, nur mit einer Schicht weißer Asche bedeckt. Der Duft von Haschisch zieht durch die Zeltreihen der heiligen Männer. Ein Naga in verknoteter Körperhaltung verliert das Gleichgewicht und kullert einen Abhang hinunter. Niemand lacht oder nimmt davon auch nur Notiz. Einige dieser Heiligen behaupten – oder lassen von sich behaupten –, sie hätten sich 50 Jahre lang ausschließlich von Milch ernährt.

Ohne die Verpflegungsaktionen der örtlichen Ashrams müssten unzählige Pilger hungern. Viele der Ashrams in der Stadt geben während des Wallfahrtsmonats täglich bis zu 3000 Mahlzeiten an Gläubige aus. Wohlhabende Anhänger der Gurus unterstützen die Aktionen mit großzügigen Spenden. Sadhus, Gurus und Yogis jeder Couleur nehmen auf geschmückten Lastwagen, Treckern und Elefanten an den Umzügen teil und lächeln ihren am Straßenrand wartenden Anhängern zu.

An den Ufern bewegen sich die farbenfrohen Massen von den Treppen am Fluss zu den Zeltlagern und zu den Ashrams. Auch das Wasser leuchtet während der Badezeiten in bunten Farben. Am *shahi snan*, dem Tag des „königlichen Bades", beobachten wir einen Mann, der sich bei seiner Reinigungsaktion von einem persönlichen Guru anleiten lässt, während daneben ein einfacher Mann seine schlichten Rituale vollzieht. Im heiligen Wasser sind alle gleich.

Von Booten aus dirigiert die Polizei mit Megaphonen die Badenden. Ordner auf Hochsitzen brüllen und geben Kommandos per Trillerpfeife, aus Lautsprechern dröhnt Musik. Eine unglaubliche Kakophonie erfüllt die Luft. Es ist wie der normale indische Alltag – nur auf höchster Lautstärke.

Der Fluss Shipra fließt durch die heilige Stadt Ujjain im zentralindischen Bundesstaat Madhya Pradesh. Alle zwölf Jahre kommen hier Millionen von Hindus zusammen, um einen Monat lang das Kumbh Mela zu feiern und im heiligen Wasser des Shipra zu baden. Hunderte von Ashrams errichten riesige, staubige Zeltlager. Unter der Aufsicht von Polizei und Rettungsschwimmern reihen sich auch die Patkars am Abend in die Schlange der Wartenden für das rituelle, kühle Bad

Alle meine Sinne sind geschärft, wenn ich in Indien bin. Ich liebe das Land wegen seiner Intensität. Mit mehr als einer Milliarde Menschen, von denen 40 Prozent in bitterer Armut leben, hat Indien riesige Probleme. Aber es hat auch eine rasch wachsende, 300 Millionen Menschen starke Mittelklasse. Sangeeta und Jayant Patkar gehören dazu.

Sangeeta hält ihr kleines Betonhaus mit dem winzigen Innenhof peinlich sauber – keine leichte Aufgabe in einem Klima, das zwischen heiß und trocken und heiß und feucht schwankt. Ihr Dienstmädchen – in Indien haben die meisten Mittelklassefamilien eines – schrubbt in der Spülküche im Hof ständig Töpfe und Pfannen. Und sie haben eine Toilette im Haus, die ebenfalls sauber gehalten wird.

Der letzte Punkt ist wichtig und bemerkenswert. Als ich vor 20 Jahren zum ersten Mal nach Indien kam, waren Toiletten eine Seltenheit. Und noch heute müssen drei Viertel der Bevölkerung ohne ein WC auskommen. Von den Städten und Dörfern Indiens verfügen vielleicht zehn Prozent über ein funktionierendes Abwassersystem. Die meisten Menschen müssen ihre Notdurft im Freien verrichten oder in öffentlichen Latrinen, die kaum mehr sind als Jauchegruben.

Krankheiten sind die logische Folge. Bei all den Menschen, die ihren Stuhlgang im Freien verrichten, ist die Menge an Fäkalien gewaltig. Ebenso die Zahl der Bakterien und Viren (in Indien hole ich mir jedes Mal eine Atemwegserkrankung). Andererseits wollen Indien und seine Menschen zur industrialisierten Welt gehören. Der Absatz von Handys, Farbfernsehern und PCs ist erstaunlich.   – Peter Menzel

Die Patkars kaufen Obst und Gemüse auf dem großen Hauptmarkt von Ujjain *(oben beim Aussuchen von Okraschoten und Tomaten).* **Süßigkeiten holen sie in einem Laden** *(unten),* **in dem die karamelisierte Kondensmilch hergestellt wird, eine wichtige Zutat indischen Konfekts**

- Einwohner: **1 065 071 000**
- Einwohner von Ujjain: **430 669**
- Fläche: **3 287 263 km²** (mehr als neunmal so groß wie Deutschland)
- Bevölkerungsdichte: **324 Einw./km²**
- Anteil der städtischen Bevölkerung: **28 %**
- Lebenserwartung Männer/Frauen: **60/62 Jahre**
- Geburten pro Frau (durchschnittl.): **3**
- Anteil der Analphabeten unter den über 15-jährigen Männern/Frauen: **30/52 %**
- Kalorienaufnahme pro Person und Tag: **2459 kcal**
- Jährlicher Alkoholkonsum pro Person (reiner Alkohol): **0,95 l**
- Bruttosozialprodukt (BSP) pro Person bei Kaufkraftparität (auf Grundlage der Kosten für gleichwertige Waren in den USA): **2670 $**
- Jährliche Gesundheitsausgaben pro Person/Anteil am BSP: **24 $/5,1 %**
- Zahl der Ärzte je 100 000 Einwohner: **51**
- Anteil übergewichtiger Männer/Frauen: **15/14 %**
- Anteil fettleibiger Männer/Frauen: **0,9/1,1 %**
- Anteil unterernährter Menschen: **21 %**
- Fleischkonsum pro Person und Jahr: **5,12 kg**
- Zahl der McDonald's-Filialen: **46**
- Preis eines Big Mac (Chicken Maharaja Mac): **1,12 $**
- Rindfleischanteil im indischen Big Mac: **0 %**
- Zigarettenkonsum pro Person und Jahr: **129 Stück**
- Bevölkerungsanteil, der von weniger als zwei Dollar am Tag leben muss: **80 %**
- Anteil der Bevölkerung ohne Anschluss an eine sichere Abwasserentsorgung: **28 %**
- Zahl der Atomwaffentests seit 1998: **5**
- Zahl der indischen Toten bei der Tsunami-Katastrophe im Dezember 2004: **11 000**

Wie auf den meisten Lebensmittelmärkten Indiens herrscht auf dem Zentralmarkt von Ujjain ein ständiges Gedränge der Käufer zwischen Hunderten von Händlern, die ihre Waren auf Planen am Boden ausbreiten. Mitten im Getümmel die von den Hindus als heilig verehrten Kühe – doch Händler und Käufer schubsen die Tiere beiseite, wenn sie zu aufdringlich werden. Die markterfahrenen Patkars lassen sich nicht stören und suchen sich in aller Ruhe ihre Waren aus

Sangeeta Patkars Poha (Reisflocken)

500 g *poha* (polierter, gerösteter Reis, der zu Flocken gewalzt wurde)

1 EL Pflanzenöl

1 TL Senfkörner

2 große Zwiebeln in dünnen Scheiben

1 große Kartoffel in dünnen Scheiben

3 große grüne Chilischoten, gehackt

1 TL Zucker

1 Prise gemahlene Kurkuma

Salz

5–6 Stängel Korianderkraut

250 g *sev* (salziges Knabbergebäck)

60 g frisch geriebene Kokosnuss

- Die Reisflocken in kaltem Wasser einweichen, auf ein Sieb schütten.
- Die Korianderblätter abzupfen und hacken.
- Das Öl in einer großen Pfanne erhitzen, Senfkörner bei mittlerer Hitze anrösten. Zwiebeln, Kartoffel und Chilischoten dazugeben, alles unter Rühren goldgelb braten.
- Reisflocken dazugeben, mit Salz, Zucker und Kurkuma würzen, alles 2 Min. unter Rühren braten. Die Pfanne vom Herd nehmen und zudecken.
- Die Pfanne bei Tisch über eine Schüssel mit heißem Wasser oder auf eine Wärmeplatte stellen.
- Das Gericht auf Tellern anrichten und jede Portion mit Korianderkraut, Kokosnuss und *sev* garnieren.

Sangeeta bereitet in ihrer kleinen, wohlorganisierten Küche Poha mit Gemüse fürs Frühstück zu *(Bild rechts, Rezept oben).* **Eine Stunde später fegt und reinigt das Dienstmädchen das Pflaster der Gasse vor der Küchentür** *(links),* **nachdem es dort Küchenutensilien und das Frühstücksgeschirr abgewaschen hat**

Die Familie Manzo in der Küche ihrer Wohnung in Palermo: Giuseppe, 31, Piera Marretta, 30, und
ihre Söhne *(v. l. n. r.)* Maurizio, 2, Pietro, 9, und Domenico, 7. Gekocht wird mit Gasherd und Mikrowelle.
Vorratshaltung: Kühl-Gefrier-Kombination. Leibgerichte – Giuseppe (von Beruf Fischverkäufer): Fisch;
Piera und Domenico: Spaghetti Bolognese; Pietro: Hot Dogs; Maurizio: Fischstäbchen

Fischgeschichten

Fisch und Meeresfrüchte aller Art stehen bei Sizilianern hoch im Kurs. Bei den Manzos in Palermo jedoch kommen sie nur selten auf den Tisch – obwohl Pieras Mann bei einem Fischhändler arbeitet, brät sie daheim öfter Fischstäbchen als saftige Steaks vom frischen Tunfisch.

D ER ALLTAG VON GIUSEPPE MANZO beginnt in seiner Wohnung im zweiten Stock über der Straße, in der sein Vater früher Eis verkaufte. Sie liegt im Altstadtviertel Capo direkt am Markt. Er raucht schon die erste Zigarette und trinkt einen Kaffee, während seine Frau Piera und die Jungen allmählich aufwachen. Aus dem Fenster blickt Giuseppe auf das Fischgeschäft, in dem er arbeitet. Als der frische Fisch per Lkw eintrifft, geht er nach unten. Auch die Konkurrenz wird beliefert, und eilig werden vor dem Eintreffen der ersten Kunden Vitrinen und Tische im Freien aufgestellt, um die Ware zu präsentieren. Obst- und Gemüseläden, Fleischereien, Lebensmittel- und Tabakläden, Fischhändler und Bäcker haben hier täglich außer sonntags geöffnet. An manchen Tagen fährt Giuseppe ganz früh zum Hafen, um sich das Beste aus der Beute der Fischer zu sichern. Heute aber schaufelt er Eis in die Kästen, benetzt Kabeljau, Zackenbarsche und *pesce azzurro* – Blaufisch, der Sammelbegriff für Sardinen, Sardellen und Makrelen – und richtet den hausgemachten Calamarisalat in Schüsseln an. Der mit hübschen, handbemalten Kacheln verzierte Fischladen ist blitzsauber und liegt im Parterre einer alten Kirche, in der immer noch Gottesdienste abgehalten werden. Giuseppe und ein Kollege schleppen eine große Waage vom Laden auf die Straße, Tische zum Schneiden und Einwickeln der Ware und große scharfe Messer. Sie zerteilen einen mannsgroßen Schwertfisch, den Kopf stellen sie mit senkrecht stehendem Schwert als Blickfang vorn auf den Tisch.

Zugleich mit Giuseppes Arbeitstag beginnt oben in der Wohnung auch für die anderen der Tag. Pietro und Domenico frühstücken Schokofrosties mit Milch. Piera sagt den Jungen, dass sie ihnen mittags Nudelauflauf in die Schule bringt. Wie sie dasteht, den zweijährigen Maurizio auf der Hüfte und die Zigarette rauchend oder aus dem Fenster haltend, erinnert sie an italienische Leinwandgöttinnen der 1960er Jahre.

EIN WOCHENBEDARF IM OKTOBER

Getreide und andere stärkehaltige Lebensmittel: $ 26,00

8 kg Pasta; 1 kg Paniermehl; 1 kg Kartoffeln; 750 g Schoko-Müsli; 700 g Zwieback; 700 g geschnittenes Weißbrot; 500 g Weißmehl.

Milchprodukte: $ 18,40

4 l Vollmilch; 800 g Sahne; 750 g Joghurt; 500 g Butter; 200 g geriebener Parmesankäse.

Fleisch, Fisch und Eier: $ 36,70

1 kg TK-Fischstäbchen; 12 Eier; 500 g Rindfleisch; 500 g Rinderhack; 500 g Bratwurst; 500 g Kalbsrouladen; 340 g Venusmuschelfleisch (Dose); 320 g Tunfisch (Dose); 300 g Wiener Würstchen; 100 g Schinken- und Käse-Scheiben; 80 g Sardellen. *Manchmal bekommt die Familie von Giuseppes Chef Fisch oder Meeresfrüchtesalat.*

Obst, Gemüse und Nüsse: $ 25,10

1,25 kg blaue Trauben; 1 kg Bananen; 1 kg Zitronen; 1 kg Birnen; 1 kg Khakifrüchte; 2,4 kg Pizzatomaten (Dose); 2,1 kg fertige Tomatensauce (Glas); 1 kg Romanesco; 1 kg Mangold; 1 kg TK-Erbsen; 1 kg Tomaten; 500 g Oliven (Dose); 325 g Mais (Dose); 250 g Knoblauch.

Öle, Würzmittel und Saucen: $ 18,70

2 l Pflanzenöl; 1 l Olivenöl; 1 l Weißwein zum Kochen; 500 ml Weißweinessig; 500 ml Mayonnaise; 400 g Kirschkonfitüre; 300 g Pinienkern-Rosinen-Mix; 250 g weißer Zucker; 250 g Salz; 50 g Pfeffer; 130 g Tomatenmark; 100 g Natriumbicarbonat (zum Backen).

Snacks und Süßigkeiten: $ 38,80

1,6 kg Milchschokolade; 1,2 kg Kekse; 750 g Nussnougatcreme; 360 g Baby-Kekse; 460 g Pralinen; 370 g cremegefüllte Törtchen; 100 g Bonbons.

Fertiggerichte und Instantprodukte: $ 22,30

720 g Tomaten-Hackfleischsauce für Nudeln; 220 g Gemüsebouillon-Würfel; 12 Schulmahlzeiten (für zwei Kinder an sechs Tagen).

Getränke: $ 13,50

3,5 l Cola; 1,5 l Ginger Ale; 1,5 l Pfirsichnektar; 1,5 l Eistee; 1,5 l Diätlimonade; 500 g Espressokaffee; Leitungswasser zum Trinken und Kochen (die Familie trinkt ca. 40 l Wasser pro Woche).

Sonstiges: $ 60,70

20 Packungen Zigaretten.

Gesamtausgaben für Lebens- und Genussmittel in einer Woche: 214,36 Euro/$ 260,20

Die Jungen schultern ihre schweren Ranzen, verabschieden sich mit einem Küsschen von der Mutter und sausen in den Fischladen, um sich bei ihrem Vater gemeinsam drei Euro als Pausengeld abzuholen. Mit den Münzen in der Hand laufen sie in den nächsten Laden und kaufen Saft und Süßigkeiten. Sie verstauen die Einkäufe in ihren Ranzen, gehen noch mal zum Fischladen, um auch Giuseppe einen Kuss zu geben, und machen sich dann auf den eine Minute kurzen Weg zur Schule, während Piera sie vom Fenster aus beobachtet.

„Es ist komisch, all das von sich zu erzählen", sagt Piera, als ich sie nach ihrem Tagesablauf frage. Doch sie taut bald auf. Obwohl Giuseppe gegenüber arbeitet, kommt er nicht jeden Tag zum Mittagessen nach Hause. Er trinkt im Laden seinen Kaffee und isst einen Meeresfrüchtesalat, wenn mal wenig zu tun ist. Wenn er heimkommt, macht sie oft Nudeln oder ein Fleischgericht. Die Jungen essen mittags in der Schulkantine, aber wenn die geschlossen ist, bringen die Mütter den Kindern warmes Essen mit Namensschild vorbei.

Piera gesteht, dass sie Fisch nicht mag. Bereitet sie ihn denn zu? „Manchmal ja", sagt sie, „vor allem *frittura mista*" (frittierte kleine Fische und Meeresfrüchte). Sie mag zwar Schalentiere, Oktopus und Calamari, aber alles, was Flossen hat – Tunfisch, Schwertfisch und Merluzzo (ein Sammelbegriff für Kabeljau, Seezunge und Seehecht), schätzt sie nicht sonderlich – sie kann schon den Geruch nicht leiden. Allerdings brät sie gelegentlich Fischstäbchen. „Die sind schnell gemacht", sagt sie, „die Kinder lieben sie, und ich habe immer welche im Tiefkühlfach." Giuseppe, der Fischverkäufer, will sich zu den Fischstäbchen lieber nicht äußern.

Die von den Inhabern geführten Lebensmittelläden und Märkte in Palermo sind noch die gleichen wie in Pieras Kindheit. Sie kauft jeden Tag frisch ein – kein Problem, wenn man direkt am Markt wohnt. Die Manzos können sich kein Auto oder Motorrad leisten, doch wer den Verkehr auf den Straßen erlebt hat, muss annehmen, dass jeder andere Bewohner Palermos auf eigenen Rädern unterwegs ist.

Wir sitzen am Tisch beim zweiten Kaffee. Piera raucht. Kocht sie anders, wenn die Jungen zum Essen nach Hause kommen? „Eigentlich nicht. Aber natürlich essen wir Pasta. Jeden Tag. Mit Bohnen oder Kartoffeln oder Tomaten oder Venusmuscheln. Manchmal auch mit Fleischsauce." Sie steckt sich eine neue Zigarette an, und wir reden vom Abendessen. „Um 19 Uhr gehen wir hinunter, und ich frage Giuseppe, was er essen möchte. ‚Entscheide du', sagt er dann immer,

was die Sache vereinfacht. Dann gehe ich rauf und mache Pasta – besonders, wenn wir mittags keine Nudeln hatten. Manchmal auch frittierte Meeresfrüchte, oder Wurst mit Kartoffeln, oder Huhn oder irgendein anderes Fleisch. Wenn nichts im Hause ist, hole ich gebackene Calamari." Und was gibt es zum Nachtisch? Die Kuchen hier sind wunderbar, und auf Sizilien gibt es mit das beste Eis der Welt. Aber der November steht vor der Tür, und da werden zu Allerheiligen Zuckerpuppen gemacht. Traditionell sind das kleine Marionettenfiguren oder Tänzerinnen aus reinem Zucker, farbig dekoriert. Doch heute wird man wohl eher einen hohlen Spiderman oder einen Dino finden. Sie werden überall in der Stadt von kleinen Zuckerbäckereien hergestellt. Sie sind teuer, doch Piera kauft sie immer für ihre Kinder. Wie schon ihre Mutter es für sie getan hat.

Schmelztiegel

Griechen, Römer, Normannen, Araber, Spanier und viele andere – zuletzt die Italiener – haben das heutige Sizilien geprägt: ein seltsames Zusammentreffen von Mittelalter und Neuzeit. All diese Kulturen haben auch zu einer interessanten, teilweise widersprüchlichen Küche beigetragen. Die sizilianische Pizza hat mit den belegten Fladenbroten des Nahen Ostens mindestens so viel gemein wie mit der italienischen Festlandpizza. Pasta ist hier natürlich die Nummer eins, doch gleich dahinter kommt Couscous, das Grundnahrungsmittel Nordafrikas. Auf Sizilien, dessen Bewohner überwiegend am Meer leben, ist die Fischerei ein wichtiger Wirtschaftszweig. Zwar sind die Fischbestände durch Überfischung bedroht, doch das scheint das Tagesgeschäft nicht zu stören. Ein großer Tunfisch aus Sizilien kann in Tokio Zehntausende Euro einbringen.

Die Verantwortung der Kunden

Riesensupermärkte haben sich auf Sizilien noch nicht breit gemacht. Die Insel ist noch zu arm. Ehe die Handelskonzerne investieren, muss ein gewisses Kaufkraftpotenzial erreicht sein. Es bleibt also Zeit, die traditionellen Läden und Märkte zu erhalten – wenn die Sizilianer das wollen. Piera würde gern gute Qualität günstiger einkaufen, doch ihr ist auch klar, dass Supermärkte den Charakter einer Stadt verändern. Einige ihrer geschätzten kleinen Läden werden mit den Billigangeboten der Konzerne nicht mithalten können. Ich hoffe, dass jemand auch an diesen Teil von Siziliens Zukunft denkt.

ITALIEN

- Einwohner: **58 057 000**
- Einwohner von Palermo: **686 500**
- Fläche: **301 336 km²** (ca. ein Sechstel kleiner als Deutschland)
- Bevölkerungsdichte: **193 Einw./km²**
- Anteil der städtischen Bevölkerung: **67 %**
- Lebenserwartung Männer/Frauen: **77/83 Jahre**
- Geburten pro Frau (durchschnittl.): **1,2**
- Kalorienaufnahme pro Person und Tag: **3671 kcal**
- Jährlicher Alkoholkonsum pro Person (reiner Alkohol): **9,2 l**
- Bruttosozialprodukt (BSP) pro Person bei Kaufkraftparität (auf Grundlage der Kosten für gleichwertige Waren in den USA): **26 430 $**
- Jährliche Gesundheitsausgaben pro Person/Anteil am BSP: **1584 $/8,4 %**
- Zigarettenkonsum pro Person und Jahr: **1901 Stück**
- Anteil übergewichtiger Männer/Frauen: **52/38 %**
- Anteil fettleibiger Männer/Frauen: **12/12 %**
- Anteil der Diabetiker unter den über 20-Jährigen: **9,2 %**
- Pastakonsum pro Person und Jahr: **28,2 kg**
- Fleischkonsum pro Person und Jahr: **90,2 kg**
- Zahl der McDonald's-Filialen: **329**
- Zahl der Pizzerien: **über 40 000**
- Zahl der Artikel/Paragraphen des Gesetzes zur Definition der neapolitanischen Pizza: **8/6**
- Zahl der als „Garantierte Traditionelle Spezialität" vom Landwirtschaftsministerium anerkannten Pizzarezepte mit Ananas im Belag: **0**

Um sechs Uhr früh hat der Obsthändler gegenüber der Wohnung der Manzos schon die Hälfte seiner Auslage auf dem Kopfsteinpflaster aufgebaut. Die Familie, die am alten Markt in Capo im Herzen von Palermo wohnt, ist an die enorme Geräuschkulisse gewöhnt. Seit neuestem mischt sich diese mit dem Baulärm von der Restaurierung des alten Markttores *(links im Hintergrund)*. Für Giuseppe, der hier aufwuchs, gehört der Trubel zum Heimatgefühl

Ob zu Hause, auf der Straße oder bei der Arbeit im Fischgeschäft – immer steht Giuseppe unter Dampf. Nie sahen wir ihn ohne „Diana", die Zigaretten aus der goldenen Packung mit dem Riesenaufdruck IL FUMO UCCIDE – Rauchen ist tödlich. Mit elf Jahren hat er angefangen. Alle seine Kollegen rauchen, seine Frau raucht, die Verwandtschaft raucht. Unser Dolmetscher Bartolo raucht. Sizilien ist ein einziger großer Aschenbecher.

Giuseppes Frau Piera saß eines Abends mit uns am Küchentisch. Sie holte eine Schachtel Fotos heraus: Bilder der größeren Jungen in der Schule, Piera im schwarzen Bikini, ein jüngerer Giuseppe am Strand, Weihnachtskarten mit den als Nikolaus oder Superman verkleideten Kindern. Sie trank rote Ingwerlimonade und rauchte. Und wurde trübsinnig, als sie ihre Geschichte erzählte: frühe Ehe, drei Kinder, Hausarbeit, kochen und putzen, am Sonntag mit den Kindern und einer Tasche mit Proviant den Bus zum Strand nehmen, weil man sich kein Auto und keinen Restaurantbesuch leisten kann. Putzen, kochen, putzen, kochen, rauchen. Ach, wenn man nur noch mal neu anfangen könnte …

Als wir den Wochenbedarf fürs Foto einkauften, waren Piera und Giuseppe damit überfordert, die Menge an Zigaretten anzugeben, die sie pro Woche qualmen. Wir brauchten eine Weile zum Ausrechnen, weil sie sich die Zigarettenpackungen einzeln besorgen, mehrmals am Tag. Schließlich staunten sie darüber, dass sie zusammen zwei Stangen pro Woche verbrauchen – 50 Euro allein für Tabak. Mit meiner angeborenen Taktlosigkeit rechnete ich ihnen vor, dass sie fürs Rauchen 2600 Euro im Jahr ausgeben. Eine deprimierende Erkenntnis. Aber nicht deprimierend genug, um aufzuhören.   – Peter Menzel

Piera Marrettas Pasta C'anciuova (Pasta mit Sardellen)

4 fein gehackte Knoblauchzehen

2 EL Olivenöl

50 g Sardellenfilets, kurz kalt abgespült

250 g Tomatenmark

50 g helle Rosinen

6 EL Pinienkerne

Salz

Pfeffer aus der Mühle

2 TL Zucker

200 g Semmelbrösel

600 g Spaghetti

- Den Knoblauch bei mittlerer Hitze in 1 EL Olivenöl anschwitzen. Sardellenfilets dazugeben und ebenfalls anschwitzen, bis sie anfangen zu zerfallen. Tomatenmark, ein Viertelliter Wasser, Rosinen und Pinienkerne zugeben, einmal aufkochen, mit Salz, Pfeffer und Zucker abschmecken.

- In einer zweiten Pfanne die Semmelbrösel im restlichen Olivenöl bei mittlerer Hitze anrösten. Rühren, damit sie nicht anbrennen. Eventuell etwas mehr Öl zugeben – aber nicht die Brösel darin ertränken.

- Die Spaghetti in reichlich Salzwasser al dente kochen.

- Die Spaghetti abschütten, kurz abtropfen lassen und die Sauce unterziehen. Auf tiefen Tellern anrichten und mit gerösteten Semmelbröseln bestreuen.

Mit dem großen Wocheneinkauf in Maurizios Kinderkarre (oben links) gehen Piera und Giuseppe vom Markt nach Hause. Normalerweise würde Piera, die täglich frisch einkauft, solche Mengen nur zu besonderen Anlässen besorgen. Auch **Pietro und Domenico** (unten links) kaufen jeden Tag ein – auf dem Schulweg Süßigkeiten für die Pause

Um acht Uhr sind Giuseppe und seine sechs Kollegen seit einer Stunde mit dem Aufbau des Marktstandes beschäftigt: rote Planen und Tische herausholen, die frische Ware appetitlich auf Eis präsentieren. Dem in Sizilien beliebten – und zunehmend seltenen, weil gefährdeten – *pesce spada* (Schwertfisch), den Giuseppe hier rund um den eindrucksvollen Kopf dekoriert, gilt besondere Aufmerksamkeit. Zum Feierabend zehn Stunden später müssen sie alles wieder abbauen

Die Familie Ukita im Esszimmer ihrer Wohnung in Kodaira City bei Tokio mit einem Wochenvorrat an Lebensmitteln:
Sayo Ukita, 51, ihr Mann Kazuo Ukita, 53, die Töchter Maya, 14 *(mit Chipstüte)*, und Mio, 17. Gekocht wird mit
Gasherd und elektrischem Reistopf. Verderbliche Lebensmittel lagern in einer kleinen Kühl-Gefrier-Kombination.
Die Lieblingsgerichte der Familie – Kazuo: Sashimi; Sayo: frisches Obst; Mio: Kuchen; Maya: Kartoffelchips

Das Auge isst mit

Schon der Kauf eines einzelnen Schokoladentrüffels in einem japanischen Kaufhaus löst einen unglaublichen Wirbel aus. Man nehme nur das Verpackungsritual: Mit anmutiger Präzision schlägt die Verkäuferin die Praline in ein Stück Seidenpapier ein, legt dieses Päckchen in eine kleine Schachtel, schlingt ein Bändchen um das Behältnis und vollendet das Kunstwerk mit einer eleganten Schleife. Eine grandiose Show für den Preis einer Praline. Doch das Ganze ist kein Selbstzweck. Die Überzeugung, dass die Präsentation ebenso wichtig ist wie die dargebotene Speise, ist im nobelsten Kaufhaus so fest verwurzelt wie im bescheidensten japanischen Haushalt.

S AYO UKITA IST FRÜH AUFGESTANDEN, um für ihre Töchter Mio und Maya zum Frühstück Rührei mit einem kleinen, kunstvoll arrangierten Salat aus Tomate, Gurke und Salatblättern zu bereiten. Ihr Mann Kazuo würdigt das Ganze keines Blickes, schaltet den Fernseher ein und studiert bei einer Tasse Kaffee und einer Zigarette die Baseball-Nachrichten und den Wetterbericht. Nach zehn Minuten steht er auf und geht zum Bahnhof von Kodaira, einer Stadt nordöstlich von Tokio. Die Fahrt zu seiner Arbeitsstelle in einem Bücherlager in Tokios Zentrum dauert eine Stunde. Mit einem Auto wäre es viel zu unpraktisch.

Im Wohnzimmer serviert Sayo ihren Töchtern das Frühstück. Kniend trinken sie am niedrigen Tisch ihren Tee. Die Mutter setzt sich zu ihnen, nachdem sie für die Töchter das Mittagessen in Bento-Schachteln gepackt hat — die Speisen hat sie gestern zusammen mit dem Abendessen vorbereitet. Stücke von gegrilltem Fisch mit gedämpften grünen Bohnen und Reis, alles in vollkommener Symmetrie angeordnet. In der zweiten Schachtel liegen vier Erdbeeren, zwei rote Kirschen und fächerartig arrangierte Scheiben eines Fuji-Apfels. Sayo packt die Stilleben in Mayas Rucksack. Mio wird mit ihren Freundinnen in einem der Fast-Food-Lokale im Umkreis ihrer Schule essen: McDonald's, Mos Burger, Wendy's und Yoshinoya. Von den Mädchen wird nicht erwartet, dass sie zu Hause ihr Geschirr wegräumen. „Ihre Pflicht ist es, in der Schule gut zu sein", sagt Sayo. Die Mädchen gehen zum Bahnhof. Sayo wird ihnen gleich folgen: Japanische Bahnhöfe sind stets auch kleine Einkaufszentren. Ruhig radeln Sayo und die anderen Hausfrauen von Kodaira City durch die stillen Straßen, um am Bahnhof für ihre Familien einzukaufen.

EIN WOCHENBEDARF IM MAI

Getreide und andere stärkehaltige Lebensmittel: $ 31,60

2,5 kg Reis; 2,4 kg Kartoffeln; 700 g dänisches Weißbrot; 600 g Weißmehl; 500 g Sato Imo (eine Art Yamswurzel); 1500 g Nudeln; 350 g Toastbrot; 230 g Paniermehl.

Milchprodukte: $ 2,30

750 ml Vollmilch; 340 g Joghurt; 250 g Butter.

Fleisch, Fisch und Eier: $ 99,80

1,2 kg Regenbogenforellen; 1 kg Schinken; 10 Eier; 600 g frische Sardinen; 500 g Venusmuscheln; 500 g Tintenfisch; 500 g Makrele; 500 g Schweinefilet; 440 g Tunfisch-Sashimi; 420 g Bonito; 380 g Makrelenhecht; 370 g Stint; 360 g Aal; 340 g Sashimi von weißem Tunfisch; 320 g Tunfisch in Dosen; 1,2 kg Schweinefleisch; 220 g Frühstücksspeck; 210 fritierte Rindfleisch-Kartoffelfrikadellen (TK); 100g Sashimi von der Meerbrasse; 100 g New Corned Beef (ein Gemisch aus Rind- und Pferdefleisch).

Obst, Gemüse und Nüsse: $ 81,40

4,5 kg Wassermelone; 2 kg Cantaloupe-Melone; 1,25 kg Bananen; 1,1 kg Äpfel; 1 kg Grapefruit; 750 g Erdbeeren; 200 g Kirschen (Dose); 2,2 kg Gemüsezwiebeln; 1,8 kg grüne Paprikaschoten; 1,6 kg Gurken; 1,5 kg Daikon (Japanischer Rettich); 1,3 kg Koloquinte (auch Okinawa-Zucchini genannt) ‡; 1 kg weicher Tofu; 900 g Tomaten; 550 g Möhren; 500 g Erbsen (in der Dose); 450 g Brokkoli; 450 g Kopfsalat; 450 g frischer Spinat; 400 g Edamame (grüne Sojabohnen, TK); 300 g grüner Spargel; 300 g grüne Bohnen (TK); 300 g gemischtes Gemüse (TK); 250 g Bambussprossen; 250 g weißer Spargel (Dose); 225 g Schalotten; 170 g Shiitakepilze; 170 g Daikonsprossen; 160 g frische Wakame-Algen; 50 g gebratener Tofu; 50 g getrocknete Nori-Alge; 50 g getrocknete Wakame-Alge.

Öle, Würzmittel und Saucen: $ 28,30

600 g Zucker; 280 g Grillsauce; 280 g weißer Miso (zur Bereitung von Suppe); 250 g Margarine; 250 ml Salatöl; 200 g Sesamöl; 180 ml Sauce aus schwarzen Sojabohnen; 170 g frischer Ingwer; 160 g Mayonnaise; 280 ml Reiswein zum Kochen; 140 ml Sojasauce; 140 g Orangenmarmelade; 140 g Erdbeerkonfitüre; 140 ml Essig; 100 ml Austernsauce; 100 ml Tonkatsusauce; 100 ml Kaffeeweißer; 100 g Salz; 80 g chinesische Würzsauce; 80 g Ketchup; 75 g Sesamkörner; 70 g Honig; 70 ml Zitronensaft; 65 ml Kimchipaste (koreanische Chinakohl-Paste); 60 ml Soja-Salatdressing; 50 ml Olivenöl; 40 g scharfer Senf; 40 g gemahlene weiße Sesamkörner; 20 g schwarzer Pfeffer ‡.

Snacks und Süßigkeiten: $ 15,30

4 kleine Kuchen; 450 g Kekse; 280 g Brötchen mit Cremefüllung; 250 g Kartoffelchips; 250 g Ringe mit Cremefüllung; 150 g Schokoladenkuchen.

Fertiggerichte und Instantprodukte: $ 21,80

1,2 kg Instantnudeln; 350 g Pfannkuchenmischung; 600 g Pastasauce mit Hackfleisch; 250 g getrockneter Algensalat; 250 g Fleischbouillonwürfel; 75 g Yaki Fu (getrocknetes Gluten, mit Weizenmehl gebacken, das als Suppeneinlage verwendet wird); 240 g chinesische Klößchen (TK); 150 g Instant-Fischbouillon; 75 g Tütensuppe; 75 g Algen-Reisbällchen-Mix; 24 g Instantsuppe mit Ei.

Getränke: $ 28,40

2,1 l Bier; 2 l Cola; 2 l Orangenlimonade; 2 l Zitronenlimonade; 1,75 l Sake; 70 g Instant-Kaffee; 60 g grüner Tee; 56 g weißer Tee; 50 g Schwarztee; Leitungswasser zum Trinken und Kochen.

Sonstiges: $ 8,40

4 Päckchen Zigaretten (für Kazuo).

Gesamtausgaben für Lebens- und Genussmittel in einer Woche: 37 699 Yen/$ 317,30

---

‡ Nicht auf dem Bild

Japan gehört zu den Ländern, in denen ich am liebsten essen gehe. Selbst in den billigen Udon- und Soba-Nudelläden schmeckt es richtig gut. Und die Sushibars, in denen man sich 45 Minuten lang zum Fixpreis satt essen darf, sind meine Ideal-vorstellung von Fast Food.

Während meines ersten Besuchs bei der Familie Ukita kochte Sayo für jedes Abend-essen mindestens eine Stunde lang – die Zeit fürs Einkaufen nicht eingerechnet. Täglich radelte sie zur Ladenstraße am Bahnhof, wo es jede erdenkliche, dem fernöstlichen Menschen bekannte Art von Obst, Fisch und Gemüse gibt. Alles ist unglaublich frisch, unglaublich elegant präsentiert und unglaub-lich teuer. Der Nachteil des Essens bei den Ukitas waren der niedrige Tisch (das Essen im Schneidersitz machte meinen Knien zu schaffen), der stets laut plärrende Riesen-fernseher und Kazuos Gewohnheit (die er mit Millionen japanischer Angestellter teilt), Whiskey, Bier und Sake in erstaunlichen Mengen zu trinken.

Bei unserem Wiedersehen nach fast zehn Jahren sprach Kazuo noch immer dem Whiskey zu, trotz einer Nierenoperation vor einiger Zeit. Die Töchter waren groß – Mio studierte Biologie, Maya machte gerade ihren Schulabschluss. Und Sayo radelte noch immer täglich zum Einkaufen (selbst wenn sie das Auto hätte nehmen wollen – sie hätte keinen Parkplatz gefunden). Sie arbeitet so schwer in der Küche, dass wir ihr diesmal etwa Gutes tun wollten. Also luden wir sie in die kleine Sushibar an der Ecke ein. Wir saßen an niedlichen Tischchen, wurden von der zierlichen Dame bedient, der der kleine Laden gehört, und bekamen ganz normales – also ganz ausgezeich-netes – Sushi.   – Peter Menzel

Im Gegensatz zu westlichen Fast-Food-Ketten wechselt das Angebot japanischer Unternehmen mit der Jahreszeit. Zum einen, weil es der Tradition entspricht, zum anderen, weil die Preise saisonfremder Zutaten in diesem Inselstaat extrem hoch sind

Sayo Ukitas Sukiyaki (Fondue-Gericht)

3/4 l Dashi (japanische Fischbouillon)

2–3 EL Öl

500–900 g Rinderlende, schräg in 2–3 mm dünne Scheiben geschnitten

Zucker

100 ml Reiswein (Sake)

Sojasauce (Shoyu)

1/4 Kopf Pak-Choy-Kohl oder Chinakohl, in 2 cm große Stücke geschnitten

300 g *Konnyaku* (Yamswurzel), in 2 x 10 cm große Stücke geschnitten

2 Stangen Porree, in 2-cm-Stücke geschnitten

4–6 Shiitakepilze, längs halbiert

1 großes Bund Spinat (500–1000 g)

300 g Tofu in 2 cm großen Würfeln

- Ein mobiles Kochgerät, z. B. Fonduetopf oder Elektropfanne, auf den Tisch stellen.
- Die Dashi-Brühe zubereiten. Entweder „Instant" aus dem Asienladen oder indem man ein 5 x 5 cm großes Stück Kombu (Braunalge) 10 Min. in 3/4 l Wasser köcheln lässt, dann eine Kaffeetasse Bonitoflocken dazugibt, 1 Min. ziehen lässt und abseiht.
- Topf oder Pfanne auf starke Mittelhitze vorheizen, Öl hineingeben.
- Die Fleischscheiben nebeneinander hineinlegen, mit Zucker und Sake würzen und 2–3 Min. brutzeln lassen.
- Gemüse und Tofu dazugeben und Brühe angießen. Köcheln lassen, bis Fleisch und Gemüse gar sind. Mit Brühe, Zucker und Sojasauce abschmecken.
- Gares Gemüse und Fleisch heraus-nehmen und servieren, neues Fleisch und Gemüse hineinlegen, bis alle Zutaten verbraucht sind.
- Hinweis: Der charakteristische süß-salzige Geschmack von Sukiyaki entsteht durch die Verbindung von Sojasauce, Zucker, Sake und Dashi. Die Ukitas verwenden weniger Zucker und Sojasauce als die meisten japanischen Familien.

Wie bei einem Inselvolk zu erwarten, essen die Japaner viel Meereskost: Fisch, Schalen- und Krustentiere und Algen aller Art. In einer Woche essen die Ukitas mindestens zwölf verschiedene Arten Fisch und Meeresfrüchte und dreierlei Algen. Wie die meisten Menschen in diesem stark urbanisierten Land geht die Familie häufig auswärts essen. Oft zeigen japanische Restaurants in Schaufenstern Nachbildungen ihrer Speisen aus Plastik *(links)*

JAPAN

- Einwohner: 127 333 000
- Einwohner der Region Tokio: 33 750 000
- Fläche: 377 837 km² (etwas größer als Deutschland)
- Bevölkerungsdichte: 337 Einw./km²
- Anteil der städtischen Bevölkerung: 66 %
- Lebenserwartung Männer/Frauen: 78/85 Jahre
- Geburten pro Frau (durchschnittl.): 1,3
- Kalorienaufnahme pro Person und Tag: 2761 kcal
- Jährlicher Alkoholkonsum pro Person (reiner Alkohol): 6,3 l
- Bruttosozialprodukt (BSP) pro Person bei Kaufkraftparität (auf Grundlage der Kosten für gleichwertige Waren in den USA): 26 940 $
- Jährliche Gesundheitsausgaben pro Person und Anteil am BSP: 2627 $/8 %
- Anteil übergewichtiger Männer/Frauen: 25/19 %
- Anteil fettleibiger Männer/Frauen: 2/2 %
- Anteil der Diabetiker an den über 20-Jährigen: 6,7 %
- Fleischkonsum pro Person und Jahr: 44 kg
- Fischkonsum pro Person und Jahr: 66,3 kg
- Zahl der McDonald's-Filialen: 3891
- Preis eines Big Mac: 2,34 $
- Zigarettenkonsum pro Person und Jahr: 3023 Stück

Beispiel für die bunte Gaststättenkultur in Japan ist die Dotomburistraße in Osaka (oben links), **wo es u. a. ein Lokal gibt, das nur Tintenfisch, ein anderes, das ausschließlich Krebse serviert – und eines mit dem gefährlichen Kugelfisch Fugu als Spezialität. Das klassische Japan verkörpert das Teehaus** (rechts) **in einem Tempel von Kyoto. Das kleine Mädchen in einer Fußgängerzone von Tokio** (unten links) **genießt ihr Kurepu – eine französische Crêpe**

Die Familie Matsuda in der Küche ihres Hauses in der Stadt Yomitan auf Okinawa mit einem Wochenvorrat
an Lebensmitteln. Takeo Matsuda, 88, und seine Frau Keiko, 75, stehen hinter Takeos Mutter Kama, 100.
Die drei erwachsenen Kinder des Paares wohnen wenige Kilometer entfernt. Gekocht wird auf einem Gasherd
und in der Mikrowelle, für die Vorratshaltung reicht eine kleine Kühl-Gefrier-Kombination

»Hara hachi bu«

Getreide und andere stärkehaltige Lebensmittel: $ 22,70

3 kg Reis; 350 g Brot; 110 g Gluten (Weizenkleber, ein Protein); 100 g Nudelsalat; 80 g Udon-Nudeln.

Milchprodukte: $ 8,10

1 l Milch, 500 g Joghurt bulgarische Art; 300 g Käse; 70 g Butter.

Fleisch, Fisch und Eier: $ 32,30

20 Eier; 680 g Dosenwurst; 550 g gekochte Fischpaste; 400 g Tunfisch (Dose); 380 g Seebrasse in Scheiben; 260 g Speck in Scheiben; 250 g frische Makrele; 240 g Lachsfilet; 230 g Schweinefleisch in Scheiben; 170 g getrockneter Rundhering.

Obst, Gemüse und Nüsse: $ 68

1 kg Äpfel; 1 kg Orangen; 400 g kernlose Khakifrüchte; 200 g Zürgelbaumfrüchte; 2,4 kg Kürbis; 1,8 kg Koloquinte/Okinawa-Zucchini; 1,2 kg Zwiebeln; 900 g Kohl; 810 g Tomaten; 680 g Avocados; 600 g Okraschoten; 450 g Pak Choy; 450 g Möhren; 580 g Mais (Dose); 270 g Salat; 230 g gekochter Taro; 200 g rote Kidneybohnen; 200 g Oshiro Natto (Soja-Käse); 200 g Soja-Bohnen; 150 g Soja-Sprossen; 100 g frische Enoki-Pilze; 100 g Braunalgen-Bouillon; 80 g frische Chilischoten; 60 g frische Braunalge (Kombu); 13 g Wakame-Algen; 1 Bund (370 g) Nigana*; 270 g Malabarspinat*; 60 g Beifuß*.

Öle, Würzmittel und Saucen: $ 44,30

600 g roter Miso; 500 g Okinawa-Honig; 500 g Salz; 480 g Currypulver; 500 ml Apfelessig; 360 ml Sojasauce; 300 g getrocknete Bonitoflocken (für Fischbouillon); 300 ml Bitterorangensaft; 300 ml Ketchup; 300 ml Grillsauce; 250 g Pflanzenöl; 200 g lilafarbenes Trockenkartoffelpulver; 140 g Konfitüre; 120 ml Sesamdressing; 20 g Pfeffer.

Snacks und Süßigkeiten: $ 7,90

312 g Karamellbonbons; 300 g Fertigpudding; 180 g Ingwerbonbons.

Fertiggerichte und Instantprodukte: $ 3,20

340 g Rindfleischeintopf (Dose); 210 g Fleischklößchen.

Getränke: $ 27,80

2,5 l Bier; 2,1 l Fruchtsaftgetränk; 1,5 l Zitronengetränk; 720 ml Reisschnaps; 100 g Röstkaffee; 50 Teebeutel; Leitungswasser zum Trinken und Kochen.

Gesamtausgaben für Lebens- und Genussmittel in einer Woche: 22 958 Yen/$ 214,30

* Aus dem eigenen Garten. Wert der selbst angebauten Waren auf dem lokalen Markt: $ 7,30

VOR SECHS MONATEN TANZTE TAKEO MATSUDAS Mutter Kama auf ihrem 100. Geburtstag, den sie mit ihren Kindern, Enkelkindern und Urenkeln fröhlich feierte. Die alte Dame wohnt bei ihrem Sohn und dessen Frau Keiko. Die ganze Familie lebt in einem Umkreis von 15 Autominuten vom Dorf, wo Kama seit dem Zweiten Weltkrieg zu Hause ist. Es braucht jedoch kein Jubiläum, um die Familie zusammenzubringen. Ein sicheres Lockmittel selbst für die jüngsten Urenkel sind die okinawanischen Spezialitäten, die die 75-jährige Keiko jedes Wochenende kocht. „Sie haben Sehnsucht nach den Aromen ihrer Kindheit", sagt sie, während sie ihr Lieblingsgemüse Tsurumurasaki wäscht. Der „Malabarspinat" hat – außer im Geschmack – mit Spinat nichts zu tun, es handelt sich um die Blätter der auf der Insel wild wachsenden Ranke *barsella ruba*. Keiko bezeichnet das Gemüse als „gesundes Gras".

Sie hackt die Blätter, mischt sie dann mit frischem Tofu von der Insel und schmeckt das Ganze mit einem Schuss Essig mit Zitrusaroma ab. Der Okinawa-Tofu ist fester als der vom Festland. Dennoch ist er cremig und verbindet sich wunderbar mit den leicht bitteren Blättern und der milden Säure des Essigs. Ein weiteres Gericht mit Wildkräutern folgt: Sie nimmt Yomogi – Beifuß – und Nigana, eine bittere Lattichart mit langen Blättern. Als Nächstes wäscht sie „Goya", den Koloquintenkürbis, auch „Okinawa-Zucchini" genannt. Sie wird ihn kurz im Wok braten, mit Tofu, etwas Schweinefleisch und Ei. Zusammen ergibt das ein gesundes Mittagessen – reichlich Gemüse und sehr wenig Fett.

Während der Woche essen die jüngeren Matsudas auch westliche Kost. Das macht Keiko Sorge. In den Städten auf Okinawa wimmelt es von Filialen von McDonald's, Kentucky Fried Chicken und Co. Sie hat noch nie etwas aus diesen Läden probiert und will das wohl auch nicht. „Ich halte es für nicht sehr nahrhaft", sagt sie. Woraus besteht denn ihrer Meinung nach westliche Kost? „Vor allem aus einem Haufen Brot. Wir essen Brot nur als Imbiss oder Nachtisch – nicht als Hauptspeise." Ihr Mann Takeo bremst ihren Unmut und spricht wohlwollend über die Lebensmittel, die die Amerikaner nach dem Krieg nach Okinawa schickten. „Damals konnten wir ja kaum etwas anbauen", sagt er. „Die Amerikaner haben uns viel Gemüse geschickt." Amerika hat auch die Konserven nach Okinawa gebracht: Dosenfleisch und Tunfisch gibt es in jedem Supermarkt.

Okinawa, die Hauptinsel der gleichnamigen japanischen Präfektur, gehört zu einer Inselgruppe, die das Königreich Ryukyu bildete, ehe sie Ende des 19. Jahrhunderts von Japan annektiert wurde. Die Insel mit ihrer eigenartigen Mischkultur aus ryukyuanischen, japanischen, chinesischen und US-amerikanischen Elementen ist zum Brückenkopf der Fast-Food-Konzerne in Asien geworden, vor allem deshalb, weil sie bis 1972 von den Amerikanern besetzt gehalten wurde. Auch heute unterhalten die USA noch einen großen Militärstützpunkt, der ein Fünftel der Insel einnimmt. Doch Fast Food passt schlecht zur einheimischen Küche, die auf frischen Zutaten aus lokaler Produktion aufbaut, und auch nicht zur kulturellen Tradition, deren Leitmotiv die Mäßigung ist.

Hara hachi bu – iss nur, bis du zu 80 Prozent satt bist, lautet eine okinawanische Weisheit. Seit einigen Jahren untersuchen Wissenschaftler die Frage, warum so viele Inselbewohner 100 Jahre und älter werden. Manche Forscher führen die Langlebigkeit auf die einzigartige, unschlagbare Kombination von gesunder Ernährung, körperlicher Bewegung und geringem Stressfaktor zurück – und auf den gemeinsamen Willen der Menschen, ihren älteren Mitbürgern viel Lebensqualität zu bieten.

Die fast 101-jährige Kama sitzt im Rollstuhl, doch mehrmals in der Woche geht sie ins Tagesheim, um Freunde zu treffen. Die Alters- und Tagesheime von Okinawa sind ungewöhnliche Orte – fröhlich und voller Leben, wo man sich zur Fußmassage trifft, Wasser-Volleyball spielt, zum Friseur geht oder gemeinsam zu Mittag isst. Es ist nicht der siebte Himmel für die Alten, aber ein Ort, der ihre Würde bewahrt. Keiko passt sich den altersbedingten Veränderungen ihrer Schwiegermutter an: „Jenseits der 97 ist es, als hätte man es mit einem großen, freundlichen Kind zu tun", fasst sie die Situation zusammen.

Sie hat seit ihrer Eheschließung mit ihrer Schwiegermutter zusammengelebt, doch Keiko fragt sich, ob eines von ihren Kindern bei ihr leben wird, wenn sie einmal nicht mehr für sich selbst sorgen kann. „Das Leben hat sich geändert", sagt sie. „Als ich 20 war, fanden die jungen Leute es selbstverständlich, mit den Eltern zusammenzuleben. Aber das gibt es heute kaum noch. Ich weiß nicht, was werden soll, wenn ich älter werde."

DAS EINFACHE LEBEN

Nicht die ganze Insel ist von der modernen Welt überrannt. Rund die Hälfte Okinawas ist altmodisch ländlich mit üppiger Vegetation bedeckt. Besonders der Norden. Wo die vierspurige mautpflichtige Autobahn endet und die atemraubenden Ausblicke aufs Meer anfangen. Dort treffen wir die 90-jährige Haruko Maeda. Sie kniet im Garten vor ihrem Haus und schneidet mit einer Schere das Gras. „Ich will das erledigen, bevor die Hitze einsetzt", sagt sie, während sie aufsteht, um uns zu begrüßen. Ihr Sohn kommt aus der Stadt Naha zu Besuch, grüßt sie im Vorübergehen und geht ins Haus. Dass seine Mutter auf den Knien das Gras schneidet, ist für ihn offenbar ein normaler Anblick. „Das ist mein ältester Sohn", sagt Haruko, die sechs Kinder hat, von denen die Hälfte auf der Hauptinsel Japans leben. Kommen sie oft zu Besuch? „Jeden Sommer, sie kommen alle im Urlaub, um im Meer zu schwimmen." Schwimmt sie mit ihnen? „Ich bin die Trainerin", sagt sie lachend. Und auch die Rettungswacht, die aufpasst, wenn die jüngsten Urenkel in der Brandung planschen.

In ihrem Garten wachsen Koloquinte, die Okinawa-Zucchini. Die langen Ranken mit den groben Blättern sind an einem Spalier hochgebunden. „Wie bereiten Sie Ihren Goya zu?", frage ich. „Ich schneide die Zucchini in dünne Scheiben, beträufele diese mit Essig, gebe Tofu dazu und manchmal auch Oktopus." Mögen ihre Kinder das auch? „Oh ja, sie lieben es. Sie haben sich Samen von mir mitgenommen, und jetzt wächst Goya auch bei ihnen im Garten auf dem Festland." Sie hebt immer Samen auf, fürs nächste Jahr. „Die Pflanzen wachsen gut", sagt sie, „nur manchmal verliere ich sie durch einen Taifun." Eine Freundin kommt vorbei und fragt, ob Haruko mit zum Beten in den Shinto-Schrein kommen will. „Jetzt nicht", sagt sie, aufs Haus deutend. „Mein Sohn ist gekommen. Wir sehen uns später."

EIN ESSEN MIT MATSU

Wir wollen in „Emi's Shop" essen, einem Restaurant im Dorf mit original okinawanischer gesunder Kost. Es werden nur Produkte verwendet, die die Langlebigkeit fördern. Ein handgemaltes Schild weist darauf hin, dass die Speisen täglich frisch aus saisonalen Zutaten bereitet werden. Wir haben den Besitzer, den Ernährungsexperten Emiko Kinju gebeten, eine Freundin einzuladen, um uns beim Essen Gesellschaft zu leisten. Die 96-jährige Matsu Taira kommt, parkt

An der Küste, wenige Kilometer von Yomitan entfernt, entsteht der höchste Hotelkomplex der Insel. Dort beginnen die Arbeiter auf der Baustelle ihren Arbeitstag mit kollektiver Morgengymnastik. Dieser Brauch zur Stärkung des Teamgeistes war bis vor kurzem in Japan weit verbreitet. Anders als die meisten Industrienationen überlässt Japan schwere körperliche Tätigkeiten nicht ausländischen Arbeitskräften. Die meisten, wenn nicht gar alle diese Männer sind Japaner

Bunte Papageifische *(oben)* sind der Blickfang eines Standes auf dem Makishi-Markt in Naha auf Okinawa.
Die blitzsauberen Marktstände zeugen vom Wohlstand des Landes. Auf dem Makishi-Markt bietet ein Händler Kostproben von geschnittenem Daikon (weißem Riesenrettich) an. Zum Angebot *(rechts)* gehören auch Koloquinte,
eingelegte Gürkchen, Zwetschen, Kohl, Rakkyo (die Zwiebel eines Liliengewächses) und viele andere Delikatessen

Mit vollem „Tank" kann ich besser arbeiten. Und weil wir jeden Morgen sehr früh anfingen, war ich enttäuscht, als ich feststellte, dass das einzige Lokal in unserem Teil Okinawas, das vor zehn Uhr öffnet, eine Filiale der japanischen Mister-Donut-Kette ist. Aber wir dachten, Donuts sind besser als gar nichts. Ein US-Polizist muss beim Anblick dieses Angebots glauben, er sei gestorben und im Himmel gelandet. Was war das am wenigsten ungesunde? „Pon de Ring" hieß ein Donut in Form einer bunten Perlenkette gefüllt mit Mohn oder Orangencreme. Es schmeckte unheimlich gut: nicht zu weich und nicht zu süß.

Freude bereitete uns das Angebot aus dem Meer. Für einen Fischliebhaber wie mich war das auf Eis liegende bunte Angebot im Hauptmarkt von Naha verlockend wie die Auslage einer Konditorei. Auf der ersten Etage der Markthalle gibt es Restaurants, die mitgebrachten Fisch nach Wunsch zubereiten. Wir wählten ein halbes Dutzend interessant erscheinender Exemplare und brachten sie nach oben. Die Köche zerschnippelten eine Hälfte roh und servierten sie als Sashimi. Die andere dämpften sie im Ganzen mit Ingwer. Gewürzt mit Sojasauce und Wasabi-Meerrettich schmeckte der rohe Fisch köstlich. Bei den anderen verschwanden die bunten Farben leider beim Dämpfen. Aber auch die gegarten Fische waren so köstlich, dass wir die Gräten abnagten.
– Peter Menzel

In einem »Langlebigkeitsrestaurant« – dessen Speisen den Gästen zu einem langen Dasein auf Erden verhelfen sollen – in Ogimi auf Okinawa schließt die 96-jährige Matsu Taira (oben rechts) **ihr Mittagessen mit einem Kompott von Acerolakirschen ab. Zu den Leckerbissen des Menüs** (unten rechts) **gehören silbrige Sprotten, Nigana mit Tofu, japanischer Rettich, Algen, lilafarbene Kartoffeln (Beni Ino) und Schweinefleisch, das im Saft winziger Limetten von der Insel gegart wurde**

Keiko Matsudas Hijiki Jyushi (Reis mit Braunalgen)

500 g japanischer Reis

130 g getrocknete Hijiki (Braunalge)

750 ml Dashi (Fischbouillon)

1 kleine Möhre, in Julienne-Streifen geschnitten

200 g Schweinefleisch, in feine Streifen geschnitten

3 EL Sojasauce

Salz

1 kleine Lauchstange, in feine Streifen geschnitten

- Den Reis waschen und auf einem Sieb abtropfen lassen.

- Die Hijiki-Alge abspülen, 20 Min. in kaltem Wasser einweichen und abtropfen lassen.

- Die Fischbouillon zubereiten – entweder fertig aus dem Asienladen oder ein 5 x 5 cm großes Stück getrockneten Kombu (Braunalge) 10 Min. sanft kochen, vom Herd nehmen, eine Kaffeetasse Bonitoflocken dazu geben, 1 Min. ziehen lassen, abseihen.

- Hijiki, Möhre, Schweinefleisch und Brühe in einen Topf geben und aufkochen. Den Reis einstreuen, Sojasauce zugeben, mit Salz abschmecken. Umrühren und bei kleinster Hitze zugedeckt ausquellen lassen. Bei Bedarf noch etwas Brühe oder Wasser zugeben.

- Das fertige Gericht bei geschlossenem Deckel 10 Min. ruhen lassen. Dann einmal kurz durchrühren und sofort servieren. Die Portionen mit frischen Lauchstreifen garnieren.

- Variationen: nahezu endlos. Fast jede Art von Resten kann klein geschnitten zum Reis gegeben werden.

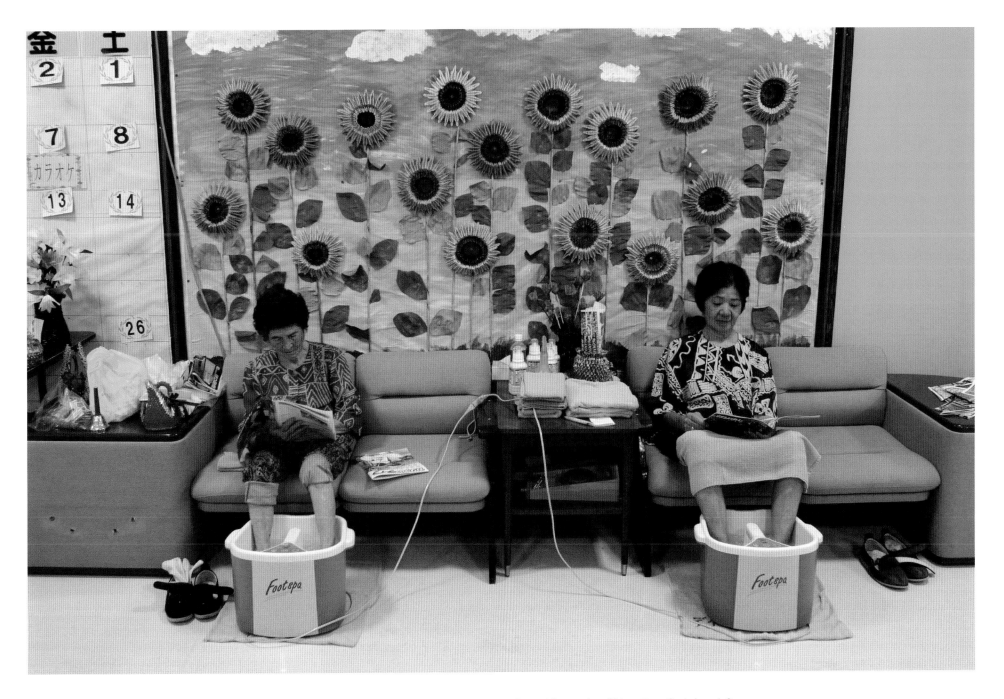

In einem Senioren-Tageszentrum der Kleinstadt Nago können ältere Mitbürger einen kleinen Kuraufenthalt genießen, mit Sprudelfußbädern, Unterwassermassagen oder einem Mittagessen mit Freunden. Dank des fürsorglichen, vom Gemeinsinn motivierten Pflege- und Hilfspersonals geht es in öffentlichen wie privaten Pflegeheimen und Tageseinrichtungen auf Okinawa erstaunlich lebhaft zu – alte Herrschaften treffen sich zum Beispiel zum Wasser-Volleyball

ihren Gehwagen vor der Tür. Emiko bittet sie, an unserem Tisch Platz zu nehmen. Das in Bentoschachteln servierte Menü beginnt mit „Tofu" aus frischen grünen Meeresalgen (dieser Tofu hat nichts mit Sojabohnen zu tun). Dazu gibt es lilafarbene Süßkartoffeln und Limetten, beides von der Insel, und Okinawa-Zucchini mit frischem Sojatofu, Schweinefleisch mit Limettensaft, eingelegtes Gemüse und reichlich grünen Tee. Wir sind froh, dass Matsu so kurzfristig unserer Einladung folgen konnte. Da es heute nicht so schwül ist, hätte sie auch auf ihrem Acker arbeiten können. Aber sie freut sich, bei uns zu sein. Sie liebt es, unter Menschen zu sein. „Das hält mich jung", sagt sie und blickt sich um. „Doch es wäre besser, wenn die Leute hier älter wären. Dann gäbe es bessere Geschichten zu hören." Alle lachen, auch die Gäste am Nebentisch. Matsu probiert die Vorspeise. „Hast du das gemacht? Es schmeckt gut", sagt sie zu Emiko.

Die Algen erinnern sie an ihre Jugend. „Weißt du, früher gab es hier im Meer ganz viel Tang." Sie deutet nach Westen hinter das Lokal. „Als wir klein waren, haben wir ihn am Strand gesammelt und getrocknet. Vielleicht hat die Mole ihm den Garaus gemacht. Oder die Verschmutzung des Wassers." Sie probiert ein Scheibchen Okinawa-Zucchini, ein Gemüse, das sie jeden Tag isst, wenn es Saison hat. „Trocknen Sie ihn auch für den Winter?", frage ich. „Nein. Wir trocknen Daikon und anderes Gemüse, aber nicht Goya." Sie zieht ihr eigenes Gemüse, und was sie nicht selbst hat, besorgt sie sich von der Genossenschaft. Sie will nicht glauben, dass es Menschen gibt, die nichts vom Gärtnern oder der Landwirtschaft verstehen. Es bereitet ihr Sorgen, und sie kommt im Laufe des Essens mehrmals darauf zurück: „Die haben wirklich gar keine Ahnung davon?", fragt sie.

Hat Matsu je Fast Food probiert? Alle am Tisch versuchen, ihr zu erklären, was Fast Food ist. Dann fällt ihr ein, dass sie einmal Brot mit einer braunen japanischen Konfitüre probiert hat. „War das Fast Food?" Es gelingt nicht, ihr die Idee eines Hamburgers klar zu machen. Wahrscheinlich ist das auch gut so.

Matsu probiert ein Stückchen reife gelbe Papaya und sagt, dass sie die Frucht sehr gern mag. Sie wird auch grün gegessen, doch sie zieht die gelben vor. „Die Alten meinten, es sei gut fürs Herz", sagt sie und nimmt noch ein Stück. „Früher hatten wir ja keine Ärzte oder Medikamente, da haben wir unsere Gemüse gegessen und versucht herauszubekommen, wofür dieses und jenes gut ist. Es gibt ein bit-

teres Gras, dessen Wurzeln gegen Magenverstimmung helfen. Das Wissen wurde von Generation zu Generation weitergegeben."

Nach dem Krieg wurde Matsus Mann Fischer. „Alle waren Fischer", sagt sie. „Sie kamen zurück, wir gingen zum Strand, holten die Fische und verkauften sie auf dem Markt. Vom Erlös kauften wir Reis und Gemüse. Damals konnten wir kaum etwas anbauen. Hatte sie einen Lieblingsfisch? „Manchmal fing mein Mann einen großen Hai. Wir konnten einen Teil davon verkaufen und den Rest trocknen."

Sie erinnert sich an *beni imo*, die lilafarbenen Süßkartoffeln, die das Hauptnahrungsmittel ihrer Jugend waren und die uns Emi heute serviert. „Ich liebe sie. Jeden Tag esse ich ein paar Scheiben davon. Sie sind sehr gesund." Die Leute sollten die Kartoffeln nach dem Regen setzen, wenn der Boden weich ist, sagt sie, in der Hoffnung, dass jeder, überall auf der Welt, sich plötzlich entschließt, einen Garten zu pflanzen. Wir wollen ihr die Hoffnung nicht nehmen.

Die bittere Pille

Zwar werden viele Großeltern und Urgroßeltern auf Okinawa 90 und älter, doch von den Jüngeren werden wohl deutlich weniger ein so hohes Alter erreichen. Nach den Statistiken der Präfektur gibt es unter den Okinawanern unter 50 deutlich mehr Fettleibige und Menschen mit Krankheiten des Herz-Kreislauf-Systems und der Leber als in ganz Japan. Und sie sterben früher.

Nachlassende körperliche und geistige Anregung und das Fehlen des Gefühls, gebraucht zu werden, mögen dabei eine Rolle spielen. Früher arbeiteten viele Insulaner bis ins hohe Alter, bestellten die Felder und webten *bashofu*, ein feines Tuch aus Bananenfasern. Die Herstellung war ein angesehenes Handwerk. Es ist fast ausgestorben. Nur die 87-jährige Toshiko Taira und ihre Tochter im Dorf Kijoka im Norden der Insel beherrschen noch die alte Kunst.

Das vielleicht wichtigste Vermächtnis der Langlebigkeit auf Okinawa ist die Kultur des Teilens. Das Wort dafür heißt *kari*. „Als ich klein war", sagt Takeo Matsuda, „war das Land noch nicht reich, und es war einfach vernünftig, zu teilen. Wenn eine Familie mehr Kartoffeln hatte, als sie brauchte, gab sie welche ab. Es war ein System auf Gegenseitigkeit." Seit seiner Kindheit hat sich auf Okinawa viel geändert. Doch er freut sich, dass *kari* auch noch heute bei seinen Enkeln funktioniert. Egal, was sie essen.

WARUM SO ALT?

1976 stellte der Medizinforscher Makoto Suzuki erstaunt fest, dass die Menschen auf Okinawa die höchste Lebenserwartung der ganzen Welt haben und unter ihnen die meisten 100-Jährigen leben – Berichte über eine Vielzahl von 100-Jährigen im Kaukasus und in entlegenen Tälern von Pakistan oder Ecuador hielten einer Überprüfung nicht stand. Auf Okinawa aber gibt es seit 1879 amtliche Geburtenregister. In den meisten Industrieländern vollenden nur 10 von 100 000 Menschen das 100. Lebensjahr. Auf Okinawa sind es 33,6. Und die Alten leiden vergleichsweise selten an Demenz, Krebs oder Herz-Kreislauf-Krankheiten. Wie schaffen sie das? Was kann der Rest der Welt daraus lernen?

Suzukis Studie hat 675 Hundertjährige auf Okinawa untersucht, um dem Geheimnis ihres langen Lebens auf die Spur zu kommen. Die Forscher wussten von Anfang an, dass es nicht nur eine Antwort geben würde. Suzuki gelangte zu dem Schluss, dass das „Wunder" zumindest teilweise auf der Kombination von stressarmem Leben, körperlicher Ertüchtigung und vernünftiger Ernährung beruht (viel Obst und Gemüse, Tofu und Fisch, wenig Fleisch- und Milchprodukte). Und viele Okinawaner halten sich an *hara hachi bu* – nur zu essen, bis man zu 80 Prozent satt ist. Denn der Körper registriert Sättigung erst mit Verzögerung. Auf diese Weise essen die Okinawaner nicht mehr, als ihnen gut tut.

Diese Erkenntnisse sind weder revolutionär noch überraschend. Dennoch fällt es offenbar einem großen Teil der Menschheit schwer, sich danach zu richten. Selbst die jungen Leute auf Okinawa geben zunehmend ihre traditionelle Lebensweise zugunsten von Fast Food und Fernsehen auf. Mit der Folge, dass ihre Lebenserwartung unter der ihrer Eltern liegen wird. — *Charles C. Mann*

In einem Pflegeheim beim Dorf Ogimi sind fast alle zur Stelle, um die Geburtstage dreier Bewohner
groß zu feiern. Matsu Zakimi *(links)* wird 97, Sumi Matsumoto 88. Musiker, Tänzer und Komödianten treten
auf, die Gratulanten genießen Sushi, frische Früchte und Süßspeisen

Die Familie Al Haggan mit ihren Dienstmädchen in ihrer Küche in Kuwait-Stadt. Zwischen Wafaa Abdul Aziz
Al Qadini, 37 *(mit Kopftuch)*, und ihrem Mann Saleh Hamad Al Haggan, 42, die Kinder Rayyan, 2, Hamad, 10, Fatema, 13,
und Dana, 4. Hinten die Dienstmädchen Andera Bhattrai, 23 *(links)*, und Daki Serba, 27. Gekocht wird mit
zwei Gasherden und Mikrowelle. Die Vorratshaltung erfolgt in einer Kühl-Gefrier-Kombination

Öl für Lebensmittel

Dank seines großen Ölreichtums kann Kuwait es sich leisten, das Leben seiner Staatsbürger in fast allen Bereichen zu subventionieren – Beschäftigung, Gesundheitswesen, Bildung, Wohnungswesen – und selbst manche Lebensmittelläden. Der Staat hält für praktisch jeden Bürger eine Arbeitsstelle bereit, auch für Frauen. Saleh arbeitet für die staatliche Ölgesellschaft. Wafaa ist Schulinspektorin beim Erziehungsministerium. Anders als in Saudi-Arabien, wo Frauen das Autofahren verboten ist, dürfen Frauen in Kuwait ein Fahrzeug lenken – und machen von diesem „Privileg" reichlich Gebrauch. Wafaa fährt zur Arbeit und zum Einkaufen, und nachmittags verbringt sie viel Zeit damit, ihre Kinder zum Sport und allerlei anderen Aktivitäten zu chauffieren. Autobahnen bestimmen wie in Los Angeles das Stadtbild, verbinden Einkaufszentren und Wohnviertel.

HAMAD UND FATEMA, die beiden ältesten Kinder der Familie Al Haggan, frühstücken wie gewöhnlich: salzige Oliven, Tomaten, Gurke, Eier und Fetakäse, Käse aus Europa und weiches Fladenbrot. Dann fahren sie mit dem Aufzug nach oben in ihre Zimmer im neuen Haus der Familie in Kuwait-Stadt. Die Dienerin Daki Serba schaut vergnügt zu, wie Wafaa Abdul Aziz Al Qadini versucht, ihrer jüngsten Tochter, der zweijährigen Rayyan, Omelette mit Tomaten schmackhaft zu machen. Die vierjährige Dana dagegen langt mit solchem Appetit zu, dass Wafaa sie auf Diät setzen will. Während die beiden Mädchen ihren Tee mit Milch trinken, bespricht Wafaa mit Daki den Essensplan. Mittags soll es Lamm-Biryani geben. Sie sprechen arabisch – die Nepalesin Daki hat die Sprache in Kuwait gelernt.

Wafaa schreibt den Einkaufszettel: ägyptische Erdbeeren, amerikanischer Ketchup, jordanischer Weißkohl… Die meisten Lebensmittel in diesem ölreichen, aber wasserarmen Land kommen aus dem Ausland, ebenso wie die Arbeitskräfte in der Industrie, den Dienstleistungsunternehmen und im Haushalt. Gastarbeiter, die zahlenmäßig die Kuwaiter übertreffen, dürfen allerdings nicht die Staatsbürgerschaft erwerben. Die Al Haggans haben Daki und eine weitere Nepalesin, Andera Bhattrai, über eine Agentur engagiert, ebenso Rayyans philippinisches Kindermädchen, dessen Visum gerade abgelaufen ist. „Sie ist gestern heimgereist", sagt Wafaa. „Rayyan wird sich die Augen ausweinen."

Wafaa lässt ihre Töchter in Dakis Obhut und fährt mit dem Aufzug nach oben, um ein neues Kopftuch anzulegen. Muslimische Frauen in Kuwait müssen sich dezent kleiden, doch sie haben dabei größere Freiheiten als in vielen anderen arabischen Ländern. Ihr großer, schlanker Mann Saleh Hamad Al Haggan und die Dienerinnen sind die Einzigen, die die Treppe benutzen. Wafaa schnappt sich die Schlüssel ihres amerikanischen Minivans, um quer durch die Stadt zu ihrem bevorzugten Supermarkt zu fahren.

Heute ist Freitag, der muslimische Sabbat. Der zehnjährige Hamad geht zum Mittagsgebet in die Moschee um die Ecke. „Der Supermarkt neben der Moschee ist ein zusätzlicher Anreiz zum Beten", sagt Wafaa lachend. „Wenn er beten geht, darf er sich danach im Supermarkt kaufen, was er will." Und was sucht er sich aus? Meist etwas aus dem globalen Angebot: Snickers, Mars, Twix oder Pepsi.

»Wir werden nie vergessen« ist überall in Kuwait-Stadt zu lesen. Gemeint ist die Invasion durch den Nachbarn
Irak im Jahr 1990 und die Befreiung durch die Truppen einer von den USA geführten Koalition. In der wohlhabenden
kuwaitischen Hauptstadt, nur 90 Autobahnminuten von der Grenze zum verarmten, vom neuen Krieg gebeutelten
Irak entfernt, gibt es Dutzende Filialen von McDonald's und anderen internationalen Fast-Food-Ketten

KUWAIT

- Einwohner: **2 258 000**
- Einwohnerzahl von Kuwait-Stadt: **389 000**
- Fläche: **17 818 km²** (etwas größer als Thüringen)
- Anteil der städtischen Bevölkerung: **96 %**
- Anteil der Ausländer: **55 %**
- Anteil der wahlberechtigten Staatsbürger: **10 %**
- Flächenanteil der Wüste: **91 %**
- Anteil des Meerwassers an der Trinkwasserversorgung: **90 %**
- Anteil brackigen Grundwassers an der Wasserversorgung: **9 %**
- Importanteil bei Lebensmitteln: **98 %**
- Exportanteil beim Erdöl: **96 %**
- Lebenserwartung Männer/Frauen: **76/77 Jahre**
- Geburten pro Frau (durchschnittl.): **2,7**
- Anteil der Analphabeten unter den über 15-jährigen Männern/Frauen: **15/18 %**
- Kalorienaufnahme pro Person und Tag: **3010 kcal**
- Jährlicher Alkoholkonsum pro Person (reiner Alkohol): **0,1 l**
- Bruttosozialprodukt (BSP) pro Person bei Kaufkraftparität (auf Grundlage der Kosten für gleichwertige Waren in den USA): **16 240 $**
- Jährliche Gesundheitsausgaben pro Person/Anteil am BSP: **537 $/3,9 %**
- Anteil übergewichtiger Männer/Frauen: **70/77 %**
- Anteil fettleibiger Männer/Frauen: **30/49 %**
- Anteil der Diabetiker unter den über 20-Jährigen: **9,8 %**
- Fleischkonsum pro Person und Jahr: **60 kg**
- Zahl der McDonald's-Filialen: **37**
- Preis eines Big Mac: **7,33 $**
- Zigarettenkonsum pro Person und Jahr: **3026 Stück**

DAS TÄGLICHE BROT

Wie die meisten Kuwaitis kauft Wafaa den größten Teil ihrer Lebensmittel in einem der Supermärkte ein. Sie bevorzugt den mehrstöckigen Markt *(unten links)* der vom Staat subventionierten Konsumgenossenschaft. Obwohl 98 Prozent der Lebensmittel importiert sind, zum Teil über Tausende von Kilometern, sind Vielfalt und Qualität des Angebots dem eines Supermarkts in Europa oder den USA ebenbürtig – bei niedrigeren Preisen.

Ein wichtiges Grundnahrungsmittel aber, das Brot, holt sie bei einer kleinen Bäckerei in der Nachbarschaft. Ein Teller mit *nan-e-barbari*, dünnem Fladenbrot nach persischer Art, gehört in Kuwait zu jeder Mahlzeit. Wafaa ist in ihrem Urteil über die Bäcker ihres Wohnviertels sehr streng.

Die ungesäuerten Fladen aus Hartweizen werden in einem traditionellen iranischen runden Lehmofen, dem „Tannur" gebacken. Die Innenwände sind mit einer Mischung aus Senföl, Joghurt, gemahlenem Spinat und Rohrzucker gehärtet. Der Ofen wird mit Holz oder mit Gas beheizt.

Nachdem er die Luft aus dem Teig geschlagen hat, klatscht der iranische Bäcker den Fladen mithilfe eines Werkzeugs, das wie ein Stuhlpolster aussieht, auf die heiße Innenwand des Tannur *(oben links)*. Am Ende der kurzen Backzeit holen die Gehilfen die Fladen mit langen Zangen heraus und werfen sie zum Abkühlen auf den Tresen.

Wenn Wafaa oder ihr Dienstmädchen Andera Bhattrai die fünf Minuten zu Fuß zum Bäcker gehen, versuchen sie immer, Nan mit Sesamkörnern zu bekommen. Der staatlich subventionierte Preis für einen Fladen beträgt 20 Fils (ca. 13 Cent). Das noch warme Brot kommt in eine Reißverschlusstasche, in der es den ganzen Tag lang frisch bleibt.   *– Charles C. Mann*

VOR ORT NOTIERT

Während meines ersten Besuchs in Kuwait 1991 wurden 700 Ölquellen von der zurückweichenden irakischen Armee in Brand gesteckt. Im Februar und März 2003 war ich zum fünften Mal dort, und man fürchtete, die Armee des Nachbarn könnte diesmal die eigenen Ölquellen anzünden.

Weil die irakischen Ölfelder noch immer voller nicht explodierter Splitterbomben sind, konnten die in Kuwait mit ihrer Millionen Dollar teuren Ausrüstung wartenden Ölfeld-Feuerwehren aus Texas nicht arbeiten. Also begleitete ich die KWWK, die Kuwaiti Wild Well Killers, eine Spezialtruppe der staatlichen Ölgesellschaft. Anstatt auf die Minenräumer der US-Armee zu warten, schoben sie die bierdosengroßen Bomben einfach mit Planierraupen beiseite. Anfangs war ich skeptisch. Dem arabischen Vorurteil zufolge sind die Kuwaitis so reich, dass sie niemals körperlich arbeiten. Bis dato hatte ich auch nichts erlebt, was diese Einschätzung widerlegt hätte. Aber die Leute von den KWWK beeindruckten mich bei ihrem gefährlichen und schmutzigen Einsatz beim Räumen der Blindgänger und dem Verschließen und Löschen der Ölquellen.

Die gläubigen Muslime arbeiteten den ganzen Tag. Nur mittags machten sie eine doppelt lange Gebetspause, damit sie dann erst wieder bei Sonnenuntergang beten mussten.   — Peter Menzel

Wafaa Al Haggans Huhn-Biryani

1 kg Basmatireis, 1/8 l Maiskeimöl

1 TL Safranfäden, 10 Min. in wenig warmem Wasser eingeweicht

200 g Zwiebel, grob gehackt

2–3 Knoblauchzehen, durchgepresst

1/2 TL gemahlener Ingwer

1 ganze Poularde, in 10 Stücke zerteilt

Salz, 1 EL gemahlene Korianderkörner

1 TL Kurkuma, 3 TL gemahlener Piment

2 EL Ghee (geklärte Butter), 1/4 l Naturjoghurt, 1 EL Zitronensaft

250 g frische Tomaten, grob gehackt

Garnitur

250 g Zwiebeln, in dünne Ringe geschnitten und in Öl knusprig gebraten

50 g geröstete Pinienkerne

50 g Rosinen, in Öl angebraten

50 g geröstete Cashew-Nüsse

- Reis abspülen, 30 Min. einweichen, auf einem Sieb abtropfen lassen.

- Backofen auf 180° C vorheizen.

- In einer großen Kasserolle Zwiebel, Knoblauch und Ingwer im Öl anschwitzen. Die Hühnerteile zugeben und rundum anbraten. Salz, Koriander, Kurkuma, 1 TL Piment, Joghurt, Tomate und Zitronensaft zugeben, unter Rühren 7 Min. erhitzen – der Joghurt darf dabei nicht kochen. Wasser zugeben, bis das Fleisch bedeckt ist, 45 Min. köcheln lassen.

- Den Reis 5 Min. in Salzwasser kochen.

- 1/4 des Reises in einen weiteren Topf geben, darauf die Hühnermischung, darauf die Hälfte des verbliebenen Reises, darauf Ghee, Safran, restlichen Piment und zuletzt den restlichen Reis.

- Den Topf dicht verschließen, für 45 Min. in den Backofen stellen.

- Herausnehmen, einmal durchrühren, zu Tisch bringen. Die Garnitur darüberstreuen.

Weil 98 Prozent der Lebensmittel in Kuwait importiert sind, ist Wafaas Küche *(oben links)* ein Schaufenster der Welt. Doch das Frühstück mit westlichem Tomatenomelette und östlichem Gurkensalat vermag die wählerische Rayyan nicht zu locken. Meistens gibt es bei den Al Haggans traditionelle arabische Gerichte wie Lamm-Biryani *(unten links)*. Es wird auf die gleiche Weise zubereitet wie das Huhn-Biryani

Plädoyer für eine Meeresethik

D AS MEER ZEIGT uns nur seine Oberfläche: Unergründlich, ganz Bewegung und Stimmung, ganz Maske und Tarnung, erscheinen seine Wogen gleich durch alle Zeiten. Doch unterschätzen wir es nicht. Weil 99 Prozent des Lebensraumes unserer Erde im Meer liegen, würde der Ozean wohl auch dann reichlich Leben beherbergen, wenn es kein Land gäbe. Aber ohne das Meer würde dieser Planet namenlos um einen Stern kreisen, sein verbranntes Gesicht wäre eine öde Mondlandschaft.

Ob wir selbst das Meer sehen, hören, spüren können oder nicht: Es spürt uns, die ganze Menschheit. Rund ein Drittel aller Menschen lebt höchstens 80 Kilometer von einer Küste entfernt. Durch die Schwerkraft gelangen die Abfallprodukte der Menschen und ihrer Industrie an und in das Wasser. Dessen Reinheit hängt auch von der Reinheit der Luft ab. Denn was in die Atmosphäre aufsteigt, schlägt sich irgendwo nieder – zum Beispiel das Quecksilber aus den Schloten von Kraftwerken. Es kommt im Lachs auf dem Teller zu uns zurück.

Die meisten von uns kommen durch den Fisch, den wir essen, mit dem Meer in Berührung. Durch den Fisch, den wir auf den Märkten kaufen, die in diesem Buch gezeigt werden. Die Marktstände und die Gerichte sind schön, doch der kommerzielle Fischfang hat weltweit schon 90 Prozent der Bestände an Großfischen vernichtet. Wir gefährden Korallenriffe rund um den Erdball, beschleunigen das Abschmelzen des Eises in den Polarregionen, bedrohen die Existenz von Milliarden von Tieren. Das ganze Gewicht der Menschheit lastet auf dem Land, doch auch auf das Meer üben wir starken Druck aus.

Es liegt den meisten von uns gedanklich so fern, dass wir uns kaum der Tatsache bewusst werden, dass wir Teil desselben Ökosystems sind – weil die Wassermassen den Sauerstoff der Luft erneuern, die wir atmen, und die Temperatur unserer Umgebung stabilisieren. Die wenigsten von uns denken viel über das Meer nach. Für uns hat das, was wir „dem Meer" antun, einfach nicht den gleichen Stellenwert wie unser Handeln im Wohnumfeld.

Wir betrachten das Meer als Rohstoffquelle und als Müllkippe, allein weil uns die ethischen Maßstäbe fehlen, es anders zu sehen. Eine Ethik ist das Konzept für eine Beziehung – die wir anerkennen oder neu begründen wollen. Nehmen wir als Beispiel einen ethischen Grundsatz, der in der Verfassung der Vereinigten Staaten von Amerika niedergeschrieben ist: Alle Menschen sind gleich, von ihrem Schöpfer ausgestattet mit gewissen unveräußerlichen Rechten. Nichts davon ist wortgetreu wahr. Menschen sind verschieden, und Rechte sind keine Gabe Gottes. Doch der Satz bringt auf den Punkt, was das Menschsein ausmachen soll. Es ist wohl kein Zufall, dass derselbe weite Kontinent, der Denkern genügend Luft zum Atmen bot, eine Fruchtbarkeit des Geistes hervorbrachte, wie sie von naturbegeisterten Seelen wie Theodore Roosevelt, John Muir, Rachel Carson und Aldo Leopold verkörpert wurde.

Der visionäre Förster Aldo Leopold schloss seinen 1949 erschienenen Klassiker „A Sand County Almanac" (dt. „Am Anfang war die Erde") mit dem Aufruf, unseren Gemeinschaftssinn über die Menschheit hinaus auf die ganze belebte Welt auszudehnen. Diese Ausweitung der Gemeinschaft nannte er „die Landethik" – ein damals revolutionäres Konzept, das heute zum Kern umweltbewussten Denkens geworden ist.

Das Konzept von Leopolds Landethik reichte jedoch weit über das Land hinaus, das weniger als ein Drittel der Erdoberfläche einnimmt. Entscheidend war, dass seine „Suche nach einem beständigen Wertekatalog" zu Mitgefühl und Verantwortung führen musste.

Das Kennzeichnende dieser Ethik ist, dass sie zwischen richtig und falsch entscheidet. Eine Handlungsweise ist richtig, wenn sie dazu beiträgt, Einheit, Beständigkeit und Schönheit einer Lebensgemeinschaft zu bewahren, falsch, wenn sie dem entgegenwirkt. Die Richtigkeit wird daran gemessen, in welchem Maße sie das Bestehende und das Potenzial für die Zukunft bewahrt – nicht nur für die Menschen, sondern für die ganze Welt.

Durch den Begriff „Landethik" beschränkte Leopold sein großartiges Gedankengebäude scheinbar auf festen Grund. Das Meer war weit entfernt von seiner Farm in Wisconsin. Auch anderen Naturfreunden erscheint das Meer fern und vage. Viele sehen in ihm nur den Strand, nicht das dreidimensionale Reich, das sich Tausende von Kilometern jenseits der Brandung erstreckt.

Es ist jedoch an der Zeit, unseren Gemeinschaftssinn über die Wasserlinie hinaus zu erweitern und der Landethik eine Meeresethik an die Seite zu stellen. Wären wir nicht so visuell geprägte Geschöpfe, würden wir viel intuitiver unsere Gemeinschaft mit dem Meer begreifen als die mit dem Land – weil unsere Beziehung zum Meer viel enger ist. Als die Tiere aus dem Meer stiegen, in dem alles Leben seinen Ursprung hat, nahmen sie im eigenen Körper Meerwasser mit, als innere, für die Existenz unseres Zellsystems lebenswichtige Substanz. Wir sind in einem gewissen Sinne wandelnde Behälter voller Seewasser. 70 Prozent des menschlichen Körpers bestehen aus Wasser – ein gleich großer Anteil wie der des Wassers an der Erdoberfläche. Der Mensch ist um einen inneren Ozean gewickelt. Sie können das ganz einfach testen: indem Sie Ihre eigenen Tränen kosten.

Das Meer unterscheidet sich vom Land vor allem dadurch, dass es flüssig ist. Die gleiche Eigenschaft, die so viele Metaphern über das Dahinfließen des Lebens und der Zeit hervorgebracht hat, tilgt sofort die Spuren von Schiffen, verbirgt die von Menschen geschlagenen Wunden. So unberührt das Meer auch erscheinen mag, es verteilt die Spuren der Menschheit auf der Erde – unter anderem Schadstoffe, Abfälle und fremde Arten. Das Meer ist noch nicht vom Menschen besiedelt, doch es ist keineswegs eine unberührte Wildnis.

Liebhaber von Fisch und Meeresfrüchten können durch ihre Kaufkraft entscheidend zum Erhalt der Artenvielfalt beitragen. Der Marine Stewardship Council, eine in London ansässige internationale Stiftung (www.msc.org), beurteilt Fischereiunternehmen, die um eine Zertifizierung nachsuchen. Positiv bewertete Produkte erhalten ein blaues MSC-Siegel, das bestätigt, dass es aus nachhaltig arbeitender Fischerei stammt. Verbraucher können sich über die in Zusammenhang mit Fisch und Meeresfrüchten relevanten Fragen informieren und bewusste Entscheidungen treffen. Dabei helfen Listen wie die vom Environmental Defense („Best and Worst Seafood" – www.environmentaldefense.org) und des Blue Ocean Institute (www.blueoceaninstitute.org). Die Verbraucher lernen, dass nicht alles gleich ist, was aus dem Meer kommt. Und die Fischindustrie und viele Gastronomen reagieren. Verschiedene Fischereiunternehmen wollen ihr Image verbessern und die tödliche Gefahr für Meeresschildkröten und Seevögel wie Albatrosse minimieren. Fischfarmen wollen ihre Fütterungsmethoden verbessern und die Belastungen für die Umwelt verringern. Und Restaurants beantworten die Fragen besorgter Liebhaber von Meereskost mit ausführlicher Information über deren Herkunft.

Dieser Trend ist zu begrüßen, Verbraucher können auf diese Weise den Markt beeinflussen. Der Weltmarkt für Fisch und Meeresfrüchte reagiert sehr empfindlich auf Druck und Verlagerung der Nachfrage. In dieser Sache werden vielleicht am Ende der Markt und eine kleine, aber wichtige Zahl kritischer Verbraucher die entscheidende Wende zum Besseren bedeuten.

Was wir als Ästhetik, Spiritualität, Klima, Ernährung und Ethik bezeichnen, bildet zusammengenommen unsere Lebensqualität. Man kann diese als die Nähe der Wirklichkeit zu einem Ideal definieren. Der Reichtum des Meeres umspannt diese Bereiche. Die Erkenntnis, dass das Meer eine große Bedeutung für das Leben und die Zukunft der Menschheit hat, führt zu moralischem Engagement. Wir müssen unsere Verbundenheit und Abhängigkeit, unseren Dank und unsere Pflicht gegenüber dem Meer zeigen und weitergeben, denn seine Gaben machen das Leben auf diesem Planeten überhaupt erst möglich. Je mehr wir dies begreifen, umso reicher die Ernte, die ein wenig Zurückhaltung, Mitarbeit und Mitgefühl hervorbringen werden – hier auf der einzigen bekannten Insel des Lebens im Universum, dem blauen Rund der Erde.

Carl Safina liebte schon als Kind das Meer. Heute ist er Präsident des Blue Ocean Institute, das sich um eine engere Beziehung des Menschen zum Meer bemüht. Safina ist Autor von „Am Anfang war die Erde. Plädoyer zur Umwelt-Ethik". München, Knesebeck Verlag 1992.

WANDERSAIBLING • ÖSTLICHES GRÖNLAND

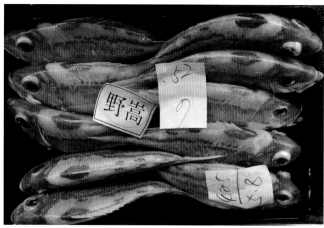

SCHNAPPER • GINOWAN, OKINAWA

SARDELLEN • ISTANBUL, TÜRKEI

KREBSE • BEIJING, CHINA

GARNELEN IN MAISKUCHEN • COLOMBO, SRI LANKA

SCHWERTFISCH • PALERMO, ITALIEN

MAKRELEN • CAMPECHE, MEXIKO

TILAPIA AUS DEM NIGER • KOUAKOUROU, MALI

AUKTION VON TIEFGEKÜHLTEM TUNFISCH • TOKIO, JAPAN

DÖRRFISCH AUS DEM VIKTORIASEE • KAMPALA, UGANDA

Fisch

Etwa ein Drittel der Menschheit lebt höchstens 80 Kilometer vom Meer entfernt, schreibt Carl Safina (S. 202). Und weitere Hunderte Millionen Menschen wohnen an Flüssen und Seen. Gibt es eine größere oder mittlere Stadt ohne Fischhändler? Sicher nicht. Ernährungsfachleute fordern, mehr Fisch zu essen — sie halten Meereskost nicht nur für besonders köstlich, sondern auch für besonders gesund. Doch leider bedroht *Homo sapiens'* Vorliebe für Meeresfrüchte die Ökosysteme von Gewässern rund um den Globus. Die auf diesen Seiten gezeigte Vielfalt und Üppigkeit wird womöglich das 21. Jahrhundert nicht überdauern.

JAKOBSMUSCHELN UND WOLFSBARSCH • NEUILLY, FRANKREICH

KING THREADFIN • AGATS, PAPUA

Die Familie Natomo auf dem Dach ihres Lehmhauses in Kouakourou am Niger mit einem Wochenbedarf an Lebensmitteln. Gekocht wird auf offenem Holzfeuer. Vorratshaltung: durch Trocknen an der Sonne. Leibgerichte: Der Familie Natomo ist die Vorstellung von »Lieblingsspeisen« fremd

Am Ufer des Niger

Pama ist die logische Denkerin, die rechnen kann, die Partnerin, die die Zukunft der Familie auf längere Sicht plant. Fatoumata ist die Beschauliche, die lieber eine Aufgabe erledigt, bevor sie die nächste anpackt. In jedem Kulturkreis ergäben die beiden ein ausgezeichnetes Team. In Mali sind sie die Ehefrauen desselben Mannes.

MIT SEINEN ERDFARBENEN HÄUSERN sieht Kouakourou aus, als wäre es aus dem Wüstenboden herausgewachsen. Häuser und Hofmauern des Dorfs am Niger zwischen Mopti und Djenné, nordöstlich von Bamako, der Hauptstadt Malis, bestehen aus sonnengedörrtem Lehm. Die fensterlosen Räume der Häuser sind kühl und karg. Eine oder zwei Schlafmatten, manchmal ein Kissen oder ein Schemel sind die einzigen Einrichtungsgegenstände. Es gibt keinen Strom. Eine hohe Mauer umgibt Haus und Hof. Im Hof wird gekocht und gegessen, dort läuft das tägliche Leben ab. Frauen und Mädchen (manchmal auch Jungen, aber niemals Männer) packen mit geübten Händen den Stößel, um im Mörser Getreide zu mahlen. Frauen und Mädchen bewegen sich anmutig durch die engen Gassen zu den Dorfbrunnen, Wassereimer, Geschirr oder eine Ladung Wäsche auf dem Kopf balancierend. Die Wege führen weiter zum Fluss, wo die Menschen Kleidung, Geschirr und sich selbst waschen. Oder ein überdachtes Holzboot besteigen, Pegasse genannt, um ein paar Stunden stromabwärts zum geschäftigen Handelsplatz Mopti zu fahren.

Pama und Fatoumata haben einen Ehemann und neun Kinder zu versorgen. Sie sind Muslime, und nach den Regeln ihrer Religion darf ein Mann bis zu vier Ehefrauen haben – vorausgesetzt, er kann sie ernähren und behandelt sie gleich. Diesen letzten Teil der Regel scheinen viele Männer in Mali nicht begriffen zu haben, sagt Pama. Doch sie und Fatoumata sind sich einig, dass ihr Gatte Soumana nicht zu dieser Gruppe gehört. „In vielen Familien vertragen sich die Frauen und die Kinder nicht", sagt Fatoumata. Dann seien die Männer schuld. „Wenn Soumana etwas für eine von uns tut, tut er es auch für die andere", sagt Pama. „In vielen Familien ist das nicht so. Wir müssen uns den Mann teilen, aber das ist in Ordnung. Wenn Frauen streiten, liegt es daran, dass ihr Mann sie nicht gleich behandelt." Für Pama ist es letztlich eine wirtschaftliche Frage. „Wenn zwei

---

....

EIN WOCHENBEDARF IM JANUAR

....

Getreide und andere stärkehaltige Lebensmittel: $ 11,80

30 kg Mais, 20 kg Hirse, 20 kg gedämpfter Reis.

Milchprodukte: $ 0,30

4 l Sauermilch.

Fleisch, Fisch und Eier: $ 1,50

2 kg gedörrter Fisch.
Wenn genügend Geld da ist, kommt Fisch in die Okraschoten-Suppe. Ansonsten gibt es Suppe ohne Fisch.

Obst, Gemüse und Nüsse: $ 6,50

2,5 kg Tomaten; 2 kg getrocknete Okraschoten; 1 kg frische Zwiebeln; 500 g getrocknete Zwiebeln; 400 g getrocknete rote Pfefferschoten; 400 g italienisches Tomatenmark (wird nur selten gekauft).
Zur Zeit unseres Besuches gab es kein Obst. Zur Reifezeit der Mangos gibt es diese Baumfrucht, die Soumanas Vater gepflanzt hat. Wenn das Geld reicht, werden auch Orangen gekauft.

Öle, Würzmittel und Saucen: $ 6

4 l Pflanzenöl; 2,5 kg Salz; 1 kg Tamarinden; 200 g weißer Zucker; 30 g Sumbala (heimisches Gewürz).

Fertiggerichte und Instantprodukte: $ 0,30

60 g Bouillonwürfel (die Familie hat sie gekauft, obwohl sie normalerweise Sumbala benutzt).

Getränke:

Wasser aus dem Dorfbrunnen zum Trinken und Kochen.

....

Gesamtausgaben für Lebens- und Genussmittel in einer Woche: 17 670 Franc CFA (Communauté Financière Africaine)/$ 26,40

....

Die Familie: Soumana Natomo, 46 (in Blau), sitzt zwischen seinen beiden Frauen Fatoumata Toure, 33 (rechts), und Pama Kondo, 35. Soumana und Fatoumatas Kinder sind die Töchter Tena (4 Monate, auf Fatoumatas Schoß) und Fourou, 12 (vor ihrer Mutter), Sohn Kansy, 4 (auf Soumanas Schoß), Sohn Mama, 8, und Tochter Fatoumata, 10, (beide zu Füßen ihres Vaters). Die Kinder von Soumana und Pama sind die Söhne Mamadou, 10 (vor seiner Mutter), Mama, 13 (ganz links), und Kantie, 16 (ganz rechts), sowie Tochter Pai, 18 (neben Kantie). Links neben Pama sitzt Soumanas Schwägerin Kadia Foune, 33, mit ihren Kindern Kantie, 1 (auf dem Schoß), und Mariyam, 8 (hockend). Sie wohnen bei den Natomos, während Kadias Mann an der Elfenbeinküste arbeitet.

Ehefrauen eines Mannes sich nicht vertragen, gibt das Probleme in der Familie, die das Einkommen empfindlich schmälern können." Die beiden Frauen stehen zueinander noch in anderer Beziehung: Fatoumata, die jüngere, ist die Schwester von Pamas Mutter – also ihre Tante.

HIRSEZEIT

Die Vorbereitungen fürs Frühstück bei den Natomos beginnen vor Sonnenaufgang, wenn in Pamas Hof das Feuer angemacht wird. Fatoumata hat zwar ihr eigenes Haus, doch die meiste Zeit des Tages verbringen die beiden Frauen hier. Heute ist Fatoumata mit Kochen dran. Pama und ihre Kinder schlafen noch. Soumana und die meisten von Fatoumatas Kindern schlafen noch in Fatoumatas Haus (sie war an der Reihe, die Nacht mit dem Gatten zu verbringen). Tena, das Baby, trägt Fatoumata in einem Tuch auf dem Rücken, ihr vierjähriger Sohn Kansy läuft in einem blauen Schlafanzug auf dem Hof herum – eine Kleiderspende der einstigen Kolonialmacht Frankreich. Das Krähen der Hähne ist die Begleitmusik zum Geräusch der Hirse, die Fatoumata worfelt. Sie gibt die Hirse in eine Schüssel, gießt aus einem großen Tonkrug Wasser darauf und schöpft Staub und Spelzen von der Oberfläche ab. Sie gießt das Wasser ab, schüttet das Korn in den Topf, gibt frisches Wasser dazu und beginnt zu rühren. Der Brei, hier Tô genannt, wird nicht so dick gekocht wie anderswo in Afrika, etwa der Aiysch im Tschad (siehe S. 57). Dazu gibt es eine Beilage – heute aus Salz, Öl und Tamarinden. Beide Familien essen immer gemeinsam bei Pama. Das ist laut Fatoumata ein weiteres Element ihrer guten Beziehung: „Wir verbringen bewusst viel Zeit zusammen."

Während Fatoumata weiter mit dem Kochen beschäftigt ist, kommt Soumana aus dem anderen Haus und verrichtet das erste der fünf täglichen Gebete. Auch die muslimischen Frauen beten, doch unsichtbar im Haus, nie gemeinsam mit dem Mann. Bald darauf trudeln alle Kinder ein, reiben sich den Schlaf aus den Augen. Dann setzen sich beide Familien rund ums Feuer auf den Boden und langen mit ihren Löffeln in den Hirsebrei im großen Topf. An anderen Tagen kocht eine der Frauen vielleicht einen Brei aus gedämpftem Reis mit Sauermilch, dazu eine Okrasuppe mit Pfefferschoten und Salz; oder Maisbrei und einen Eintopf mit Räucherfisch und Tomaten. Es gibt keine typischen Frühstücks- oder Abendgerichte. Brei ist immer die Hauptspeise. Die Kinder helfen bei der Arbeit mit – und keines fragt danach, ob es gerade die eigene Mutter ist, die bittet.

PARKPLATZ AM MARKT

Früh am Samstagmorgen treffen Händler und Käufer mit Eselskarren, Pferd, Motorrad oder Lkw am Fluss ein. Männer und Jungen in kleinen Booten warten in der flachen Bucht, um die Menschen nach Kouakourou zu bringen. Geschickt weichen sie den größeren Pegassen aus, die auf dem Niger daherkommen. Anleger gibt es nicht – die Bootsführer halten aufs Land zu, bis die Fahrzeuge mit dem Bug auf Grund laufen, und die Decksjungen sammeln dann in aller Ruhe und dennoch schnell die ausgetrunkenen Teegläser der Besatzung ein.

Der Markt wächst. Auf den überdachten Ständen werden Decken, verbeulte Konservendosen, billige Haushaltsartikel, selbst gebrannte Tongefäße und Ballen buntbedruckten Baumwollstoffs aufgebaut, den die Frauen von Mali für ihre langen fließenden Gewänder und kunstvollen Turbane verwenden. Gemüse- und Getreidehändler, Metzger und Fischhändler präsentieren ihre Waren am Boden. Auf der Suche nach einem Käufer geht ein Junge mit zwei an den Füßen aneinander gebundenen lebenden Tauben durch die Menge. Frauen helfen sich gegenseitig beim Absetzen der schweren Körbe, die sie auf dem Kopf herangetragen haben, Kinder sausen zwischen Jujube-Beeren, Tamarinden und Tomaten herum, Babys schreien oder schlafen auf den Rücken ihrer Mütter. Zwei Männer am Ufer des Niger schöpfen braunes Wasser, um die schwitzenden Rücken ihrer Pferde zu kühlen. Ein Medizinmann baut sein Angebot an lebenden Skorpionen, Tinkturen und einer zerzausten ausgestopften Hauskatze auf und hat sofort eine Menge um sich geschart. Er hält eine Halskette hoch und verspricht: „Wer das trägt, wird nie von einer Schlange gebissen! Nur 15 Franc!" Händler legen mit ihren Booten an, weichen den Frauen aus, die am Ufer ihr Frühstücksgeschirr waschen, und schleppen Säcke mit Reis, Hirse und Mais an Land. Die Hitze nimmt zu, und ebenso der

Samstags ist Wochenmarkt in Kouakourou. Am sonst ruhigen Ufer eines Nebenarmes des Niger drängen sich Käufer und Händler. Waren und Kunden kommen mit Booten von weither. Soumana (*oben links in Blau, mit ausgestrecktem Arm vor seinem gemieteten Marktstand*) **handelt mit Getreide, unterstützt von seinen Frauen Pama und Fatoumata**

Eine geschlachtete Kuh wird am Samstagmorgen durch das staubige Kouakourou gefahren.
Weil das Dorf keine Stromversorgung und somit keine Kühlung besitzt, muss diese Familie das
gesamte Fleisch ihrer geschlachteten Kuh bis zum Sonnenuntergang verkauft haben

MALI

- Einwohner: **11 957 000**
- Einwohner des Dorfes Kouakourou: **2200** (geschätzt)
- Fläche: **1 240 192 km²** (ca. dreieinhalbmal so groß wie Deutschland)
- Bevölkerungsdichte: **10 Einw./km²**
- Anteil der städtischen Bevölkerung: **33 %**
- Bevölkerungsanteil mit einem Einkommen unterhalb der Armutsgrenze (Stadt/Land): **30/70 %**
- Nomadische Bevölkerung: **10 %**
- Bevölkerungsanteil der Bauern und Fischer: **80 %**
- Flächenanteil von Wüste oder Halbwüste: **65 %**
- Anteil der ländlichen Haushalte mit Anschluss an die Stromversorgung: **1 %**
- Lebenserwartung Männer/Frauen: **44/46 Jahre**
- Geburten pro Frau (durchschnittl.): **7**
- Anteil der Analphabeten unter den über 15-jährigen Männern/Frauen: **46/60 %**
- Kalorienaufnahme pro Person und Tag: **2174 kcal**
- Jährlicher Alkoholkonsum pro Person (reiner Alkohol): **0,3 l**
- Bruttosozialprodukt (BSP) pro Person bei Kaufkraftparität (auf Grundlage der Kosten für gleichwertige Waren in den USA): **930 $**
- Jährliche Gesundheitsausgaben pro Person/Anteil am BSP: **11 $/4,3 %**
- Ärzte pro 100 000 Einwohner: **4**
- Anteil übergewichtiger Männer/Frauen: **13/26 %**
- Anteil fettleibiger Männer/Frauen: **0,4/3 %**
- Anteil der Diabetiker unter den über 20-Jährigen: **2,9 %**
- Fleischkonsum pro Person und Jahr: **19 kg**
- Zahl der McDonald's-Filialen: **0**
- Zigarettenkonsum pro Person und Jahr: **233 Stück**
- Anteil der Bevölkerung, der von weniger als zwei Dollar pro Tag leben muss: **91 %**

FAMILIENREZEPT

Familie Natomos Reisgericht

60 g Tomatenmark

30 g gehackte getrocknete rote Pfefferschoten

250 g Shea-Butter oder Öl

60 g Maggi-Fleischbrühwürfel

250 g gehackte Zwiebeln

2 kg Reis

60 g Salz

1/8 l Sumbalabrühe

- Alle Zutaten mit 4 l Wasser in einen Topf geben, auf offenem Feuer aufkochen und bei kleiner Flamme unter häufigem Umrühren quellen lassen.

Im Morgengrauen hockt Fatoumata mit ihrem Baby auf dem Rücken auf der Straße vor ihrer Wohnung und backt auf einem Blech über offenem Feuer Ngome, dicke Pfannkuchen aus feingestampftem Mais- oder Hirsemehl, Wasser, Öl und Salz *(oben links)*. Ihre Wohnung liegt nur eine Minute Fußweg vom größeren Haus ihrer Mit-Ehefrau Pama entfernt. Fatoumata backt täglich außer samstags: Wenn Markt ist, verkauft sie Ngome-Kuchen als Frühstück auf dem Markt. Wenn sie ausverkauft ist, hilft sie Pama beim Verkaufen von Getreide *(Bild unten links, Pama in der Mitte, links Fatoumata)*. Sie kaufen es in großen und verkaufen es in kleinen Mengen an Familien und Einzelpersonen. Ihr Mann Soumana verbringt die meiste Zeit mit der Beaufsichtigung seiner Frauen. Wenn nötig, holt er Warennachschub aus einem Lagerraum

Nachdem sie Reis in einem großen Holzmörser zerstampft hat, siebt Pama Kondo *(oben links)* das Mehl, um
etwa noch vorhandene Spelzen zu entfernen. Hinter ihr worfelt die zehnjährige Fatoumata (die Tochter ihrer Mit-Ehefrau
Fatoumata) Mohrenhirse. Kann sie sich einen Tag vorstellen, an dem sie nicht mehr Getreide zerstampfen muss?
»Dafür sind Kinder da«, antwortet sie mit vollem Ernst. Obwohl es nachmittags sehr heiß ist, kann es nach Sonnenuntergang empfindlich kalt werden. Familienoberhaupt Soumana *(oben rechts)* hat sich gegen die Kälte vermummt

Am Morgen, als die Familie der 18-jährigen Pai *(sitzend, oben links)* verkündete, dass sie ihren Vetter Baba *(neben ihr)* heiraten wird, frühstückten alle gemeinsam im Hof. Der herrschenden Sitte entsprechend, verbrachte das Paar den Tag getrennt – Pai beweinte den Verlust ihrer Kindheit. Bei der Hochzeitsfeier am folgenden Tag blieben die Augen ihrer Mutter Pama trocken. Dafür weinte Fatoumata – weil Pai immer für die Babys gesorgt hat und nun fehlen wird

Am Sonntagmorgen hat Pai keinen Blick mehr für die Tomate in ihrer hennagefärbten Hand. Sie weiß, dass sie in Kürze mit ihrem Mann an die Elfenbeinküste ziehen wird. Die Eltern bleiben der Hochzeit fern. Stattdessen wird Pai *(rechts, den Kopf mit einem Tuch verhüllt)* von ihren fröhlichen Freundinnen zum Rathaus geführt, um allein mit Baba und dem Bürgermeister die Heiratsurkunde zu unterschreiben

Staub. Der Wind verteilt den Sand – auch auf die frischen, salzigen Mais- oder Hirsepfannkuchen und die „Frufru", gebratene Hirseklößchen, die auf diese Weise die zwischen den Zähnen knirschende Extrawürze bekommen.

Soumana und Pama handeln mit Getreide, und schon früh am Morgen misst Pama auf einer am Boden ausgebreiteten Plane ihre Ware ab. Soumana steht dabei und wartet darauf, Großabnehmer zu bedienen. Fatoumata hilft manchmal mit, doch heute kauft sie Lebensmittel für das Foto in diesem Buch ein: gedämpften Reis, Mais und Hirse, etwas Dörrfisch. „Mach mir bei der Hirse einen guten Preis, oder ich kaufe woanders", sagt sie scherzhaft zu Pama. Pama misst die 20 Kilo ab, die die Familie in einer Woche verbraucht, und Fatoumata zieht weiter. Sie prüft geräucherte und getrocknete Fische, ist mit der Qualität aber nicht zufrieden. Der Händler mit der besseren Ware ist nicht da. Als Nächstes kauft sie Mais. „Einen Tag gibt es Mais, den anderen Hirse", sagt Fatoumata und geht rasch durch die Reihen auf der Suche nach den Händlern ihres Vertrauens. „Bei einer alten Frau in der Stadt gibt es besseren Reis." Doch der Laden hat an Markttagen geschlossen, also muss sie nehmen, was sie bekommt.

Fatoumata erkennt Unterschiede im Korn, die ich nicht sehe – etwa die Form eines einzelnen Korns im Vergleich zum anderen. Ich sage ihr, dass wir Reis bei uns in Tüten kaufen und ihn nicht anfassen dürfen – nur die Marke wählen. Das ist für sie unvorstellbar. Hier gibt es fast keine Markenwaren. Und auch kein Marktgeschrei. Die Ruhe ist wohltuend. Der Markt läuft bis zum Abend, doch wir brechen früh auf, um das Foto zu machen. Ich hoffe, dass den Natomos dadurch nicht zu viel Umsatz entgeht. Soumana verneint. Außerdem muss er an diesem Wochenende noch bei einem Großereignis den Gastgeber spielen.

Die versteckte Braut

Fatoumata laufen die Tränen herunter, während sie ihr Baby versorgt. Heute heiratet Pamas Tochter Pai. Sie wird zu ihrem Mann an die Elfenbeinküste ziehen. „Schon als sie klein war, hat Pai immer getan, was man von ihr verlangte", sagt sie. Die Tränen laufen ihr über die Wangen und über die Tätowierung am Kinn. „Sie hat für alle unsere Babys gesorgt. Jetzt kommt einer und nimmt sie mit. Sie wird mir fehlen." Fatoumatas Sohn Kansy folgt Pai auf Schritt und Tritt wie ein Hündchen. Er wird sie auch vermissen.

Brauchtum und Tradition werden den Tagesablauf bestimmen. Pama muss ihre Gefühle verbergen und Haltung bewahren. Pai heiratet Baba Nientao, einen Vetter ersten Grades, und nach altem Brauch hat man ihr das erst heute Morgen mitgeteilt – am Tag der Hochzeit. „Wusste Baba, dass er heute heiratet?", frage ich Soumana. „Natürlich." Ich bleibe hartnäckig: „Warum hat man es Pai nicht gesagt?" – „Das ist nicht Brauch." Wenn es von seiner bevorstehenden Hochzeit erfahren hat, versteckt sich das Mädchen. Auch das ist Brauch. „Sie beweint den Verlust ihrer Kindheit", erklärt Fatoumata. Pai und Baba unterschreiben auf dem Standesamt die nötigen Papiere, dann gehen die Familienältesten zum Imam, dem Dorfgeistlichen, um den Mitgiftvertrag zu schließen. Danach verteilt Soumana kleine Bonbons an die wartenden Kinder. Heute Abend werden Pais Freundinnen die Braut entführen und sie irgendwo im Dorf verstecken, und der Bräutigam wird sie mit seinen Freunden suchen und finden. Morgen werden die Mädchen zur Feier des Brautpaars zum Takt von Trommeln tanzen und singen.

Lebt man in diesem Kulturkreis besser als Frau oder als Mann, frage ich Pama und Fatoumata. „Als Mann", antwortet Fatoumata und lacht, „denn hier in Afrika müssen Frauen die meiste Zeit leiden. Wir machen die ganze Arbeit." Pama und Fatoumata ereifern sich derart bei diesem Gespräch, dass sie einander zum ersten Mal unterbrechen und gleichzeitig reden. „In unserem Dorf leben mehr als 100 Männer, und Sie werden nur zwei finden, die gut für ihre Familien sorgen", sagt Fatoumata, und Pama fährt fort: „Sie sehen doch die Männer, die überall herumhocken und dösen, während wir Frauen arbeiten, um sie zu ernähren? Gehen Sie aus dem Hof hinaus und schauen Sie sich im Dorf um: Überall sitzen die Männer herum und tun nichts. Wir möchten auch Männer sein und uns ein wenig ausruhen." Hat sie darüber mit Pai gesprochen? „Darüber muss ich mit ihr nicht reden", sagt ihre Mutter, „sie weiß Bescheid."

Pamas Arbeit als Getreidehändlerin ist interessanter als die Hausarbeit, etwa das Getreidemahlen im Mörser. Sie lacht, als ich frage, wie viel Getreide sie in den 35 Jahren ihres Lebens zerstampft hat. „Eine Menge", sagt sie nur. Aber bald soll es damit vorbei sein. Sie und andere Frauen aus dem Dorf lernen lesen und schreiben, und zum bestandenen Examen schenkt ihnen die Hilfsorganisation eine Getreidemühle zur gemeinsamen Benutzung – nur für Frauen. „Die Männer werden wohl kaum damit mahlen wollen", sage ich ihr.

VOR ORT NOTIERT

In Mali gibt es weder Fast Food noch Kioske. In diesem Teil Afrikas bestehen verarbeitete Lebensmittel aus mit der Hand zerstampftem Getreide. Wasser wird aus dem Dorfbrunnen geschöpft, das Holz für die Feuer unter den Töpfen in weitem Umkreis gesammelt, das Geschirr am Ufer des Niger gewaschen. Die Mahlzeiten in Mali sind Slow Food.

Wer durch die Gassen der Dörfer geht, hört ständig ein dumpfes, rhythmisches Stampfen, das nicht aus Musikanlagen kommt: Das Herz des Dorfes schlägt im Takt der schweren hölzernen Stößel, die von Hand geerntetes Getreide – Mais, Hirse und gedämpften Reis – zerstoßen. In Soumanas Haus wechseln sich seine beiden Frauen beim Kochen ab. Das Kochen fängt mit dem Feuermachen an. Die Köchin mischt das zerstoßene Getreide mit Wasser, getrockneten Okraschoten und – sofern möglich – frischen Tomaten. Der große Topf Gemüsegrütze reicht auch für Soumana samt zweiter Frau und Schwägerin und alle Kinder.

Wir wurden nie eingeladen, mit der Familie zu essen – vielleicht, weil sie die meisten Speisen mit der Hand essen, direkt aus dem großen Topf, und sie befürchteten, das würde uns Westlern nicht gefallen. Vielleicht aber auch, weil es einfach nicht gereicht hätte. Ich habe nie gesehen, dass etwas übrig blieb. Während unseres Besuches wurde Pai, eine von Soumanas Töchtern, in einer komplizierten traditionellen Zeremonie verheiratet. Höhepunkt war eine wilde Party mit vielen Menschen auf dem Hof der Familie. Aber zu essen bekamen die Gäste nichts.

Von Fatoumatas Hirse- beziehungsweise Reispfannkuchen, die es zum Frühstück gibt, habe ich allerdings reichlich genossen. Sie waren ganz lecker, wenn auch manchmal etwas sandig. Essen konnte ich sie aber nur, weil Fatoumata sie jeden Morgen auf der Straße vor ihrem Haus buk und verkaufte – auch an mich. Diese Familie und dieses Dorf waren erstaunlich freundliche Gastgeber. Doch für das Essen galt dies nicht.
                                                        – *Peter Menzel*

An einem heißen Samstagnachmittag genießt dieser Junge den Schatten unter einem Tablett mit Wassermelonen-Stücken. Er bleibt bei einem Freiluft-Friseursalon stehen, wo Soumana mit anderen Männern auf einem Schwarzweiß-Fernseher einen Dokumentarfilm über Drogenfahnder in Los Angeles verfolgt. Das TV-Gerät läuft dank einer Autobatterie, die von Solarzellen auf dem Dach der benachbarten kleinen Apotheke geladen wird

Die Familie Casales im Freiluftwohnzimmer ihrer Wohnung in Cuernavaca: Alma Casales Gutierrez, 30,
und Marco Antonio, 29, mit dem einjährigen Arath. Vorn am Tisch sitzen Bryan, 5, und Emmanuel, 7. Gekocht
wird auf einem Gasherd, die Vorratshaltung erfolgt in einer Kühl-Gefrier-Kombination. Lieblingsspeisen –
Marco Antonio: Pizza; Alma: Krebse; Emmanuel: Nudeln; Bryan: Krebse und Bonbons; Arath: Huhn

Zum Leben zu wenig

Im Oktober 2004 bezahlte Marco Antonio einem Schleuser 3000 Dollar, der ihn über die Grenze in die USA brachte. Seither lebt er illegal im Süden der USA, wo er für fünf Dollar die Stunde Obst ernten muss, während seine Frau ihre drei Kinder am Stadtrand von Cuernavaca, etwa 80 km südlich von Mexiko-Stadt, allein großzieht. Die Familie wollte nie so leben.

EIN WOCHENVORRAT IM MAI

Getreide und andere stärkehaltige Lebensmittel: $ 15,80

10 kg Maistortillas; 1,4 kg weiße Brötchen; 1 kg weißer Reis; 1 kg Kartoffeln; 700 g weißes Toastbrot; 500 g Cornflakes; 900 g Pasta; 250 g süßes Brot; 100 g Grissini‡.

Milchprodukte: $ 26,80

7 l Frischmilch; 2 l Sauerrahm; 1 l Eiscreme; 1 l Joghurt; 500 g handgemachter Frischkäse; 740 g Kondensmilch; 380 g Hüttenkäse; 250 g Manchegokäse; 190 g Sahnefrischkäse; 100 g Butter.

Fleisch, Fisch und Eier: $ 42,80

7 kg Huhn; 1,2 kg Krebse; 18 Eier; 1,1 kg Tilapia (Fisch); 1 kg Wels; 185 g Wurst *(auf dem Foto ist ein Monatsbedarf zu sehen)*; 160 g Schinken.

Obst, Gemüse und Nüsse: $ 44,20

6 kg Mangos; 3 kg Ananas; 3 kg Wassermelone; 2,5 kg Orangen; 2 kg Cantaloupe-Melone; 1 kg Guaven; 1 kg Quitten; 1 kg Bananen; 3 kg Tomaten; 3 kg Tomatillos; 1,8 kg Maiskolben‡; 1,3 kg Avocados; 1 kg Chayote-Kürbis; 1 kg Bohnen; 1 kg Zwiebeln; 1 kg Zucchini; 500 g grüne Bohnen; 250 g Knoblauch; 360 g Brokkoli; 740 g eingelegte, 500 g frische und 200 g geräucherte Jalapeño-Pfefferschoten.

Öle, Würzmittel und Saucen: $ 9,40

2 l Rapsöl; 450 g Margarine; 390 g Mayonnaise; 250 g Salz; 90 g Knoblauchsalz; 90 g schwarzer Pfeffer; 20 g Kumin; 15 g Lorbeerblätter.

Snacks und Süßigkeiten: $ 6,30

540 g Chili-Lollis; 500 g Schokoladenbonbons; 450 g Kräcker; 340 g Marshmallows; 160 g Chili-Bonbons.

Fertiggerichte und Instantprodukte: $ 4,80

1 kg Mole (Schokoladen-Chili-Sauce, wird zu Fleisch und Huhn gereicht); 90 g Instant-Hühnerbouillon.

Getränke: $ 39,10

24 l Cola; 19 l Wasser in Flaschen; 7 l Bier; 1,25 l Fruchtsaft; 2 l Limonade; 200 g koffeinfreier Instantkaffee.

‡ Nicht auf dem Bild
Hinweis: Dies sind die Lebensmittelausgaben für eine Woche, bevor die Casales ihren Kiosk aufgaben und Marco Antonio illegal in die USA ging.

Gesamtausgaben für Lebens- und Genussmittel in einer Woche: 1862,78 Mexikanische Peso/$ 189,20

ALS WIR MARCO ANTONIO UND SEINER FRAU ALMA zum ersten Mal begegneten, wohnten sie in einem Mietshaus am Rand von Cuernavaca und betrieben einen *changarro*, eine Art Lebensmittelkiosk. Marco Antonio hatte ein paar Jahre zuvor seinen Job in einer Brauerei verloren und keine neue Arbeit gefunden. Ohne Ersparnisse eröffnete das Paar den Kiosk. Erst führten sie nur wenige Artikel — fritierte Speckschwarten, Würstchen, Süßigkeiten, Cola und ein paar Sandwiches. Später wurde das Sortiment ausgebaut, und Alma, ausgebildete OP-Schwester, arbeitete im Kiosk mit. Sie schraubten einen Fernseher unter die Decke des Ladenlokals, um sich die Zeit zu verkürzen, und fortan nahm die Familie ihre Mahlzeiten hinter dem Tresen ein — ein alltäglicher Anblick in den Changarros von Mexiko.

Der Kiosk bestimmte den Tagesablauf der Familie. Der siebenjährige Emmanuel versorgte seinen kleinen Bruder Arath, während Marco Antonio am Tresen die Kundschaft auf der Straße bediente. Häufig setzte sich der Vater den kleinen Sohn bei der Arbeit auf die Hüfte. Wenn er einkaufen ging, übernahm Alma den Tresendienst, weil sich der Kiosk nur rechnete, wenn sie ihn durchgehend bis spät in den Abend geöffnet hielten. Mittags kochte Alma in der Wohnung über dem Laden eine Mahlzeit, meist Reis und Bohnen und danach Hühnersuppe mit Korianderkraut oder eine würzige Krebssuppe, manchmal auch *tacos de carnitas* — mit Fleisch gefüllte Tortillas. Wie ihre Nachbarinnen kaufte Alma täglich ihre Maistortillas in der kleinen Tortilleria, wo sie frisch hergestellt werden. Das Essen brachte sie Marco Antonio hinunter in den Kiosk. Die Kinder saßen mit ihren Schalen auf dem Schoß am Boden. Am frühen Abend gab es die *merienda*, eine leichte Mahlzeit mit Brot und Obst. Später am Abend nehmen die meisten Familien noch ein größeres Essen zu sich, doch bei Alma und Antonio war das nicht üblich.

Je größer die Kinder wurden, umso leichter kamen sie an Snacks wie Chips, Süßigkeiten und andere verpackte und verarbeitete Verlockungen. Und zu beinahe jeder Mahlzeit gab es bei den Casales' Coca-Cola, das Lieblingsgetränk der Familie – fast 20 Liter tranken sie in einer Woche. In Almas Kindheit waren Bohnen, Nudeln, Reis und Tortillas die Hauptnahrungsmittel ihrer Familie. Für süßes und salziges Knabberzeug war kein Geld da. „Wir aßen nur die Speisen, die meine Mutter zubereitete", sagt Alma. „Wenn ich Bonbons oder Cola haben wollte, sagte meine Mutter: ,Wenn ich dir Geld für Knabberzeug gebe, haben wir keins mehr für Tortillas.'" Doch als Erwachsene verfügten Alma und Marco Antonio über eine große Auswahl an Lebensmitteln, darunter viele verarbeitete fett- und kalorienreiche Snacks, obwohl sie sehr rechnen mussten.

Die traditionelle mexikanische Küche – Tamales, Spiegeleier auf frischen Maistortillas mit Tomatensauce, gefüllte Quesadillas und Bohnen mit Reis und reichlich Schmalz – liefert die nötige Energie für Menschen, die körperlich schwer arbeiten müssen. Das aber tun immer weniger Mexikaner. Ein Großteil der Bevölkerung des Landes hat bedenklich zugenommen. Nach den neuesten Statistiken der Weltgesundheitsorganisation sind mittlerweile 65 Prozent der mexikanischen Bevölkerung übergewichtig oder fettleibig – ein erschreckend hoher Wert (wenn auch immer noch um fünf Prozentpunkte niedriger als in den USA). Wie in den USA, so essen auch in Mexiko die Menschen zu viel und bewegen sich zu wenig. Die Familien von Alma und Marco Antonio sind keine Ausnahme. „Meine Mutter und meine Schwiegereltern sind übergewichtig", erzählt Alma, „und sie haben alle Diabetes." Auch Alma, Marco Antonio und ihr ältester Sohn sind übergewichtig. Sie macht sich Sorgen, sie könnten ebenfalls zuckerkrank werden. Ihre Lebensweise ändern sie dennoch nicht. Bekommt Antonio denn ausreichend Bewegung? „Nein. Früher habe ich Fußball gespielt und bin viel herumgelaufen. Doch jetzt habe ich dafür keine Zeit mehr." Den ganzen Tag hinterm Kiosktresen zu hocken und auf Kundschaft zu warten verbraucht kaum Kalorien. Und fürs Fitnessstudio hatte er weder Zeit noch Geld.

Im Laufe der Jahre eröffneten in Alma und Marco Antonios Nachbarschaft immer mehr kleine Läden. Der Umsatz ihres Kiosks sank. Und neue Supermärkte zogen Kundschaft ab. Der Kiosk rentierte sich nicht mehr. Doch Marco Antonio hatte keine Aussicht auf einen Job. Almas Vater, der als illegaler Obstpflücker in den USA lebt, schlug vor, der Schwiegersohn solle sich ihm anschließen. Das Paar nahm Verbindung zu einem „Coyoten" auf, einem Schleuser, der Marco Antonio für 3000 Dollar über die Grenze brachte. Eine Anzahlung reichte, mit dem Versprechen, den Rest abzustottern. Sorgenvoll und doch auf die Zukunft hoffend, ließ Marco Antonio seine Familie zurück.

Ein riskantes Geschäft

Bis jetzt geht die Rechnung nicht auf. Marco Antonio arbeitet nur 20 bis 30 Stunden pro Woche, für fünf Dollar die Stunde. Den mageren Lohn schickt er nach Hause. Alma bezahlt davon die Raten an den „Coyoten" und benötigt den Rest für die Familie. „Wir essen nicht mehr wie früher", sagt sie. Aber auch nicht gesünder. Sie essen weniger Obst und Gemüse, doch die Knabberartikel und Soft-Drinks sind noch immer Teil ihrer Ernährung. Auch wenn sie jetzt nur noch vier Liter Coca-Cola pro Woche trinken. Trotz des enger geschnallten Gürtels schaffen es die Kinder, eine ganze Menge Süßigkeiten und Chips zu vertilgen, auch wenn ihre Mutter die nicht kauft. „Sie übernehmen kleine Jobs", sagt Alma, „und geben das Geld für Bonbons und Chips aus. Und wenn ich ihnen Geld für die Schulkantine gebe, kaufen sie manchmal Knabberzeug davon." Alma ist mit den Kindern zu ihrer Mutter gezogen, und ihre Schwester Estella sorgt für die Jungen, wenn Alma stundenweise in einem Markt jobbt. Macht sie sich Sorgen wegen Marco Antonio? Ja, das tut sie. „Aber er macht sich auch Sorgen, weil er uns nicht genug Geld schicken kann." Sollte er versuchen, einen anderen Job zu bekommen? Er habe Angst, sagt sie. „Wenn er das System in den USA erst besser kennt, wird er sich etwas anderes suchen. Doch das ist schwierig, weil er kein Englisch spricht." Sie telefonieren einmal im Monat miteinander. Und sprechen von ihren Hoffnungen und Träumen.

Auf dem Hauptplatz von Cuernavaca, dem Zócalo aus der Kolonialzeit, flanieren am späten Sonntagnachmittag Einheimische und Touristen, eine Kapelle spielt dazu. Ein Bild, wie man es seit mehr als hundert Jahren aus Mexiko kennt, denn ähnliche Plätze hat fast jede Stadt. Doch wie anderswo im Land sieht man auch hier die Zeichen des Wandels: ein Plakat *(rechts oben im Bild)* **kündigt die baldige Eröffnung eines Supermarkts der US-Kette Costco an**

Beim Einkauf des Wochenvorrats in einem Supermarkt trägt Alma Unmengen kleiner Brote zur Kasse. Ebenso
unsinnig ist ihre Großbestellung von Tortillas in der kleinen Tortillabäckerei *(oben rechts)* gegenüber ihrer
Wohnung – die dünnen Maisfladen sind schlecht lagerfähig und werden eigentlich für jede Mahlzeit frisch gekauft.
Danach kocht sie im Lokal ihrer Schwester *(unten rechts)* für die Familie und Gäste Krebssuppe

MEXIKO

- Einwohner: **104 960 000**
- Einwohner von Cuernavaca: **705 405**
- Fläche: **1 953 162 km²** (fünfeinhalbmal so groß wie Deutschland)
- Bevölkerungsdichte: **54 Einw./km²**
- Anteil der städtischen Bevölkerung: **76 %**
- Anteil der Urbevölkerung: **14 %**
- Lebenserwartung Männer/Frauen: **72/77 Jahre**
- Lebenserwartung der Urbevölkerung gegenüber Weißen: **−6 %**
- Geburten pro Frau (durchschnittl.): **2,5**
- Anteil der Analphabeten unter den über 15-jährigen Männern/Frauen: **6/9 %**
- Kalorienaufnahme pro Person und Tag: **3145 kcal**
- Jährlicher Alkoholkonsum pro Person (reiner Alkohol): **4 l**
- Bruttosozialprodukt (BSP) pro Person bei Kaufkraftparität (auf Grundlage der Kosten für gleichwertige Waren in den USA): **8970 $**
- Jährliche Gesundheitsausgaben pro Person/Anteil am BSP: **370 $/6,1 %**
- Anteil übergewichtiger Männer/Frauen: **65/66 %**
- Anteil fettleibiger Männer/Frauen: **20/32 %**
- Tortilla-Konsum pro Person und Jahr: **103,5 kg**
- Fleischkonsum pro Person und Jahr: **58,5 kg**
- Zahl der McDonald's-Filialen: **261**
- Preis eines Big Mac: **2,58 $**
- Zahl der von Walmart Mexiko betriebenen Supermärkte und Restaurants: **285/411**
- Zigarettenkonsum pro Person und Jahr: **754 Stück**
- Platz auf der Weltrangliste des Coca-Cola-Verbrauchs pro Person: **1**
- Bevölkerungsanteil, der von weniger als zwei Dollar pro Tag leben muss: **26 %**

VOR ORT NOTIERT

Um sich mit dem Leben in Cuernavaca vertraut zu machen, ist kein Ort geeigneter als der Hauptmarkt, der aus einem halben Dutzend großer alter Hallen besteht, die am Hang gelegen über der Stadt thronen. Während ich darauf wartete, die lokalen Händler und ihre Kunden in Aktion zu erleben, genoss ich frisch gepressten Karotten- und Orangensaft.

Es gibt auf diesem Markt eine ganze Reihe faszinierender Stände, in denen die Köpfe und Füße von Schweinen und Hühnern angeboten werden. Bei uns würde man nie Schweineköpfe ausstellen. Um nicht daran denken zu müssen, dass das Fleisch, das wir essen, einmal Köpfe und Füße hatte, schneiden wir Amerikaner es in anonyme Stücke und schweißen diese in Plastikfolie ein. In Mexiko kann man sich schwer vor der Erkenntnis drücken, dass ein Tier getötet werden muss, damit man sein Fleisch essen kann. Als ehemaliger Rinderzüchter bin ich dafür, sich den Fakten zu stellen – wir sollten eine realistische und ehrliche Beziehung zum Fleisch bekommen, das wir essen.   *– Peter Menzel*

FAMILIENREZEPT

Alma Casales' Krebssuppe

50 g Margarine

1 kg Tomaten, grob gehackt

250 g weiße Zwiebeln in Scheiben

500 g Möhren, in Scheiben geschnitten

5 Knoblauchzehen, gepresst

1,2 kg Krebse, in Stücke gehackt

5 Ölbaum-Blätter, 5 TL Salz

750 g Chipotle-Pfefferschoten

- In einem großen Topf Zwiebeln und Knoblauch in der Margarine anschwitzen; Tomaten und Olivenblätter zugeben.
- Die Krebse gut abspülen, mit Möhren und Pfefferschoten in den Topf geben.
- Mit 1 l Wasser auffüllen, aufkochen und zugedeckt 80 Min. köcheln lassen.

Die Schweineköpfe zeigen an, dass ein Metzger anwesend ist. Vielleicht sind Märkte wie der von Cuernavaca ein Auslaufmodell, noch aber drängen sich die Käufer beim Fleisch oder nehmen einen Imbiss in einem Restaurant ein *(rechts)*. Es geht lebhaft zu, aber nicht mehr so wie früher. Immer mehr Mexikaner kaufen im Supermarkt ein. Die Walmart-Tochter Walmex ist schon jetzt der größte private Arbeitgeber im Land

Die Familie Batsuuri in ihrem Untermietzimmer in Ulan Bator. Zwischen Regzen Batsuur, 44 *(links)*,
und Oyuntsetseg (genannt Oyuna) Lhakamsuren, 38, stehen ihre Kinder Khorloo, 17, und Batbileg, 13.
Gekocht wird auf einem Elektro- und einem Kohleherd. Die Vorratshaltung erfolgt in einer Kühl-
Gefrier-Kombination, die sich die Batsuuris mit zwei weiteren Familien teilen müssen

In der Schuldenfalle

Getreide und andere stärkehaltige Lebensmittel: $ 5,40

7 l Brot; 5 kg Kartoffeln; 2 kg Reis; 2 kg Nudeln; 1 kg Weißmehl.

Milchprodukte: $ 6,20

3 l Milch; 500 g holländischer Käse‡ (wird selten gekauft, ist teuer und gilt als Luxusware).

Fleisch, Fisch und Eier: $ 13,50

3,1 kg Rindfleisch; 2 kg Hammelfleisch; 700 g Dauerwurst; 30 große Eier; 200 g Kilka (ein sardellenartiger Fisch in der Dose); 150 g Sprotten (Dose).

Obst, Gemüse und Nüsse: $ 8,40

2 kg Äpfel; 1 kg Mandarinen; 2,4 kg Gurken; 1,5 kg Weißkohl; 1 kg Möhren; 1 kg Tomaten; 1 kg Pastinaken; 500 g Zwiebeln; 500 ml Gemüsekonserven; 50 g Knoblauch.

Öle, Würzmittel und Gemüse: $ 1,60

1 kg weißer Zucker; 500 ml Öl; 1 kg Margarine; 250 g Salz; 125 g Ketchup; 100 g Mayonnaise; 25 ml Sojasauce;

Snacks und Süßigkeiten: $ 2,40

3 kg Gebäck; 500 g Trockenmilch (gepresst, wird als Süßigkeit gegessen).

Getränke: $ 1,70

1,25 l Bier (Regzen trinkt zu Hause keinen Alkohol, wohl aber mit Freunden); 125 g indischer Schwarztee; Leitungswasser zum Trinken und Kochen.

Sonstiges: $ 0,86

2 Päckchen Zigaretten.

Gesamtausgaben für Lebens- und Genussmittel in einer Woche: 41 986 Tugrik/$ 40,06

‡ Nicht auf dem Bild

SÄCKE MIT MEHL UND ZUCKER sind vor der Markthalle von Ulan Bator gestapelt, in der Oyuntsetseg Lhakamsuren täglich einkauft. Sie schreitet durch den zarten Mehlnebel, der die Großhändler vor der Halle umgibt, in der Kleinhändler in endlos scheinenden Reihen ihre Waren an Ständen und auf Tischen anbieten. Oyuna, wie sie kurz genannt wird, kauft zügig ein. Am ersten Stand nimmt sie Knoblauch und Zwiebeln und eine Gemüsekonserve. Rotes Fleisch spielt in der Ernährung der Mongolen – wie der meisten Völker in kalten Klimazonen – eine wichtige Rolle. Oyuna prüft das Angebot an vier verschiedenen Ständen genau, bevor sie ihr Hammelfleisch auswählt. Sie blättert das Geld auf den Tisch und stopft das Fleischpaket in ihre große Tasche. Auf dem Weg nach Hause geht sie beim buddhistischen Tempel vorbei. „Wir brauchen bei vielen Dingen Beistand", sagt sie und opfert vor ihrem Gebet eine Münze.

Seit dem Zusammenbruch des kommunistischen Systems 1990 haben viele Mongolen Probleme mit den Spielregeln und Mechanismen der neuen Marktwirtschaft. Oyunas Familie gehört dazu. Mit gehortetem Baumaterial baute ihr Mann Regzen Batsuuri eigenhändig auf einem besetzten Grundstück am Stadtrand neben ihrem Ger, dem traditionellen Rundzelt der Familie, ein Haus. Gleichzeitig eröffnete Oyuna mit ehemaligen Kolleginnen eine private Apotheke. Es war eine aufregende Zeit für die Familie und mit mehr Tücken verbunden, als die Batsuuris ahnten. Mit ihren Kolleginnen hatte Oyuna einen Kredit zur Finanzierung der Apotheke aufgenommen – allerdings ohne die Wirkung von Zins und Zinseszins zu kennen. Die Schulden wuchsen, und die Familie Batsuuri verlor nicht nur ihr neues Haus, sondern auch ihr Ger. Die vierköpfige Familie lebt jetzt in einer Plattenbauwohnung – in einem einzigen Zimmer mit Küchenbenutzung zur Untermiete bei der 83-jährigen russischen Einwanderin Tanja. Aber immerhin gibt es hier fließend Wasser. Oyuna hat eine neue, viel kleinere Apotheke aufgemacht. Regzen arbeitet jetzt als Elektriker und hat Sehnsucht nach dem Zelt. Doch Oyuna und die Kinder freuen sich über das Badezimmer und die Küche mit dem Elektroherd – auch wenn sich die ganze Familie in ein kleines Zimmer zwängen muss. Die Kinder genießen es, das Wasser nicht mehr in Eimern mühsam einen steilen Hang hinaufschleppen zu müssen.

Rund um die Plattenbausiedlungen von Ulan Bator, ein Erbe aus der Sowjetzeit *(links)*, haben sich Landbesetzer niedergelassen.
Die ehemaligen Nomaden haben ihre Parzellen ordentlich abgegrenzt und darauf ihre Rundzelte aufgeschlagen. In ihnen
gibt es zwar weder Wasser noch Strom, doch in vieler Hinsicht lebt man darin komfortabler als in den beengten Wohnungen
der Plattenbauten. Oben: Batbileg *(liegend)*, Khorloo *(Mitte)* und ihre Kusine Suvd Erdene bei den Hausaufgaben

Als ich in Ulan Bator mit Batbileg und ein paar seiner Nachbarn auf dem staubigen Parkplatz vor ihrem Plattenbau Basketball spielte (der Lieblingssport der Mongolen), tauchten plötzlich drei Kühe auf. Ich griff meine Kameras und folgte den Rindern zu einem überquellenden Müllcontainer voller Plastikflaschen, alten Auto- und Tierteilen (Hufe, Köpfe und Schädel), in dem sie nach Nahrung wühlten. Es war spät am Tag, und die tiefstehende Sonne brach durch die dunklen Wolken, ließ die überall verstreuten Glasscherben glitzern und verzauberte so die zuvor eher apokalyptisch anmutende Szenerie.

An unserem letzten Abend in Ulan Bator ließen wir uns von der Anpreisung in einem Touristenprospekt zum Besuch eines privaten kulinarischen Theaters in einem Rundzelt verleiten. Leider entpuppte sich das versprochene Gourmetmenü als kalte, mittelmäßige Variante der köstlichen Maultaschen, die uns Regzen am Abend zuvor serviert hatte. Doch dann traten die Musiker auf: ein gutturaler Sänger mit Begleitung. Zauberklang erfüllte das Zelt – ein Dröhnen tief aus dem Hals, unterbrochen von hohen flötenartigen Harmonien, alles aus der Kehle ein und desselben Mannes. Es war unglaublich schön, obwohl ich kein Wort verstand. Der Sänger brachte meine Seele zum Schwingen. Kurz darauf betraten zwei elfenhafte junge Mädchen in paillettenbesetzten Trikots die Szene. Während auf der einen Seite des Zelts weiter gesungen wurde, führten die Mädchen eine perfekte Schlangenmenschnummer auf. Gebannt von der erstaunlichen Musik, verzaubert von den Bewegungen der Mädchen und benebelt von warmem Bier und kalten Maultaschen, schwebte ich im Glück. Diesmal hatte der Prospekt nicht zu viel versprochen.   – Peter Menzel

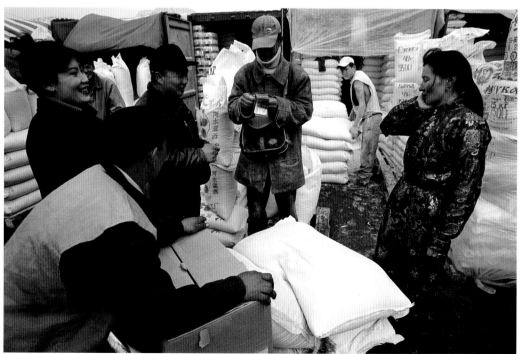

- Einwohner: **2 751 000**

- Einwohner von Ulan Bator: **760 100**

- Fläche: **1 564 116 km²** (fast viereinhalbmal so groß wie Deutschland)

- Bevölkerungsdichte: **1,8 Einw./km²**

- Viehbestand (Rinder, Pferde, Schafe, Ziegen, Kamele): **25 000 000**

- Zahl der durch Dürre und harte Winter zwischen Sommer 1999 und Winter 2002 verendeten Nutztiere: **7 000 000**

- Anteil des Weidelandes an der Fläche (Wiesen und Trockensteppe): **80,7 %**

- Anteil der städtischen Bevölkerung: **57 %**

- Anteil der Zeltbewohner: **45 %**

- Platz Ulan Bators auf der Weltrangliste der kältesten Hauptstädte: **1**

- Lebenserwartung Männer/Frauen: **60/66 Jahre**

- Geburten pro Frau (durchschnittl.): **2,4**

- Anteil der Analphabeten unter den über 15-jährigen Männern/Frauen: **2/2 %**

- Kalorienaufnahme pro Person und Tag: **2249 kcal**

- Jährlicher Alkoholkonsum pro Person (reiner Alkohol): **2,3 l**

- Bruttosozialprodukt (BSP) pro Person bei Kaufkraftparität (auf Grundlage der Kosten für gleichwertige Waren in den USA): **1710 $**

- Jahr der Einstellung der sowjetischen Wirtschaftshilfe: **1991**

- Jährliche Gesundheitsausgaben pro Person/Anteil am BSP: **25 $/6,4 %**

- Anteil übergewichtiger Männer/Frauen: **46/66 %**

- Anteil fettleibiger Männer/Frauen: **5/25 %**

- Anteil der Diabetiker unter den über 20-Jährigen: **3 %**

- Fleischkonsum pro Person und Jahr: **108,6 kg**

- Zahl der McDonald's-Filialen: **0**

- Anteil der Bevölkerung, der von weniger als zwei Dollar am Tag leben muss: **50 %**

Ein Mädchen mit leuchtenden Wangen wartet an ihrem Gemüsestand im Zentralmarkt von Ulan Bator *(oben links)* auf
Kundschaft. Die Markthalle ist auch im Winter nicht geheizt, doch vor der Halle haben es die Mehlgroßhändler noch kälter
(unten links). Allmählich bessern sich die Lebensverhältnisse in der Stadt. So sind die Rinder *(oben)*, die einen Müllcontainer durchwühlen, ein Zeichen des Wohlstands – die Mongolen können es sich leisten, Lebensmittel wegzuwerfen

FAMILIENREZEPT

Oyuna Lhakamsurens Buuz (gedämpfte Maultaschen)

1 kg Hammel- oder Rindfleisch

200 g Fett vom Hammelschwanz oder Rindertalg

Salz und Pfeffer

1 große Zwiebel, fein gehackt

1 kg Mehl (am besten doppelgriffiges)

- Fleisch und Fett durch den Wolf drehen oder besser mit scharfem Messer sehr fein würfeln (so bleibt es saftiger), mit Salz, Pfeffer und Zwiebel abschmecken.

- Das Mehl mit 3/4 l lauwarmem Wasser und einer Prise Salz vermischen und auf der bemehlten Arbeitsfläche 5 Min. lang zu einem weichen, elastischen Teig kneten, der nicht mehr klebt. Wenn nötig, mehr Wasser oder Mehl einarbeiten. Zur Kugel formen, in ein bemehltes Tuch schlagen und 10 Min. ruhen lassen.

- Den Teig zu einer gurkendicken Rolle formen und in 5 mm dicke Scheiben schneiden. Diese auf der bemehlten Ar-beitsfläche mit dem Rollholz zu perfekten Kreisen auswalzen (die Blätter sollen in der Mitte etwas dicker sein als am Rand).

- 1 EL Farce auf jeden Kreis geben, die Teigränder befeuchten, über die Füllung legen und an den Rändern zusammendrücken – je passgenauer man arbeitet, umso leichter geht es.

- Die Maultaschen 20 Min. im Dampf garen (ein chinesischer Dampfkorb ist gut geeignet, wenn man das Bodengitter ölt).

Regzen Batsuuri *(oben links)* **schneidet Kürbis, Möhren und Kohl in der kleinen Küche, die sich drei Familien teilen müssen. Die Maultaschen** *(unten links, siehe Familienrezept)* **hat er mit seiner Tochter Khorloo vorbereitet. Weil Oyuna in ihrer Apotheke Nachtdienst hat, bringt ihr Batbileg das Essen vorbei, bevor sich die übrigen Familienmitglieder gemeinsam mit einer Nichte an den Tisch setzen** *(rechts)*

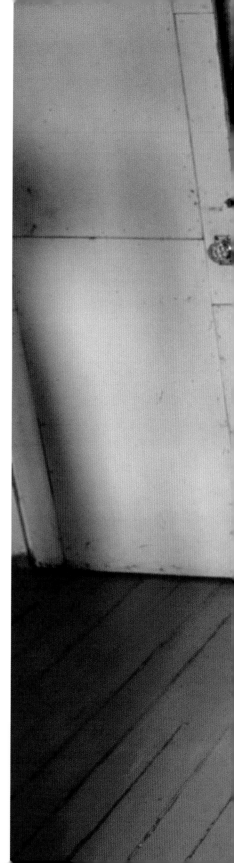

Die Familie Cabaña im größten Raum ihrer 19-Quadratmeter-Wohnung in Manila. Sitzend Angelita Cabaña, 51, ihr Mann Eduardo Cabaña, 56 (mit dem zweijährigen Enkel Dave), und ihr Sohn Charles, 20. In der Küche stehen Eduardo jr., 22 (genannt Nyok), mit Frau Abigail, 22, und Tochter Alexandra, 3. Hinter den Blumen Sohn Christian, 13 (genannt Ian). Gekocht wird auf dem Gasherd

Auf engstem Raum

Jeden Reisenden fasziniert Manila: pure Reizüberflutung. Die hart arbeitenden Einheimischen aber müssen sich dieser Stadt jeden Tag aufs neue stellen und ihre Anpassungsfähigkeit unter Beweis stellen. Arbeitslosigkeit, Umweltverschmutzung, Korruption, Vettern- und Cliquenwirtschaft und das Verkehrschaos machen das Leben in der Metropole schwer erträglich. Es sind vermutlich die Solidarität und der Erfindergeist der philippinischen Familien, die die Stadt am Laufen halten.

AUS DER HELLEN SONNE auf einer Hauptstraße im Zentrum von Manila biegen wir bei einem Hahn, der mit einer Fußleine an einen Holzklotz gefesselt ist, in die dunkle Gasse, in der Angelita Cabaña wohnt. Ihre Söhne Nyok und Charles sagen, sie sei nicht zu Hause, komme aber gleich wieder. Sie ist unterwegs, um Tupperware vorzuführen. Das ist einer der vielen Jobs, mit denen sie versucht, die Familie zu ernähren und die Kinder zur Schule zu schicken. Sie ist gelernte Physiotherapeutin und hat ein paar Kundinnen, die sich den Luxus leisten können, sich für drei bis vier Euro die Stunde massieren zu lassen.

Um über die Runden zu kommen, hat Angelita die Hälfte ihres Hauses vermietet. Für die achtköpfige Familie bleiben drei kleine Zimmer. Außerdem repariert sie Uhren, ein Handwerk, das auch ihr Mann Eduardo ausübt, in einem aufs Pflaster des Gehwegs geschraubten Büdchen von der Größe einer Telefonzelle. An guten Tagen verdient Eduardo umgerechnet etwa 14 Euro.

Die Nachbarn der Cabañas im Stadtviertel Malate sind Arme, die in den Bars und Touristenhotels bedienen oder sich als Fremdenführer andienen. Andere sind Straßenhändler, die den ganzen Tag mit kleinen Karren durch die Stadt ziehen und Süßigkeiten oder Küchenutensilien verkaufen. Mobile Köche bieten knusprig fritierte Süßkartoffeln, Hühnerfleischspieße und *kwek-kwek* an, mit orangefarbenem Mehl überzogene hartgekochte Wachteleier. *Sari-sari* genannte Tante-Emma-Läden öffnen früh am Morgen und schließen erst spät in der Nacht. Neben dem obligatorischen Sortiment von Coca-Cola, Nestlé und Kraft verkaufen sie alles Mögliche in kleinen Mengen, die Filipino-Familien gerade noch bezahlen können.

EIN WOCHENBEDARF IM JANUAR

Getreide und andere stärkehaltige Lebensmittel: $ 7,10

14 kg weißer Reis; 1,8 kg Weißbrot in Scheiben; 1 kg Pan de Sal (salziges Brot); 600 g Käsebrot; 330 g Kartoffeln; 100 g Panade.

Milchprodukte: $ 2

360 g Milchpulver; 250 g Scheiblettenkäse.

Fleisch, Fisch und Eier: $ 19,70

3,5 kg Schweinefleisch; 2 kg Huhn; 2,5 kg Milchfisch; 1,5 kg frischer Tilapia-Fisch; 12 Eier; 500 g Würstchen; 400 g Dosenwurst; 330 g Sardinen in Tomatensauce (Dose); 70 g Salzfisch (Hering).

Obst, Gemüse und Nüsse: $ 7,20

4 kg grüne Orangen; 2 kg Bananen; 1,3 kg Kochbananen; 250 g Limetten; 2 kg Kalabasang-Kürbis; 1,1 kg Auberginen; 1 kg grüne Tomaten; 1 kg weißer Rettich; 600 g Wasserspinat; 500 g Koloquinte; 500 g Zwiebeln; 450 g Weißkohl; 350 g Okraschoten; 250 g Möhren; 250 g Mungbohnen; 250 g grüne Bohnen; 185 g Süßkartoffeln; 150 g grüne Chilischoten; 100 g Knoblauch.

Öle, Würzmittel und Saucen: $ 2

1 kg weißer Zucker; 500 ml Pflanzenöl; 350 ml Sojasauce; 250 g Tamarinden; 175 ml scharfe Fischsauce; 160 g Ketchup; 150 ml Essig; 125 g Salz; 80 g All-around-Sauce (aus pürierter Leber mit Gewürzen); 15 g schwarzer Pfeffer; 8 Lorbeerblätter.

Snacks und Süßigkeiten: $ 1,90

240 g Tortillachips; 200 g Kräcker; 60 g Schokoriegel; 30 g Schokobonbons; 30 g Halsbonbons.

Fertiggerichte und Instantprodukte: $ 1,10

1,2 kg Instantnudeln.

Fast Food: $ 1,90

1 Jollibee-Hamburger und Pommes frites; 1-mal Brathuhn mit Reis; 2 Cola.

Straßenkost: $ 1,30

500 g Dampfbrötchen mit Schweinefleischfüllung; 150 g fritierte Wachteleier im Teigmantel.

Getränke: $ 4,50

8,8 l Cola; 1 l Orangensaftgetränk; 55 g Instantkaffee; 66 l Leitungswasser zum Trinken (der Wasserdruck ist sehr schwach, fließendes Wasser gibt es nur von 2 bis 6 Uhr).

Sonstiges: $ 0,75

2 Päckchen Zigaretten.

Gesamtausgaben für Lebens- und Genussmittel in einer Woche: 2629,50 Peso/$ 49,45

Die Cabañas freuen sich über die auf Initiative des Bezirksbürgermeisters installierte Straßenbeleuchtung. Wie viele Menschen im Großraum Manila, der aus vier Städten und 13 Gemeinden besteht, müssen sie zwischen Drogenabhängigen und Kleinkriminellen leben, und die Beleuchtung macht ihr Quartier ein wenig sicherer. Doch die unkontrollierbare Müllflut, die Unzuverlässigkeit elementarer städtischer Dienste und die nach wie vor grassierende Kriminalität zeigen, was für eine schwere Aufgabe es ist, eine sichere, saubere Umgebung für eine auf engstem Raum lebende, bettelarme Bevölkerung zu schaffen. Bei den Cabañas zu Hause, wo man mit anderthalb langen Schritten durchs Wohnzimmer kommt, ist alles sauber und ordentlich, wenn auch ein wenig abgewohnt.

Die Küchenchefin

Der Zeichentrickfilm, der im Fernsehen läuft, fasziniert Nyoks dreijährige Tochter Alexandra ebenso wie uns die große Statue des Santo Niño – des Jesuskindes – in der Ecke. Viele Familien in diesem überwiegend katholischen Land besitzen solche Statuen, die sie einmal im Jahr auf einer Prozession durch die Straßen tragen. Die Fremdenverkehrsbehörde bezeichnet das Santo-Niño-Fest von Manila als „große Prozession von mehr als 200 gut angezogenen Darstellungen des Jesuskindes". Wir sahen eine wesentlich größere Zahl, und die Statuen waren wirklich sehr schön gekleidet.

Alexandras zweijähriger Bruder Dave wird munter, wenn seine Großmutter Angelita – genannt Lita – hereinkommt. Sie ist die Frau seiner Träume, die Küchenchefin, Herrin über Nudeln und Eier und Käse. Zum Frühstück à la Lita gehören manchmal Scheibletten, für gewöhnlich Reis und Eier und immer Pan de Sal – salziges Brot, das die „Pot-Pots" frisch vom Karren verkaufen. Die Händler haben ihren Namen von den Hupen, mit denen sie auf sich aufmerksam machen.

Als ihn seine Mutter beim Kinderhüten ablöst, verzieht sich der Betriebswirtschafts-Student Nyok ins kleine Zimmer, das er mit seiner Frau Abigail und den beiden Kindern bewohnt, um zu lernen. Abigail verkauft Zigaretten auf dem Markt. Wie viele junge Familien in der Stadt leben sie aus Kostengründen bei den Eltern. Zusätzlich profitieren sie von Litas bemerkenswerten Fähigkeiten bei der Schnäppchenjagd. Das Spiel des günstigen Einkaufs in Manila hat viele Facetten. Am wichtigsten sind dabei die *sukis*.

Die Kunst des Suki

Durch die Straßen brettern ständig die grellbunten, gnadenlos überfüllten Sammeltaxis, die Jeepneys. Auch auf der Straße beim Divisoriamarkt, die Lita und 50 weitere Menschen gerade überqueren wollen. Gemeinsam stürzen sie sich auf die Fahrbahn und zwingen Jeepneys und Lkw zum Halten – die übliche Art der Verkehrsregelung in Manila. Lita erledigt die Einkäufe für die ganze Familie zwischen ihren Massageterminen und den Tupperware-Verkäufen. Weil ihr Kühlschrank vor kurzem vorzeitig den Geist aufgegeben hat, muss sie wieder täglich frisch einkaufen. Ihr Problem ist, dass die günstigsten Läden am weitesten weg liegen. Sie muss also die Vorteile, billige Preise, und die Nachteile, höhere Fahrtkosten und größeren Zeitaufwand, gegeneinander abwägen. Heute, auf dem Divisoriamarkt, eine halbe Jeepneystunde von zu Hause entfernt, hofft Angelita bei einigen ihrer Sukis auf Schnäppchen.

Der Begriff Suki bezeichnet sowohl Händler wie auch ihre Stammkunden. Im Laufe der Zeit kann diese Beziehung – ähnlich einer inoffiziellen Treuekarte – dem Kunden ansehnliche Rabatte und dem Händler gute Umsätze bescheren. „Bei meinen Sukis kriege ich manchmal Prozente", sagt Lita.

Bevor sie kauft, verschafft sich Lita einen Überblick über das Angebot der Obst- und Gemüsehändler und wählt die frischeste Ware, die sie sich leisten kann. Heute kauft sie Zwiebeln und Tomaten bei einem Suki. Sie nimmt nur grüne Tomaten. „Die halten länger", sagt sie. Wenn kein Suki das Gewünschte hat, geht sie zu einem Stand, wo niemand ansteht – in der Hoffnung, dort erfolgreich handeln zu können. Heute sucht sie vergeblich nach preiswerten Auberginen. Die seien „richtig teuer" – 30 Peso (ca. 43 Cent) das Kilo statt der üblichen 20. Endlich findet sie eine Händlerin ohne Kunden, bei der sie handeln kann. „Suchen Sie mir die besten heraus", fordert Lita, nachdem der Preis abgemacht ist. Zu mir sagt sie: „Ich röste die Auberginen, schäle sie und brate sie mit Rühreiern." Lita drückt einen Finger mit der anderen Hand, während die Händlerin das Wechselgeld abzählt. „Haben Sie sich verletzt?", frage ich. „Ich wurde gestern Nacht im Schlaf von einer Ratte gebissen", sagt sie und zeigt mir die Verletzung an der Fingerspitze. Man kann die Bissspuren deutlich erkennen. Wird sie damit zum Arzt gehen? „Vielleicht", antwortet sie. Extraausgaben müssen wohl überlegt werden. Am Ende geht sie nicht.

PHILIPPINEN

- Einwohner: **86 242 000**
- Zahl der Frauen und Mädchen, die pro Tag auswandern: **1900**
- Einwohner des Großraums Manila: **14 000 000** (geschätzt)
- Fläche: **300 000 km²** (fast so groß wie Italien)
- Bevölkerungsdichte: **287 Einw./km²**
- Anteil der städtischen Bevölkerung: **62 %**
- Lebenserwartung Männer/Frauen: **65/72 Jahre**
- Geburten pro Frau (durchschnittl.): **3,2**
- Anteil der Analphabeten unter den über 15-jährigen Männern/Frauen: **7/7 %**
- Kalorienaufnahme pro Person und Tag: **2379 kcal**
- Jährlicher Alkoholkonsum pro Person (reiner Alkohol): **3,3 l**
- Bruttosozialprodukt (BSP) pro Person bei Kaufkraftparität (auf Grundlage der Kosten für gleichwertige Waren in den USA): **4170 $**
- Jährliche Gesundheitsausgaben pro Person/Anteil am BSP: **30 $/3,3 %**
- Anteil übergewichtiger Männer/Frauen: **22/25 %**
- Anteil fettleibiger Männer/Frauen: **1/3 %**
- Anteil der Diabetiker unter den über 20-Jährigen: **7,1 %**
- Fleischkonsum pro Person und Jahr: **31 kg**
- Zahl der McDonald's-/Jollibee-Filialen: **236/über 400**
- Preis eines Big Mac: **1,47 $**
- Zigarettenkonsum pro Person und Jahr: **1849**
- Anteil der Bevölkerung, der von weniger als zwei Dollar pro Tag leben muss: **46 %**

Im Großraum Manila drängen sich mehr als 14 Millionen Menschen zwischen der Küste und den Bergen. Besonders die Armen müssen jeden Quadratmeter nutzen. Wellblechhütten stehen neben Hochhäusern, wilde Pfahlbausiedlungen breiten sich am Strand, an Flüssen und sogar ins Meer hinaus aus. Dieser Straßenkoch hat sein bescheidenes Unternehmen neben den Bahngleisen angesiedelt – auf einer Fläche von der Größe eines Kleiderschranks

Ein paar Straßen vom Haus der Cabañas entfernt, im Stadtviertel Malate, kauft Angelita *(rechts)* 14 Kilo Reis – den
Wochenbedarf ihrer Großfamilie fürs Foto. Die Gitter sind eine übliche Sicherheitsmaßnahme der kleinen Sari-Saris,
der Tante-Emma-Läden. Angelitas Großeinkauf ist ungewöhnlich. Normalerweise besorgen sich die Menschen
in diesem Arbeiterviertel kleine Mengen für den täglichen Bedarf – Geld und Ware werden durchs Gitter gereicht

Auf den Philippinen muss es mehr Garküchen pro Einwohner geben als in China –
und das will etwas heißen. Man findet sie
überall, selbst im schäbigsten Armenviertel:
Küchen in einer Mauernische, Karren auf
der Straße, Kleinstunternehmer, die über
einem Stück Holzkohle in einer Blechbüchse
dubioses Fleisch auf Spießchen grillen.
Das meiste war richtig lecker, doch einige
der philippinischen Spezialitäten, die ich
probierte – etwa Dunguan, ein Ragout
von Schweinskaldaunen und -leber in
Schweineblut auf Reis –, stellten meine
Verdauungsorgane auf eine harte Probe.

Eines Abends entdeckten wir vor einem Haus
ein Partyzelt, in dem eine Trauerfeier statt-
fand. Neben dem verglasten Sarg ihrer Mutter briet eine Frau Auberginen und Trockenfisch, um die Trauergäste zu bewirten – von
denen viele Poker spielten. Auf den Philippinen sind Glücksspiele nur bei Beerdigungen erlaubt. Die Tochter bekam einen
Anteil am Gewinn als Beitrag zu den
Begräbniskosten.

In einem Einkaufszentrum entdeckte ich ein
Imbisslokal mit dem Namen „Kiss King of
Balls". Bei diesem Namen und einem attrak-
tiven Mädchen, das die „Balls" austeilte,
konnte ich nicht widerstehen. Weil ich bei
Kikiam (Schweinehack und Gemüse im
Tofumantel) und Gulaman-Klößen (aus Al-
gengelatine) noch nicht wusste, was es ist,
bestellte ich Tintenfisch-Bällchen (die nicht
schlecht schmeckten). Weil mir der Name
so gut gefiel, fragte ich scherzhaft nach der
Möglichkeit, Lizenzen für eine Kette zu erwerben. Ich sah schon meine Visitenkarte
als Vorstandsvorsitzender von „Kiss King of
Balls". Später erfuhr ich zu meiner Enttäu-
schung, dass der philippinische Geschäfts-
mann Melchor Flores schon 250 dieser
Lokale auf den Inseln betreibt und sogar
schon einige Filialen im Nahen Osten
eröffnet hat.   – Peter Menzel

**Sinigang na Baboy ni Ka Lita (Oma Litas
Sauersuppe mit Schweinefleisch)**

1 kg Schweinefleisch in 2,5 cm großen
Würfeln

1/2 TL Salz

1 mittelgroße Tomate, geachtelt

1 mittelgroße Zwiebel, geachtelt

200 g Auberginen in kleinen Würfeln

200 g Okraschoten

125 g Rettich, schräg in Scheiben geschnitten

350 g Tamarinden

1/2 TL Fischsauce (aus dem Asialaden)

300 g Wasserspinat

15 g scharfe grüne Chilischote

- Das Fleisch mit Tomate, Zwiebel und Salz
  in 1 l Wasser (möglichst Wasser, in dem
  zuvor Reis gewaschen wurde) garen.

- Wenn das Fleisch fast gar ist, Aubergine,
  Okraschoten und Rettich dazugeben.

- Gleichzeitig die Tamarinden in
  1/4 l Wasser garen.

- Die Tamarinden mit einer Gabel anstechen
  und ausdrücken, um den Saft zu gewinnen.
  Saft und Fischsauce zur Suppe geben.

- Weitere 5 Min. köcheln lassen, kurz vor
  dem Servieren Wasserspinat und Chili dazugeben. Nochmals kurz ziehen lassen.

- Heiß mit Reis und Fischsauce servieren.

**Vor der Markthalle von Quiapo durch-
wühlen Menschen den Müll nach Resten
vom Großmarkt** (unten). **Das Angebot
im Inneren der stets überfüllten Halle reicht
von Lebensmitteln und Kleidung über
Unterhaltungselektronik und Wunderheil-
mitteln bis zu Devotionalien und sogar
Gebeten – gestresste Menschen können
ihre Fürbitten von den »Gebetsdamen«
der Kirche von Quiapo sprechen lassen.
Hier wird Fisch** (oben) **nicht kiloweise
verkauft, sondern »pro Haufen« – dessen
Größe je nach Angebot und Nachfrage
stark variieren kann**

Lita versucht früh einzukaufen, weil sie hofft, die *buena mano* zu sein – die erste Kundschaft. Sie soll dem Händler einen guten Handelstag bescheren und bekommt deshalb den größten Rabatt des Tages. Hat sie sonst noch Tipps? „Kaufen Sie immer große Mengen. Das gibt einen besseren Preis – wenn man es sich leisten kann." Diesem Prinzip kann sie nicht immer folgen. Doch sie tut es zumindest bei halbwegs haltbaren Waren wie Zwiebeln und bei Milchfisch – den Fisch, der für Sinigang und viele andere heimische Gerichte gebraucht wird, legt sie mit Knoblauch in Essig ein, damit er länger hält. Woran erkennt man einen guten Milchfisch? „Er ist frisch, die Augen sind nicht rot, er riecht nicht fischig, das Fleisch ist nicht zu fest und nicht zu weich." Noch ein Tipp: „Kaufen Sie Zucker, Seife, Konserven und andere Markenwaren in Läden in wohlhabenderen Vierteln." Warum? „Die Preise sind die gleichen, doch dort haben sie Klimaanlage." Zum Glück hat Lita eine Massagekundin in so einer Gegend. Dort kauft sie auf dem Heimweg ein.

Bei manchen Dingen bekommt auch Lita keinen besseren Preis. „Fleisch hole ich bei uns nebenan, weil die Preise überall gleich sind." Doch für Fleisch reicht es nicht immer. „Ich versuche, nahrhafte Dinge auf den Tisch zu bringen, die nicht zu viel kosten, zum Beispiel Gemüse und Fisch", sagt sie, doch manchmal reicht es nur für Trockenfisch oder Ölsardinen. „Wenn ich mal mehr Geld habe, kaufe ich Brathühner. Wir haben unser Auskommen, und auch wenn unser Essen nicht so teuer ist wie das bei reichen Leuten, dann ist es bestimmt so lecker."

JOLLIBEE GUT

Obwohl McDonald's und andere Multis in Manila ihren Fuß in der Tür haben, sind Garküchen ein fester Bestandteil der Kultur und der Schattenwirtschaft. Am anderen Ende der Stadt, in Quiapo, stehen seit zehn Jahren Julius und Remy Galimay mit ihrem Grill vor dem Quintamarkt (siehe S. 131). „Die Umsätze schwanken", sagt Remy, doch sie verkaufen genug Isaw, Taba, Dugo und Adidas, um sich und ihre vier Kinder durchzubringen. Isaw sind Spieße mit Innereien von Schwein und Huhn, Taba Spieße mit fritiertem fettem Speck,

Dugo gegrillte Blutwurstwürfel am Spieß. Und gegrillte Hühnerfüße werden nach der Sportschuh-Marke Adidas genannt. Die Spieße kosten bei Remy zwischen einem und 40 Peso, Dugo ist am günstigsten. Es gibt auch Hühnerköpfe, einen Tag alte Küken, Fischklößchen und Wachteleier. Doch Innereien sind das wichtigste Angebot der Straßenküchen.

Litas jüngster Sohn isst täglich bei den Garküchen und gibt dafür etwa 1,50 Euro in der Woche aus. Der mittlere Sohn Charles kauft sich auch mal fritierte Wachteleier, doch lieber geht er zu McDonald's oder Jollibee, einer philippinischen Fast-Food-Kette mit Hunderten von Filialen. Zu deren Angebot gehören Burger und Pommes frites ebenso wie philippinische Kost. Charles studiert aufgrund ausgezeichneter Leistungen mit einem staatlichen Stipendium, muss also nicht nebenbei jobben wie die meisten seiner Kommilitonen. „Ich esse lieber bei McDonald's oder Jollibee als auf der Straße, weil es dort Klimaanlagen gibt", sagt er. „Und obwohl das Angebot dort eigentlich wenig mit der gewohnten philippinischen Kost zu tun hat, nehmen sie doch nach und nach auch einheimische Gerichte auf ihre Karte." Dennoch, so Charles, werde Straßenkost die Nase vorn behalten, weil sie billiger, weiter verbreitet und authentisch ist. Auch Lita geht ein- oder zweimal im Monat nach einem Massagetermin zu McDonald's oder Jollibee, doch ihr Lieblingslokal ist das Nudelhaus Ramon Lee, wo sie und ihr Mann schon vor ihrer Heirat hingingen. Doch das Restaurant liegt 45 Jeepney-Minuten von ihrer Wohnung entfernt.

Nach ihrem langen Tag draußen in der Riesenstadt kehren die Mitglieder der Familie Cabaña abends zum gemeinsamen Essen nach Hause zurück. Das Lieblingsgericht von Litas Kindern ist Sinigang, eine saure Tamarindenbrühe mit Fisch, Meeresfrüchten, Schweine- oder Rindfleisch. Charles sagt, Litas Sinigang sei das beste auf den Philippinen, für Ian ist es das absolute Leibgericht. „Wir haben nur ein bescheidenes Haus", sagt Lita, „aber wir sind stolz darauf, dass hier Liebe und Respekt herrschen. Wir versuchen, unsere Kinder so gut wie möglich zu erziehen und ihnen die Werte zu vermitteln, die unsere Eltern uns beigebracht haben. Bildung hat bei uns höchste Priorität. Sie ist das Einzige, was wir unseren Kindern vererben können."

Neben dem Sarg ihrer Mutter brät diese Frau in Manila Auberginen und getrockneten Fisch für ein Abendessen. Es gibt auch Kaffee, Kekse und Erdnüsse, um die Besucher der Totenwache munter zu halten. Viele Trauergäste nutzen die Gelegenheit zu einer Runde Poker – nach philippinischem Gesetz sind Glücksspiele nur bei Beerdigungen erlaubt. Die Hinterbliebenen bekommen einen Anteil vom Gewinn, den sie zur Finanzierung des Begräbnisses einsetzen können

»Diabesity«

DER MENSCH IST EIN ALLESFRESSER. Ihm steht eine erstaunliche Auswahl an Obst, Gemüse, Getreide und Fleisch für seine Ernährung zur Verfügung. Die Vorlieben mögen unterschiedlich sein, doch sie entwickeln sich weltweit nach demselben Muster. In fast allen Ländern spielten früher einfache Kohlenhydrate, besonders Zucker in verarbeiteter Form, sowie gesättigte und gehärtete Fette eine geringe Rolle in der Ernährung. Aber das ändert sich. Die Mahlzeiten sehen von Ort zu Ort zwar anders aus, doch mit zunehmender Wahrscheinlichkeit handelt es sich um verarbeitete, verpackte Lebensmittel aus dem Werk eines Großkonzerns. Und die Wahrscheinlichkeit, dass die den Menschen gut tun, nimmt ab.

Die Folge ist die Epidemie eines Syndroms, das amerikanische Ärzte „Diabesity" getauft haben – die gefährliche Verbindung von Diabetes und Fettleibigkeit (obesity). Das Epizentrum der Krankheit liegt in den USA, wo 60 Prozent der Erwachsenen – und 30 Prozent der Kinder – übergewichtig oder fettleibig sind. Da zwischen Fettleibigkeit und Diabetes eine Kausalität besteht, wird befürchtet, dass 30 Prozent der im Jahr 2000 in den USA geborenen Kinder an Diabetes erkranken werden. Damit sinkt die Lebenserwartung dieser Generation wahrscheinlich erstmalig unter die ihrer Eltern.

Das Charakteristische des Diabetes mellitus, der Zuckerkrankheit, ist ein stark erhöhter Blutzuckerspiegel. Dieser tritt auf, wenn das Hormon Insulin entweder fehlt oder nicht in der Lage ist, seine Funktion zu erfüllen. Man unterscheidet zwei Hauptformen der Krankheit: Typ 1 und Typ 2. Typ 1 ist die Folge einer Störung des Immunsystems, das die Inselzellen der Bauchspeicheldrüse zerstört, die das Insulin produzieren. Diese häufig schon im Kindesalter auftretende und sich dann schnell entwickelnde Form ist relativ selten. Die meisten Diabetes-Patienten leiden am Typ 2. Dabei produziert die Bauchspeicheldrüse zwar Insulin, doch der Körper reagiert nicht mehr darauf. Der Mangel an Insulin oder die Resistenz dagegen führt dazu, dass die Körperzellen nicht den Zucker erhalten, den sie als Brennstoff benötigen. Der unverbrauchte Zucker sammelt sich im Blut und wird mit dem Urin ausgeschieden. Das verursacht übermäßiges Wasserlassen, Durst, Mattigkeit, Sehstörungen und schlecht heilende Wundstellen.

Schon heute ist Diabetes die sechsthäufigste Todesursache in den USA. Jährlich sterben in Amerika 200 000 Menschen an den Folgen der Krankheit, meist an diabetesbedingten Herz-Kreislauf-Erkrankungen. Diabetes erhöht das Risiko einer Herz-Kreislauf-Erkrankung um das Sechsfache, das eines Schlaganfalls um das Vierfache. Diabetes ist die Hauptursache von Erblindungen, Nierenversagen und nicht verletzungsbedingten Amputationen von Gliedmaßen. Im Jahr 2002 beliefen sich die durch Diabetes verursachten Kosten in den USA durch medizinische Behandlungen, Lohn- und Produktivitätsausfälle auf 132 Milliarden Dollar.

Diabetes vom Typ 2 tritt bei genetisch vorbelasteten Menschen auf, die zu viel energiereiche Nahrungsmittel aufnehmen, vor allem gesättigte Fette und einfache Kohlenhydrate. Auch Bewegungsmangel spielt eine Rolle. Die Krankheit beginnt schleichend, mit wenig spürbaren Symptomen; ein Drittel der Betroffenen – allein in den USA fünf Millionen Menschen – wissen nicht, dass sie Diabetes haben. Früher trat diese Form meist erst im fünften oder sechsten Lebensjahrzehnt auf. Heute findet man sie verstärkt schon bei jungen Erwachsenen und sogar bei Kindern.

Der Diabetes vom Typ 1 ist unabwendbar und unheilbar. Beim Typ 2 ist das anders. Viele Menschen könnten ihn einfach dadurch vermeiden, dass sie ein gesundes Körpergewicht halten. Und wenn sie an Diabetes erkranken, kann im frühen Stadium eine Gewichtsabnahme zur Besserung oder sogar Heilung führen.

Eine wachsende Zahl von Menschen lebt leider in Familien, besucht Schulen oder wohnt in Gegenden, wo es extrem schwierig ist, sich gesund zu ernähren. Sie sind Opfer eines Systems, in dem Pommes frites billiger sind als frische Früchte, Opfer der Lebensmittelindustrie und der Massenmedien, die sie zum Konsum von Dingen verleiten, die sie besser liegen ließen. Amerikanische Schulen gehören heute zu den ungesündesten Lebensräumen — wo Kindern zuckerhaltige Getränke, Süßigkeiten und Fast Food verkauft werden.

Bei meiner Arbeit in der Abteilung für Diabetes am Kinderspital in Los Angeles begegne ich täglich jungen Menschen, die durch ihre Umwelt krankgemacht worden sind. Einer meiner Patienten, der 16-jährige Max, wog fast 140 Kilo. Ich war entsetzt, als er mir sagte, dass er jeden Tag sechs Dosen Limonade mit hohem Zuckergehalt trank — allein mit der Limo schüttete er mehr als 1000 leere Kalorien täglich in sich hinein. Und ich wunderte mich. Max spielte in der ersten Football-Mannschaft seiner Schule. Das heißt, er kam früh am Morgen in die Schule und ging erst am späten Nachmittag nach dem Training heim. Wie schaffte er es, in den restlichen Stunden noch sechs Dosen Limo zu trinken?

Die Antwort entsetzte mich. Max erklärte, dass er täglich fünf Dosen süße Limo aus dem Automaten in der Schule zog — je eine vor der ersten und der zweiten Stunde und eine vor dem Mittagessen. Vor dem Training dann die vierte, danach die fünfte. Blieb eine für zu Hause. Warum trank er nicht Wasser? Er sagte, das Wasser aus dem Trinkbrunnen sei braun und stinke, und am Automaten gebe es keines. Seine übrige Ernährung war genauso schlecht. Am Morgen kaufte er sich in der Schulkantine einen Schokoriegel, mittags einen fett- und kalorienreichen Burrito mit Pommes frites, und nach dem Training gab es jede Menge Doughnuts (fettige Krapfen). Ich fragte ihn nach Obst und Gemüse. Er sagte, die Früchte seien meist angefault, Gemüse in Butter oder Sauce ertränkt. Es gab in seiner Umgebung wirklich kein nahrhaftes und ansprechendes Angebot.

Max gehört zu einer wachsenden Gruppe von Risiko-Jugendlichen. 2001 veröffentlichte das Ärztejournal Lancet eine Studie über Schüler in Boston. Sie kam zu dem Ergebnis, dass eine Dose Limonade am Tag das Fettleibigkeitsrisiko um 60 Prozent steigert. Angesichts dieser Tatsachen sollten Schulen nicht länger Süßigkeiten, zuckerhaltige Getränke und Fast Food verkaufen. Wir dürfen die Gesundheit unserer Kinder nicht länger dem Profit opfern.

Ein Jahr nach dem Lancet-Bericht schloss ich mich einer Initiative zur Abschaffung des Limoverkaufs im gesamten Schulbezirk von Los Angeles an, dem zweitgrößten der USA. Schließlich hatten wir Erfolg — die Behörde verbot den Automatenverkauf von Limonaden und Junk-Food an den Schulen. Ich hoffe, damit ist der Anfang gemacht.

Wir müssen handeln. Sofort in den USA, sehr bald im Rest der Welt. Wir müssen Änderungen in den Schulen, Gemeinden, Gesundheitssystemen, an den Arbeitsplätzen, in den Verwaltungen und in unseren Familien umsetzen. Nur dann können wir uns wieder angemessen und gesund ernähren und entsprechend ausreichend bewegen. Dann können wir mit normalem Gewicht und normalem Blutzuckerspiegel und der Chance auf gute Gesundheit alt werden.

Dr. Francine R. Kaufman schrieb das Buch „Diabesity", eine Aufforderung, gegen Diabetes und Fettleibigkeit anzugehen. Sie lehrt an der Universität von Südkalifornien und leitet das Zentrum für Diabetes und Endokrinologie am Kinderhospital von Los Angeles.

Die Menschen sind Opfer eines Systems, in dem Pommes frites billiger sind als frische Früchte, Opfer der Lebensmittelindustrie und der Massenmedien, die sie zum Konsum von Dingen verleiten, die sie besser liegen ließen

HUHN, SCHWEINEFÜSSE, TOFU, WEISSER EIERSTICH • WEITAIWU, CHINA

FRANZBRÖTCHEN, KÄSE, AUFSCHNITT • BARGTEHEIDE, DEUTSCHLAND

SERRANOSCHINKEN, GEGRILLTES GEMÜSE UND OBST • PARIS, FRANKREICH

KARTOFELCURRY, LINSEN, FLADENBROT BEIM KUMBH-MELA-FEST • UJJAIN, INDIEN

SCHWEINESTEAKS VOM GRILL • WARSCHAU, POLEN

SCHWEINEFLEISCH MIT ZWIEBELN • BRISBANE, AUSTRALIEN

JGCHUCARAS (SCHWEIN, BANANEN, MAIS, TEIGTASCHEN) • LATACUNGA, ECUADOR

KARAOKE-LUNCH (HUHN, KREBSE, SUPPE, FRÜHLINGSROLLEN) • MANILA, PHILIPPINEN

POHA-FRÜHSTÜCK (REISFLOCKEN, KICHERERBSENNUDELN) • UJJAIN, INDIEN

SPIEGELEIER • SARAJEVO, BOSNIEN UND HERZEGOWINA

HUHN MIT REIS • DUBAI, VEREINIGTE ARABISCHE EMIRATE

PLASTIKGERICHTE IN EINEM RESTAURANTSCHAUFENSTER • KOBE, JAPAN

PANIERTES HUHN MIT POMMES FRITES • SAN ANTONIO, USA

Mahlzeiten

Wie jeder Reisende entdeckt, essen die Menschen eine
erstaunliche Vielfalt von Dingen. Und doch zeigen diese
scheinbar so widersprüchlichen Bilder von Mahlzeiten
in aller Welt einen Trend auf, den Francine Kaufman
in ihrem Begleitessay erläutert (S. 242): Mit wachsendem
Wohlstand essen die Menschen mehr Zucker, verarbeitete
Kohlenhydrate und Fett. Auch wenn die Fachleute die
Folgen der einzelnen Faktoren unterschiedlich bewerten,
stimmen sie darin überein, dass alle drei zusammen
weltweit zu einer katastrophalen Zunahme von Fettleibigkeit, Diabetes und Herz-Kreislauf-Krankheiten führen.

Die Familie Sobczynski im Hauptraum ihrer Wohnung in Konstancin-Jeziorna bei Warschau: Marzena Sobczynska, 32, und ihr Mann Hubert Sobczynski, 31, Marzenas Eltern Jan Boimski, 59, und Anna Boimska, 56, Tochter Klaudia, 13, die es sich auf dem Sofa bequem gemacht hat. Gekocht wir mit Gas, die Vorratshaltung erfolgt in einer Kühl-Gefrier-Kombination

Sushi statt Knödel

EIN WOCHENBEDARF IM JULI

Getreide und andere stärkehaltige Lebensmittel: $ 11

3 kg große Kartoffeln (zum Grillen); 2 kg neue Kartoffeln; 1 kg Zwiebelbrot; 1 kg Mehl; 800 g Sechskornbrot; 600 g Brötchen; 600 g Sesambrot; 600 g polnisches Brot; 500 g Baguettes; 300 g Ciabatta; 200 g Knäckebrot; 500 g Spaghetti; 500 g weißer Reis; 400 g Buchweizen.

Milchprodukte: $ 19,50

1,5 l Kefir; 1 l Milch; 450 ml Sahne; 450 g fettarmer Hüttenkäse; 450 g Hüttenkäse; 540 g Fetakäse; 200 g Mozzarella; 1 kg süße Frischkäsezubereitungen; 600 g Joghurt; 250 g Gouda; 200 g Ziegenkäse.

Fleisch, Fisch und Eier: $ 50,50

2 kg Schweinshaxe; 1,5 kg Huhn; 1,2 kg Schweinekotelett; 1 kg Hühnerbrustfilet; 1 kg Schweinehackfleisch; 300 g Schweinefilet; 1 kg Schweineschulter; 1 kg Schweinerippen; 750 g Schinken; 1 kg Wurst; 250 g Würstchen; 12 Eier; 680 g Schweinskopfsülze; 330 g Räucherwurst; 390 g Hühner-pastete; 750 g eingelegte Heringe; 500 g norwegischer Lachs; 300 g Makrele; 340 g Sprotten in Tomatensauce.

Obst, Gemüse und Nüsse: $ 22,60

2 kg Birnen; 1 kg Zitronen; 1 kg Kirschen; 900 g Bananen; 500 g Äpfel; 500 g Honigmelone; 500 g Zwetschen; 450 g Orangen; 5 kg Tomaten; 1,5 kg Möhren; 1 kg weiße Zwiebeln; 2 kg Sauerkraut; 1 kg Gurken; 650 g bunte Paprikamischung; 500 g Kopfsalat; 500 g Blumenkohl; 500 ml saure Gurken; 1 Bund (500 g) Suppengemüse; 500 g rote Zwiebeln ‡; 300 g Radieschen; 210 g Tomatenpüree; 1 Bund (100 g) Schnittlauch; 200 g Walnusskerne; 150 g Haselnusskerne.

Öle, Würzmittel und Saucen: $ 11,70

1 l Pflanzenöl; 1 kg weißer Zucker; 700 ml Mayonnaise; 400 g Margarine; 375 ml Olivenöl; 250 g Salz; 150 g frisches Basilikum; 125 g Senf; 125 g Kräutersalz; 54 g Chilipulver; 54 g gemahlener Kumin; 54 g getrockneter Rosmarin; 40 g Edelsüß-Paprika; 14 g getrockneter Majoran; 6 g Lorbeerblätter.

Snacks und Süßigkeiten: $ 4,50

550 g Schokobonbons; 330 g Schokolade (verschiedene Sorten); 125 g Grapefruitbonbons; 60 g Pfefferminzbonbons; 120 g Schokoriegel; 50 g Schokoladenwaffel.

Fertiggerichte und Instantprodukte: $ 0,88

250 g Hühnerbouillon-Würfel.

Fast Food: $ 2,60

1-mal McDonald's: Hamburger, Pommes frites; Getränk.

Getränke: $ 21,30

7,5 l Mineralwasser; 2 l Cola; 1 l Limonade; 3 l Möhrensaft; 2 l Apfelsaft; 2 l Orangensaft; 1,4 l Bier; 200 g Bohnenkaffee; 50g (50 Beutel) Schwarztee; Leitungswasser zum Trinken und Kochen.

Sonstiges: $ 6,70

1,5 kg Trocken-Hundefutter; 1,3 kg Dosen-Hundefutter; 1,3 kg Dosen-Katzenfutter; 500 g Trocken-Katzenfutter.

Gesamtausgaben für Lebens- und Genussmittel in einer Woche: 582,48 Zloty/$ 151,28

‡ Nicht auf dem Bild

Borschtsch mit Knödeln und Kräutern, Kartoffeln und Sauerkraut, tagelang gekochter Eintopf: mit solch herzhafter polnischer Bauernkost ist Hubert Sobczynski in einem Dorf bei Warschau aufgewachsen. Zwischen den Sättigungsbeilagen seiner Jugend und seinen filigranen Sushi-Kreationen von heute liegen Welten. Nichts in der polnischen Küche scheint irgendeinen Bezug zur japanischen Kochkunst zu haben. Doch die Aromen des Sushi und dessen kunstvolle Präsentation faszinierten Hubert. Nach der Lehre bei einem fernöstlichen Meister in Warschaus erstem japanischen Restaurant eröffnete er mit seiner Frau Marzena das Sushi-Restaurant „Shoku-Yoku". Um das Restaurant finanzieren und gleichzeitig auf ein eigenes Haus sparen zu können, zog das Paar mit der 13-jährigen Tochter Klaudia zu Marzenas Eltern in deren kleine Dreizimmerwohnung.

Morgens packen die drei ihr Bettzeug in den Schrank, die Betten werden zu Sofa und Sessel zusammengeklappt. Dann wird in der kleinen Küche gefrühstückt. Es gibt eine große Auswahl: süße Brötchen und Obst, Joghurt, Müsli und Milch, Eier und Aufschnitt, Tee oder Kaffee. Obwohl die Familie zu Hause traditionell polnisch kocht, hat Marzenas Mutter Anna am Sushi des Schwiegersohns Geschmack gefunden. „Wenn wir aus dem Restaurant kommen, müssen wir ihr immer etwas mitbringen, sonst ist sie unzufrieden", sagt Marzena. Anna mag alles: Garnelen, Aal und sogar Seeigel. Marzenas Vater Jan, in Geschmackssachen viel konservativer als seine Frau, hielt sich lange zurück. „Wir mussten ein Jahr lang auf ihn einreden, ehe er Sushi probierte", sagt Marzena. „Wahrscheinlich hat er sich nur deswegen endlich überwunden, weil er auf Mama eifersüchtig war, die in Sushi schwelgte. Wenn wir ihn fragen, ob es schmeckt, sagt er, es sei nichts Besonderes. Aber wenn wir Mama etwas mitbringen, verschwindet es auf geheimnisvolle Weise."

Sushi ist nur eine der internationalen Spezialitäten, die seit 1989 nach Polen gelangt sind. Und mit wachsendem Einkommen können die Menschen es sich leisten, auswärts essen zu gehen. Vor 1989 konnte man fast nur in den staatlichen „Milchbars" außer Haus essen. Dort gab es, dem Namen entsprechend, vor allem Suppengerichte auf Milchbasis, kein Fleisch und keinen Alkohol. Ein paar dieser Lokale haben überlebt, sie bieten heute klassische polnische Küche zu günstigen Preisen. Sie werden privat geführt, aber vom

Staat subventioniert. Doch die Konkurrenz durch neue Restaurants ist groß. Zusammen mit dem Kapitalismus ist auch amerikanisches Fast Food in Polen eingezogen – und dazu etwas, das Marzena in ihrer Jugend nie erlebt hat: die von den Medien angeheizte Angst der Teenager vor dem Dickwerden. Marzena findet es seltsam, dass gleichzeitig mit der Einführung kalorienreichen Fast Foods in Polen das Verlangen entstand, dessen Auswirkungen um jeden Preis zu vermeiden. „Klaudias Freundinnen machen alle Diät", sagt Marzena. Sie hat Angst, dass der Kampf nicht zu gewinnen ist. Essen sie und Hubert jemals Fast Food? „Wir lachen darüber und sagen, dass Hamburger aus Hund plus Hundehütte bestehen", sagt sie. „Doch von Zeit zu Zeit packt uns schon die Lust, so etwas zu essen. Hinterher haben wir ein schlechtes Gewissen und versprechen uns gegenseitig, dass es das letzte Mal war." Zum Einkaufen gibt es in Polen die übliche Auswahl internationaler Supermarktketten und kleine Lebensmittelläden, Gemüsemärkte, Bäckereien und Fleischereien. Was doch ein paar Jahre ausmachen können.

DEZEMBER 1981. DIE KRISE

Marzena erinnert sich, wie sie als kleines Mädchen für ihren Vater den Platz in der Schlange vor einer Metzgerei besetzt hielt, während er sich vor einem anderen Laden anstellte. „Ich war neun Jahre alt und hatte Angst", sagt sie. Da stand ich zwischen lauter erschöpften fremden Menschen und dachte, was ich denn tun sollte, wenn der Vater nicht rechtzeitig zurück ist, bis ich an der Reihe bin. Was soll ich sagen? Soll ich ein paar Leute vorlassen und warten, bis er kommt?" Und schließlich gab es die Möglichkeit, dass das Fleisch ausverkauft war, bevor sie dran kam – echter Stress für ein kleines Mädchen.

Im Laufe seiner Geschichte wurde Polen immer wieder von seinen großen Nachbarn besetzt und aufgeteilt. 20 Prozent der Bevölkerung kamen im Zweiten Weltkrieg um, und auf die Besetzung durch die Nazis folgte die Herrschaft der Sowjets. Die jüngste schwere Prüfung kam nach der Verhängung des Kriegsrechts durch die kommunistische Regierung des Generals Jaruzelski im Jahr 1981. Sie erfolgte als Reaktion auf die Volksbewegung um die freie Gewerkschaft Solidarnocs unter ihrem Führer Lech Walesa. Erst 1983 wurde das Kriegsrecht wieder aufgehoben, doch die Versorgung mit Lebensmitteln blieb bis zum Ende des Jahrzehnts schwierig. Marzena: „Manchmal ging Vater morgens schon im Dunkeln los, um einzukaufen. Oft kam er erst spät

am Abend wieder. Doch er war stolz und glücklich, wenn er etwas zu essen aufgetrieben hatte." Es bestand immer die Gefahr, dass nur Ladenhüter übrig waren, wenn man in ein Geschäft kam. „Ich erinnere mich an einen Laden mit leeren Regalen", sagt Marzena. „Auf dem Tresen gab es nur einen großen Block orangefarbenen, salzigen und ekligen Käses."

Der Mangel brachte Vorlieben und Abneigungen hervor. „Meine Oma kaufte immer Wurst voller Kümmel", erzählt Marzena. „Ich habe die Samen herausgepickt, aber der Geschmack wurde nicht besser. Ich habe die Wurst gehasst, doch die Oma hat sie immer weiter gekauft – wahrscheinlich, weil sie günstig zu haben war."

Nach Verhängung des Kriegsrechts war Marzenas Lieblingsschokolade zunächst noch aufzutreiben. Dann gab es keine Schokolade mehr, sondern ein Ersatzprodukt. „Es schmeckte seltsam", sagt Marzena, „aber nicht schlecht." Schließlich aber gab es gar keine Süßigkeiten mehr, und die Mutter machte für die Kinder kleine Kugeln aus Haferflocken mit Kakao. Als einmal die Kirche jedem Kind ein Kilo Milchpulver und ein Glas Babynahrung schenkte, aßen sie das Milchpulver trocken.

Hubert und Marzena gingen zusammen zur Schule. Alle wussten, dass Huberts Großmutter vor der Krise nach Amerika ausgewandert war und ab und zu Pakete schickte. „Wir waren alle eifersüchtig auf die Oma in Amerika", sagt Marzena. Hubert erinnert sich an Riesentafeln Schokolade, die sie mit dem Messer aufteilten, und an Gläser mit Nutella, das damals in Polen unbekannt war. „Einmal brachte Hubert Orangen mit", berichtet Marzena, „jede Frucht war in buntes Seidenpapier eingewickelt. Zum Glück war Hubert in mich verliebt und hat mir welche geschenkt. Sie schmeckten köstlich. Und das Papier habe ich noch ganz lange als Lesezeichen benutzt."

Wegen des Mangels brachten schon die kleinsten Überraschungen große Freude – ein Stückchen Schokolade, ein Pfefferminzbonbon. Sie hat gute Erinnerungen an die kleinen Freuden, „an das Brausepulver aus Tütchen, das prickelte und schäumte, wenn man es sich auf die Zunge streute." Marzena macht sich Sorgen, dass ihre Tochter Klaudia in den üppigen Zeiten heute gar nicht wertschätzt, wie gut sie es hat: „Es gibt kaum etwas, über das sie sich freut", klagt sie. „Bonbons sind halt Bonbons – nichts ist besonders. Orangen, Bananen, alles ganz normal. Für uns waren diese Dinge außergewöhnlich. Und sie sind es noch immer."

- Einwohner: **38 626 000**
- Zahl der im Zweiten Weltkrieg getöteten Polen: **ca. 6 Mio.**
- Einwohner von Konstancin-Jeziorna: **22 000**
- Zahl der Jahre seit 1795, in denen Polen als Staat nicht existierte: **123**
- Zahl der Jahre Polens als sowjetischer Satellitenstaat: **45**
- Fläche: **312 677 km²** (etwas größer als Italien)
- Bevölkerungsdichte: **124 Einw./km²**
- Anteil der städtischen Bevölkerung: **62 %**
- Lebenserwartung Männer/Frauen: **71/79 Jahre**
- Geburten pro Frau (durchschnittl.): **1,3**
- Anteil der Analphabeten unter den über 15-jährigen Männern/Frauen: **0,2/0,3 %**
- Kalorienaufnahme pro Person und Tag: **3374 kcal**
- Jährlicher Alkoholkonsum pro Person (reiner Alkohol): **8,3 l**
- Bruttosozialprodukt (BSP) pro Person bei Kaufkraftparität (auf Grundlage der Kosten für gleichwertige Waren in den USA): **10 560 $**
- Jährliche Gesundheitsausgaben pro Person/Anteil am BSP: **289 $/6,1 %**
- Anteil übergewichtiger Männer/Frauen: **51/44 %**
- Anteil fettleibiger Männer/Frauen: **13/18 %**
- Anteil der Diabetiker unter den über 20-Jährigen: **4,1 %**
- Fleischkonsum pro Person und Jahr: **78 kg**
- Zahl der McDonald's-Filialen: **200**
- Preis eines Big Mac: **1,96 $**
- Zigarettenkonsum pro Person und Jahr: **2061 Stück**

Beim Familieneinkauf im Auchan-Riesensupermarkt schöpft Marzena frisches Sauerkraut in eine Tüte. Der neue Markt
liegt an einer großen Kreuzung, zehn Autominuten von ihrer Wohnung entfernt. Zu seinem Einzugsgebiet gehören
vier oder fünf weitere Schlafstädte am Rande Warschaus. Der besonders an Wochenenden gut besuchte Markt ist ein
Zeichen der rasanten wirtschaftlichen Entwicklung in Polen seit der Öffnung des Landes

In der Küche ihres Bauernhofes im Herzen Polens, in der Nähe von Lodz, schneidet die 93-jährige Maria Kwiatkowska, Klaudias Urgroßmutter, den Käsekuchen an, den sie für Allerheiligen gebacken hat. Nach dem Besuch der Familiengräber kommen Kinder, Enkel und Urenkel zum Essen. Es gibt Nudelsuppe mit Gemüse, gefüllten Schweinebraten, eingelegten Kürbis und zum Abschluss Käsekuchen und Nussroulade

Huberts Eisbein

6 gehäufte EL Salz

6 Pimentkörner

6 Lorbeerblätter

4 ungepökelte Schweinshaxen

2 Zwiebeln, grob gehackt

1,5 kg Suppengemüse (Möhren, Sellerie, Pastinaken und weiße Rübchen), geputzt und in größere Stücke geschnitten

1–2 Brühwürfel

6 Pfefferkörner, Salz

- Für die Pökellake Salz, Pimentkörner und Lorbeerblätter mit 3 l Wasser aufkochen, erkalten lassen.
- Die Schweinshaxen gut abspülen und in die Lake legen – das Fleisch muss von der Flüssigkeit bedeckt sein. Zugedeckt im Kühlschrank 3 Tage ziehen lassen.
- Die Eisbeine aus der Lake nehmen, abspülen und trocken tupfen.
- Die Zwiebeln in einer Pfanne ohne Fett dunkelbraun rösten – das gibt der Brühe Farbe und Aroma.
- Die Eisbeine in einem Topf mit Wasser bedecken, aufkochen und mehrfach abschäumen.
- Zwiebel, Pfefferkörner, Suppengemüse und Brühwürfel dazugeben. Aufkochen und die Brühe eventuell noch etwas salzen.
- Die Eisbeine ca. 3 Stunden in der sanft siedenden Brühe garen – dabei den Topfdeckel einen Spalt geöffnet lassen.
- Mit Brot, frisch gehobeltem Meerrettich und Senf servieren.

Huberts Bericht über seine Karriere vom Kochlehrling zum Sushimeister beeindruckte mich zwar, doch der Prüfstein würde sein Sushi sein. Als wir uns zu acht an einen langen Tisch in seinem Restaurant setzten, war ich skeptisch.

Einige Monate zuvor waren wir hungrig in einem Einkaufszentrum bei Knoxville in Tennessee gelandet. Nach Erkundung einiger „Zum Fixpreis satt"-Büfetts (alle Speisen lagen fertig fritiert in der Warmhalte-Vitrine) entschieden wir uns für eine neu eröffnete Sushibar und orderten das Mittags-Special. Garnelen und Tunfisch waren nicht die Frischesten, aber noch akzeptabel. Doch als ich in die „California Roll" biss, nahm der Südstaaten-Küchenteufel von mir Besitz. Die Kreation, dergleichen man niemals in Kalifornien, geschweige denn in Japan gesehen hat, bestand vor allem aus süßer Mayonnaise und Sahnekäse. Nachdem ich bezahlt hatte und meine Geschmacksnerven noch immer schmerzten, stellte ich den japanischen Besitzer zur Rede. Er erklärte, er habe seine Küche dem örtlichen Geschmack angepasst – ich habe ihn lieber nicht nach Fritiertem gefragt, es hätte ihn wohlmöglich auf Ideen gebracht.

Bei Huberts Sushi hätte ich mir keine Sorgen zu machen brauchen. Es war viel besser, auch wenn Polen von Japan genauso weit entfernt liegt wie Tennessee. Was für eine angenehme Überraschung, sich in Warschau an wunderbar traditionellem, köstlich frischem Sushi zu laben – hergestellt von zwei polnischen Köchen, die nie in Japan gewesen sind. — *Peter Menzel*

In seinem Restaurant gibt es nur Sushi, doch zu Hause kocht Hubert Sobczynski für Familie und Freunde europäisch *(oben links: Kaffee und feines Gebäck in der Wohnung der Sobczynskis)*. **Wenn Freund und Nachbar Borys die Familie Sobczynski einlädt** *(unten links)*, **stellt sich Hubert brav in die Küche und macht Salat und gefüllte Kartoffeln – während Borys im Wohnzimmer seine berühmten Absinth-Cocktails serviert**

Die Familie Çelik im Hauptraum ihrer Zweizimmerwohnung in Istanbul mit einem Wochenvorrat an Lebensmitteln. Mêhmêt Çelik, 40, steht zwischen seiner Frau Melahat, 33, und deren Mutter Habibe Fatma Kose, 51. Auf dem Sofa sitzen die Kinder *(v. r. n. l.)* Mêtin, 16, Semra, 15, und Aykut, 8. Gekocht wird auf einem Gasherd, für die Vorratshaltung gibt es eine Kühl-Gefrier-Kombination

Strudelzigarren

Getreide und andere stärkehaltige Lebensmittel: $ 10,50

22,4 kg Brot; (2 Laibe fehlen – die hungrige Familie aß sie während der Vorbereitungen für die Aufnahme auf); 5 kg Kartoffeln; 1,5 kg Reis; 1 kg Yufka (Blätterteig); 500 g Nudeln.

Milchprodukte: $ 12,20

2 l Joghurt; 1 kg Fetakäse in Lake; 1 l Milch; 1 l Trinkjoghurt; 250 g Butter.

Fleisch, Fisch und Eier: $ 11,50

24 Eier; 500 g Hamsi (Sardelle, wird ca. zweimal im Monat gegessen); 375 g Rindfleisch.

Obst, Gemüse und Nüsse: $ 56,50

3 kg Orangen; 3 kg Mandarinen; 1 kg Datteln ‡; 1 kg Bananen; 950 g Granatäpfel; 3,6 kg Zucchini; 2 kg Tomaten; 1,5 kg schwarze Oliven; 1,5 kg getrocknete Kichererbsen; 1,1 kg Weißkohl; 1 kg Möhren; 1 kg Auberginen; 1 kg Lauch; 1 kg Linsen; 1 kg Kopfsalat; 1 kg Paprikaschoten ‡; 1 kg Spinat; 1 kg gelbe Zwiebeln; 750 g Gurke; 500 g Rauke; 1 kg gemischte Nüsse.

Öle, Würzmittel und Saucen: $ 9,60

1 l Sonnenblumenöl ‡; 500 g weißer Würfelzucker; 300 g Konfitüre; 300 g Honig; 250 g getrocknete Minze; 230 g Salz; 200 g Zimt; 200 g Pfeffer.

Snacks und Süßigkeiten: $ 0,50

500 g Helva (türkische Süßigkeit mit Sesam).

Fertiggerichte und Instantprodukte: $ 1,40

320 g Tütensuppe.

Hausgemachte Speisen:

ca. 2 kg gefüllte Strudelröllchen; 1 kg gefüllte Weinblätter (mit Reis-Fleisch-Füllung).

Getränke: $ 29,70

4 l Bier; 4 l Cola; 2 l Orangenlimonade; 360 ml Cola light; 1,5 kg Tee; 100 g Instantkaffee; 75 l Wasser (zum Kochen und Trinken).

Sonstiges: $ 14,10

7 Päckchen Zigaretten; 600 g Vogelfutter.

Gesamtausgaben für Lebens- und Genussmittel in einer Woche: 98 213 710 Türkische Lira/$ 146

‡ nicht auf dem Foto

MELAHAT ÇELIK IST NOCH NICHT von der Arbeit nach Hause gekommen, als wir in der Istanbuler Wohnung eintreffen, in der sie mit ihrem Mann Mêhmêt, den drei Kindern und ihrer Mutter Habibe Fatma Kose lebt. Habibe und Melahats achtjähriger Sohn Aykut heißen uns willkommen, gemeinsam mit Verwandten, die im selben Haus wohnen. Plötzlich bellt eine Stimme durchs Treppenhaus, und Habibes Schwester macht sich schnell davon. Später sagt man uns, ihr Mann sei „reizbar". Im Wohnzimmer singt ein grüner Kanarienvogel, durch die offene Balkontür tönt der Muezzin, der von der benachbarten Moschee zum Gebet ruft. Habibe serviert uns türkischen Kaffee. Als Melahat schließlich eintrifft, sitzen wir bequem auf dem Schlafsofa und machen uns gerade mit ihrem 16-jährigen Sohn Mêtin und seiner ein Jahr jüngeren Schwester Semra bekannt, die gerade aus der Schule nach Hause gekommen sind.

Melahat arbeitet seit ihrer Hochzeit als Putzfrau, ihr Mann Mêhmêt in einer Fabrik. Beide wuchsen in Kastamonu in Nordanatolien auf und zogen nach ihrer von den Familien arrangierten Heirat nach Istanbul, um Arbeit zu finden. Nachdem sie eine Wohnung gefunden hatten, zog Melahats verwitwete Mutter zu ihnen.

Für sechs Personen sei die kleine Zweizimmerwohnung eng, sagt Melahat, während sie Sigara Böreği zubereitet, eine Lieblingsspeise der ganzen Familie. Sie sitzt auf dem Wohnzimmerboden an einem niedrigen runden Tisch für die Speisenvorbereitung, Sofra genannt. Melahat hat ihren aus der Heimatstadt mit nach Istanbul gebracht. Zuerst mischt sie frisch gehackte Rauke mit Fetakäse für die Füllung. Dann öffnet sie eine Packung Yufka, hauchdünn ausgezogenen Blätterteig, den sie bei einem Straßenhändler geholt hat. „Ich kaufe den Teig immer fertig", sagt sie, „selber machen ist schwierig und aufwendig." Mit geübten Griffen entrollt sie ein Teigblatt, schneidet ein Stück ab, tut einen Klecks Füllung darauf und faltet dann die überstehenden Teigstücke samt Füllung zu einer zigarrenartigen Rolle. Routiniert verarbeitet sie ihre restlichen Zutaten, bis ein Berg von Strudelzigarren pfannenfertig daliegt. Ich bin beeindruckt, dass der Teig nicht am Tisch kleben bleibt. „Guter Yufka darf nicht kleben", sagt Melahat. Sie hat die Mahlzeit zügig und gekonnt zubereitet, aber ich frage sie, ob sie sich täglich nach einem arbeitsreichen Tag so viel Mühe mit dem Essen macht. „Ich koche immer eines meiner traditionellen Gerichte, ob ich müde bin oder nicht", antwortet Melahat. Zu ihrem Repertoire gehören Linsen- und Tomatensuppe, Reissuppe, Weinblätter mit Hackfleischfüllung (Mêhmêts Leibspeise), Spinat, Auberginen, Zucchini, Reis, Grünkohl, gelegentlich ein Fisch oder ein Fleischgericht wie Yahni – Lamm mit Zwiebeln und Kartoffeln. „Meine Schwester Döne kümmert sich manchmal um die Kinder, wenn ich lange arbeite", sagt sie, „doch kochen tue ich meistens selbst."

Melahat hat sechs verschiedene Putzstellen in Istanbul. Wenn eine ihrer Familien abends Gäste eingeladen hat, kommt sie meist erst um zwei Uhr früh nach Hause. Manchmal begleitet sie eine Familie am Wochenende, um im Ferienhaus zu kochen und zu putzen. Ihre chronisch magenkranke Mutter kann nicht viel Arbeit im Haushalt übernehmen. Immerhin kocht sie einfache Mahlzeiten, etwa Gemüse in Olivenöl oder andere Gerichte, die nicht viel Arbeit machen. Mêhmêt hilft mit, doch das meiste übernimmt Melahats Schwester Döne, die nur ein Kind hat. Die heranwachsenden Kinder haben inzwischen gelernt, mehr und mehr für sich selbst zu sorgen. Ohne ihre Schwester würde sie es dennoch nicht schaffen, sagt Melahat. Ich frage sie, wie sie ihr eigenes Leben im Vergleich zu dem ihrer Arbeitgeber einschätzt. „Sie sind gebildet und haben geerbt", sagt sie. „Ihre Häuser, ihre Kleidung und ihre Ernährung sind vom Feinsten. Wenn sie Gäste haben, wird an einem einzigen Abend mehr Fleisch verzehrt, als wir uns im ganzen Monat leisten können." Sie missgönnt ihnen aber nicht ihren Wohlstand und ist froh, von ihnen abgelegte Kleidung für ihre Familie zu bekommen.

Melahat möchte ihren Kindern genug Bildung mitgeben, um ihnen die körperliche Arbeit zu ersparen, die sie und ihr Mann – beide ohne Ausbildung – verrichten müssen. „Ich kann durchaus mal aufs Essen verzichten, damit die Kinder eine gute Ausbildung bekommen", sagt sie. „Meine Kinder sollen nicht so leben wie wir. Für andere die Hausarbeit zu machen ist eine Last. Ich koche, ich bügle, ich putze Badezimmer und Toiletten und Fenster und wienere die Böden. Es ist Schwerstarbeit. Ich möchte nicht, dass meine Kinder den Dreck anderer Leute wegmachen. Sie sollen Lehrer oder Sekretärin werden. Ich will, dass sie sich mit geistiger Arbeit ernähren können. Ich will, dass sie eine geachtete berufliche Stellung erreichen."

Schon heute führen ihre Kinder ein ganz anderes Leben als sie selbst damals in Kastamonu. Der älteste Sohn Mêtin und Tochter Semra gehen aufs Gymnasium und sind gute Schüler. Melahat wundert sich über die Anziehungskraft, die Fast Food, besonders McDonald's, auf die Kinder hat. Sie hat von ihren Arbeitgebern gehört, dass solches Essen ungesund sei, doch sie hat Mühe, ihren Kindern zu vermitteln, dass sie besser auf das ohnehin nur seltene Vergnügen verzichten sollten. „Aykut mag Hamburger und Pommes frites und freut sich über die kleinen Geschenke, die es zu den Kindermenüs gibt", sagt sie. „Wenn ich mehr Geld hätte, würde ich lieber öfter Huhn oder Fleisch für meine Kinder kaufen." Und trotzdem geht sie mit Mêtin, Semra und Aykut vier- oder fünfmal im Jahr, wenn sie gerade ein wenig Geld übrig hat, zu McDonald's im benachbarten Einkaufszentrum.

Diese Leidenschaft mutet umso seltsamer an, als es überall in Istanbul traditionelles türkisches Fast Food gibt, vor allem Döner Kebab – pikantes Fleisch, normalerweise Lammfleisch, dünn vom rotierenden Spieß geschnitten, mit Salat und Joghurtsauce im Fladenbrot. Außerdem gibt es türkische Burger-Varianten im Design westlicher Vorbilder mit eindeutig türkischen Kräutern und Gewürzen. Aber selbst das ist Melahat in der Regel zu teuer, sodass sich die Kinder mit dem Nächstbesten zufrieden geben müssen: hausgemachte Pommes frites mit Mayonnaise und Spaghetti mit Ketchup und Fetakäse. Mir fallen da Vanessa Stantons Erfahrungen mit selbst gemachten Pommesfrites in Australien ein (S. 28). Die beiden Frauen sollten sich mal zu einem Erfahrungsaustausch treffen.

Nach ein paar geselligen Stunden geht Melahat in die enge Küche, um die vorbereiteten Strudelzigarren zu braten. Die Küche liegt neben dem Schlafzimmer, das ihre Kinder und ihre Mutter bewohnen. Der angenehmste Teil der Wohnung ist wohl die Loggia, wo die Familie ihre Trinkwasservorräte aufbewahrt (das Leitungswasser in Istanbul ist ungenießbar) und duftende Wäsche auf der Leine flattert. Leider hat sie eine ungute Erinnerung an die Loggia: beim Ausklopfen einer Matratze verlor sie das Gleichgewicht und stürzte aus dem zweiten Stock auf die Straße. Sie mag gar nicht daran denken, was ihre Kinder gemacht hätten, wenn sie umgekommen wäre. Zum Glück erlitt sie nur einen komplizierten Armbruch und war bewusstlos. Aykut kuschelt sich an seine Mutter, als sie die Geschichte erzählt. Er hätte weit mehr verlieren können als eine gute Schulausbildung.

DIE TÜRKEI

- Einwohner: **68 894 000**
- Einwohnerzahl von Istanbul: **8 803 468**
- Fläche: **779 452 km²** (fast doppelt so groß wie Deutschland und die Schweiz zusammen)
- Bevölkerungsdichte: **88 Einw./km²**
- Anteil der städtischen Bevölkerung: **67 %**
- Zahl der Jahre, seit die Türkei (mit 99 % muslimischer Bevölkerung) ein säkularer Staat ist: **81**
- Lebenserwartung Männer/Frauen: **68/72 Jahre**
- Geburten pro Frau (durchschnittl.): **2,4**
- Anteil der Analphabeten unter den über 15-jährigen Männern/Frauen: **6/21 %**
- Kalorienaufnahme pro Person und Tag: **3357 kcal**
- Jährlicher Alkoholkonsum pro Person (reiner Alkohol): **1,6 l**
- Bruttosozialprodukt (BSP) pro Person bei Kaufkraftparität (auf Grundlage der Kosten für gleichwertige Waren in den USA): **6390 $**
- Jährliche Gesundheitsausgaben pro Person/Anteil am BSP: **109 $/5,0 %**
- Anteil übergewichtiger Männer/Frauen: **48/65 %**
- Anteil fettleibiger Männer/Frauen: **11/32 %**
- Anteil der Diabetiker unter den über 20-Jährigen: **7,3 %**
- Fleischkonsum pro Person und Jahr: **19,3 kg**
- Zahl der McDonald's-Filialen: **81**
- Preis eines Big Mac: **2,92 $**
- Zigarettenkosum pro Person und Jahr: **2394 Stück**
- Anteil der Bevölkerung, der mit weniger als zwei Dollar pro Tag auskommen muss: **10 %**

Auf der Galatabrücke über den Bosporus zwischen dem europäischen Istanbul und dem asiatischen Stadtteil Üsküdar
warten Angler darauf, dass ein Bonito anbeißt. Die Meerenge verbindet das Schwarze Meer mit der Ägäis. Istanbul,
vormals Konstantinopel und davor Byzanz, war schon in der Antike ein wichtiger Handelsplatz an der Schnittstelle der
Kontinente. Der Stadtteil Galata im Hintergrund, ein Finanz- und Unterhaltungszentrum, liegt am europäischen Ufer

Mit breitem Lächeln und Zigarette im Mundwinkel bietet dieser Fischhändler auf einem Istanbuler Wochenmarkt seine Hamsi an. Die bei den Türken beliebten sardellenähnlichen Fische lassen sich, so heißt es am Schwarzen Meer, auf 40 verschiedene Arten zubereiten. Wie seine Kollegen, so steht der Händler an jedem Wochentag auf einem anderen Markt. In der Regel wird nie am selben Tag auf benachbarten Plätzen Markt abgehalten – das gäbe zu viel Konkurrenz

Mein erster Besuch in Istanbul begann mit schlimmem Jetlag nach einem anstrengenden Nachtflug aus Kalifornien direkt an den Bosporus. Trotz Übermüdung vollzog ich mein obligatorisches Kennenlern-Ritual und stieg aufs Dach des Hotels. Ich blickte nach Westen zum Bosporus und auf die Altstadt mit ihren Dutzenden von Minaretten, die unter einem leuchtend roten Himmel lag. Und im selben Augenblick setzte die islamische Surroundsound-Kulisse mit dem Ruf der Muezzine zum Abendgebet ein, der aus den Lautsprechern an den Türmen der über 1000 Moscheen der Stadt erklang. Ich legte meine Kamera weg und hörte demütig zu, bis die Vorstellung zu Ende war.

Nach acht harten Arbeitstagen brauchte ich eine Pause. Von Faith ermuntert, ging ich mit unserem türkischen Freund Ferit ins Tahiri Galatasaray Hamami, eine berühmte türkische Dampfbadeanstalt Baujahr 1481. Das Marmorinterieur war richtig alt und stand richtig unter Dampf. Ich freute mich auf Bad, Abschrubben, Schwitzen, Massage, Schwitzen, Abspülen … aaaahhh.

Für mich waren die großen Marmorliegen unter der Kuppel im vom Dampf vernebelten Innenraum die Hauptattraktion. Während ich ruhig dahinschmolz, total entspannt im 500-jährigen Dampf, tauchte plötzlich dieses haarige Monster auf, so breit, wie ich hoch bin. Das Monster schrubbte und massierte mich, bis nur noch ein formloser Haufen Protoplasma übrig blieb. Zum Schrubben benutzte er einen Waschlappen, der als Drahtbürste durchgegangen wäre, die Massage fühlte sich an, als hätte man mich auf einen Presslufthammer geschnallt. Zu Stolz, um um Gnade zu winseln, ertrug ich eine volle halbe Stunde lang die brutale Tiefenreinigung und das Durchwalken. Hinterher tat er an die Prozedur gewöhnte Ferit so, als wüsste er nicht, worüber ich jammerte. Aber immerhin gab er zu, eine sadistische Ader zu besitzen.
— Peter Menzel

Melahats Puf Böreği (Strudelröllchen)

250 g doppelgriffiges Mehl, Salz

1 Ei

1 TL natives Olivenöl extra

75 g zerlassene Butter

250 g Fetakäse, grob geraspelt

Pflanzenöl zum Braten

- Aus Mehl, einer Prise Salz, Ei, Olivenöl und 200 ml Wasser einen Teig bereiten. Die Zutaten mit einer Gabel vermischen, dann die Masse kneten, bis sie elastisch ist und nicht mehr klebt. In Frischhaltefolie wickeln und 15 Min. ruhen lassen.

- Teig in 5 Teile schneiden und zu Scheiben von 20 cm Durchmesser ausrollen. Beidseitig mit Butter einpinseln und aufeinander legen. 30 Min. ruhen lassen.

- Die Teigstücke möglichst dünn und gleich-mäßig zu großen Scheiben ausrollen. Auf jeweils eine Hälfte der Scheiben im Abstand von 10 cm Häufchen von Käse setzen. Die Zwischenräume mit Wasser bepinseln, die leere Teighälfte darüberklappen und festdrücken. Rund um die Füllungen mit einem Teigrädchen oder Messer 8 cm große Halbkreise ausschneiden und an den Rändern gut zusammendrücken.

- Die Halbmonde bei mittlerer Hitze in reichlich Öl in der Pfanne braten. Auf Küchenkrepp kurz abtropfen lassen und warm servieren.

- Variationen: Den Feta wie im Haupttext des Kapitels beschrieben mit Rauke oder anderen Kräutern mischen. Oder eine Hackfleischfüllung verwenden.

Auf einem Markt in der Nähe einer ihrer Putzstellen kauft Melahat mit ihrem Sohn Aykut Eier (oben). **Auf einem anderen Markt am Goldenen Horn gibt es Pansen, Herz, Leber, Füße und einen Kopf vom Rind** (unten)

Nachdem Melahat Çelik in der Küche Fetakäse und Rauke für die Füllung gemischt hat, setzt sie sich im Wohnzimmer auf den Boden vor ihren Arbeitstisch, um die Strudelzigarren zu rollen, die ihre Familie so gern isst. Am Freitag ist die Stunde des Mittagsgebets gekommen. Ein Markthändler sortiert weiter die Orangen in seiner Auslage, während sich hinter ihm in einer kleinen Moschee fromme Muslime gegen Mekka verneigen

Die Familie Caven in der Küche ihres Hauses in American Canyon in Kalifornien mit einem Wochenbedarf an Lebensmitteln. Craig Caven, 38, und Regan Ronayne, 42, mit dem dreijährigen Sohn Ryan, stehen hinter der Kochinsel; vorn Tochter Andrea, 5. Gekocht wird mit E-Herd, Mikrowelle und Gartengrill. Vorratshaltung: Kühl-Gefrier-Kombination und Tiefkühltruhe. Leibgerichte – Craig: Rindfleischeintopf; Regan: Waldbeer-Joghurt-Eis; Andrea: Muschelsuppe; Ryan: Eis

Kampf den Dosen

Gertreide und andere stärkehaltige Lebensmittel: $ 30,10

1,4 kg geschnittenes Sauerteigbrot; 1,1 kg Rosinen-Zimt-Bagel; 1,1 kg Zwiebelbagel; 900 g Kartoffeln; 450 g Zerealien; 450 g Instant-Haferflocken; 340 g Siebenkornbrot in Scheiben; 340 g eigelbfreie Nudeln; 280 g Weizentortillas; 225 g Käsetortellini; 225 g Mehl; 110 g Semmelbrösel.

Milchprodukte $ 6,20

3,8 l Milch ‡; 225 g Reibkäse ‡; 85 g geriebener Parmesan.

Fleisch, Fisch und Eier: $ 22,90

1,8 kg Hühnerbrustfilet; 12 Eier; 670 g Rinderhackfleisch; 450 g Tunfisch (Dose) ‡.

Obst, Gemüse und Nüsse: $ 21,30

2,25 kg Bananen; 2,2 kg Äpfel; 900 g Mandarinen; 670 g blaue Trauben; 900 g Babymöhren; 450 g Brokkoli; 225 g gemischtes TK-Gemüse; 225 g TK-Erbsen.

Öle, Würzmittel und Saucen: $ 9,40

500 g Erdnusscreme; 225 g weißer Rohrzucker; 113 g Aprikosenkonfitüre; 60 g Mayonnaise ‡; 60 g Senf ‡; 60 g Ketchup ‡; 45 g Salz.

Snacks und Süßigkeiten: $ 11,50

450 g Sauerteigbrezeln; 340 g Rosinen; 340 g Vanillewaffeln; 600 g Frucht-Müsliriegel.

Fertiggerichte und Instantprodukte: $ 19,30

1,8 kg Pepperoni-Pizza; 700 g Schinkensandwiches (Craig kauft sich zweimal pro Woche in der Schule ein Sandwich); 600 g Corndogs; 340 g Marinarasauce zu Pasta; 200 g Instant-Reisgericht.

Fast Food: $ 7,50

McDonald's: 2 Happy Meals (jedes mit 6 Chicken McNuggets, kleiner Portion Pommes frites, kleinem Getränk); 1 Packung Kekse mit Schokostückchen.

Restaurants: $ 4,50

Fresh Choice Restaurant, die Familie isst hier einmal im Monat. Der aufgeführte Preis entspricht einem Viertel der monatlichen Ausgaben.

Getränke: $ 22,90

19 l Wasser; 2,5 l Cola; 2,1 l Cola light; 2 l Orangensaftgetränk; 1,9 l Apfelsaft; 1,9 l Orangensaft; 340 g Instantkaffee; Leitungswasser zum Trinken.

Sonstiges: $ 3,50

1,5 kg Trocken-Katzenfutter.

Gesamtausgaben für Lebens- und Genussmittel in einer Woche: $ 159,10

‡ Nicht im Bild

„Bei meiner Mutter gab es nicht die heute vorgeschriebenen Nährwertangaben auf den Packungen", sagt Regan. „Sie vertraute darauf, dass ein Artikel in Ordnung ist, wenn er im Supermarkt verkauft wird." Also kamen bei uns eine Menge zeitsparende Sachen auf den Tisch, aus Packungen und Dosen, kaum mal was Frisches. Ich dagegen serviere meiner Familie fast nie etwas aus der Dose."

An der Highschool, an der Craig Caven unterrichtet, gibt es mehr Soft-Drink-Automaten als Trinkwasser-Spender. Was ihn zwar ärgert, aber nicht wundert. Verträge mit Getränkekonzernen bescheren Schulbehörden willkommene Einnahmen. Schulen sind ideale Plätze für die Konzerne, um die jungen Kunden zu erreichen. „Die Kantine ist besser geworden", sagt Craig, „doch es gibt immer noch zu viele fetthaltige Gerichte." Dass viele Schüler lieber Pizza, fettige Snacks und Cola wählen, ist offensichtlich. „Welche Beweise ich dafür habe?", fragt Craig. „Die vielen Folienpackungen und Getränkedosen auf dem Boden des Klassenzimmers." Craig glaubt, dass seine Schüler nur das nachvollziehen, was ihnen vorgelebt wird. „Wenn die Eltern ihnen vernünftige Essensgewohnheiten beigebracht hätten, würden die Kinder hier gesündere Sachen wählen. Aber das ist nur die eine Seite: Bei den Cavens gibt es zwar vernünftiges Essen, aber zu wenig Bewegung.

Craig und seine Frau Regan, eine Beraterin an der Universität von Berkeley, versuchen bei ihrer fünfjährigen Tochter Andrea und dem dreijährigen Sohn Ryan, eine Balance zu finden zwischen den Wünschen der Kinder und dem, was sie wirklich brauchen. Doch auch Regans einstündige Fahrt zur Arbeit muss einkalkuliert werden. „Ich koche gern, doch oft habe ich keine Zeit, übers Abendessen nachzudenken, wenn ich nach Hause komme." Sie hat zwar schon mehrfach Corndogs serviert, mit Mais panierte fritierte Würstchen, doch solche Fertiggerichte gibt es selten. An den meisten Abenden schafft sie es trotz Zeitdruck, eine frische, nahrhafte Mahlzeit zu servieren – mit freundlicher Unterstützung ihrer Mikrowelle. Für die Fitness bleibt aber einfach keine Zeit.

Trotz gleicher Ziele sind die Einkaufsstrategien der Ehepartner verschieden: Regan liest die Etiketten. Craig sagt: „Ich lese lieber zu Hause." Er versucht, seine Einkaufspflichten in kürzester Zeit zu erfüllen, und wählt bevorzugt die preiswerten Hausmarken. Regan sucht nach „salzarmen, fettarmen, wenig verarbeiteten Produkten, möglichst Bio – wenn sie nicht zu teuer sind." Sie essen meist zu Hause, doch mehrmals im Monat gehen sie mit den Kindern zu McDonald's. Richtig zu handeln ist eben nicht immer einfach, meint Regan. „Für mich gibt es zu viele Gründe für Schokolade: Weihnachten, Valentinstag, Ostern, und dann kommt Halloween."

Familie Cavens Rindfleischeintopf

1 kg mageres Rindfleisch aus der Hüfte, in
2 cm große Würfel geschnitten

1 Gemüsezwiebel, geschält und geachtelt

1/2 l Wasser

1–2 EL Öl

1/4 l fertige Tomatensauce

1 feingehackte Knoblauchzehe

4 EL frische, gehackte glattblättrige Petersilie

je 1/2 TL getrocknetes Basilikum, Majoran,
Oregano, Rosmarin, Salbei und Thymian

1/2 TL schwarzer Pfeffer aus der Mühle

1/2 TL Salz

3 große Kartoffeln mit Schale, gewaschen,
abgebürstet und geachtelt

2 Möhren, in mundgerechte Stücke
geschnitten

2 Stängel Bleichsellerie, grob gehackt

- In einem großen Topf Fleisch und
  Zwiebeln im Öl anbraten.
- Tomatensauce, Kräuter, Gewürze, Salz,
  Knoblauch und 1/2 l Wasser dazugeben.
  Aufkochen und 1 Stunde zugedeckt
  köcheln lassen.
- Kartoffeln, Möhren und Sellerie zugeben,
  weitere 30–60 Minuten sanft garen.
- Mit knusprigem Brot servieren.

„Als Erwachsener bin ich körperlich nicht
mehr so aktiv wie in meiner Jugend", sagt
Craig, „und das hat leider auf meine Kinder
abgefärbt. Sie spielen nicht so viel draußen,
wie sie sollten. Als ich in ihrem Alter war,
wohnten wir in ruhigen Wohnstraßen, meine Eltern konnten mich unbesorgt draußen rumtoben lassen. Jetzt wohnen wir an
einer Straße, an der ziemlich viel Verkehr
ist. Das schränkt die Möglichkeiten unserer
Kinder, draußen zu spielen, ein. Ich fuhr mit
dem Rad zur Schule. Wir müssen Andrea
und Ryan mit dem Auto hinbringen, weil die
Schule im Nachbarort liegt – eine Gelegenheit weniger, sich zu bewegen"

Weil Craig in der Osterwoche frei hatte,
machte er den großen Einkauf. Bewaffnet mit
Regans Liste hakte er pflichtbewusst mit der
ganzen Begeisterung eines Mannes, der
seinen freien Tag im Supermarkt verbringen
muss, Posten für Posten ab. Zu Beginn
hatte er Ryan und Andrea in der Spielecke
abgegeben. Nach dem Bezahlen holte er
die Kinder ab, und am Ausgang durften
sie sich noch Kugeln aus den Kaugummi-
automaten ziehen.

Bei der Ausfahrt aus dem Parkplatz fuhr
Craig am Service-Fenster von McDonald's
vorbei und kaufte den Kindern Happy
Meals und Milch. Irgendwann zwischen
dem Runterschütten der Milch und dem
Schlingen der Chicken-Nuggets stopfte sich
Ryan seinen Kaugummi in die Nase.

Zu Hause in ihrem Bungalow verstaute
Craig die Einkäufe, während die Kinder
sich Cartoons im Fernsehen anschauten
und ihre Menüs aufaßen. Als Craig mit
dem Wegräumen fertig war, kam er ins
Wohnzimmer und fing an mit Ryan zu bal-
gen. Wenn einer aus der Puste war oder
das Programm verfolgen wollte, gab es eine
Auszeit. Mir schien, dass Craig, der sagte,
er sei mit drei Jahren genauso hyperaktiv
gewesen wie jetzt sein Sohn, den Körper-
kontakt auf rein nostalgische Weise genoss.
Ich erinnerte mich an Spaßkämpfe mit
meinen eigenen Söhnen und auch an die
mit meinem Vater.   — Peter Menzel

Craig nutzt eine kurze Auszeit beim Kämpfen mit seinem Sohn Ryan, um den Cartoon im Fernsehen
zu verfolgen. Um sie herum liegt der Müll von den Happy Meals, die Craig den Kindern nach dem wöchentlichen Großeinkauf im Raley's-Supermarkt am McDonald's-Drive-in *(unten links)* in Napa spendiert hat.
Während seine Schule, an der er unterrichtet, Osterferien hat, betreut Craig die Kinder

Bei ihrer Ballettstunde im Gemeindezentrum von American Canyon macht Andrea *(oben, 2. von links)* begeistert bei
den Übungen mit. Die Eltern *(Regan hinten rechts)* sind auf die Sitze am Rande verbannt. Tags darauf, am Ostersonntag,
fährt die Familie zum Eiersuchen *(Andrea vorn links in Rosa)* zu Craigs Eltern, ins 45 Autominuten entfernte Santa Rosa

Die Familie Revis in der Küche ihres Hauses in Raleigh, North Carolina: Ronald Revis, 39, Rosemary Revis, 40,
und ihre Söhne aus erster Ehe Brandon Demery, 16 *(links)*, und Tyrone Demery, 14. Gekocht wird mit E-Herd, Toast-Ofen,
Mikrowelle und Gartengrill. Die Vorratshaltung erfolgt in einer Kühl-Gefrier-Kombination. Leibgerichte – Ronald
und Brandon: Spaghetti; Rosemary: »Kartoffeln aller Art«; Tyrone: Sesamhähnchen

Weg mit dem Speck

EIN WOCHENBEDARF IM MÄRZ

Getreide und andere stärkehaltige Lebensmittel: $ 17,90

1 kg rote Kartoffeln; 700 g Schnittbrot; 700 g Frühstückspops; 900 g Nudeln; 450 g weißer Reis; 400 g Wraps; 320 g Knoblauchtoast; 310 g Aufbackbrötchen.

Milchprodukte: $ 14,50

3,8 l Milch; 225 g geriebener Cheddar; 225 g Cheddarscheiben; 225 g Emmentalerscheiben; 170 g Käsescheibletten; 85 g geriebener Parmesan; 60 g Butter.

Fleisch, Fisch und Eier: $ 54,90

1,1 kg Rinderschmorbraten; 850 g Schweinekotelett; 660 g Hähnchenflügel; 12 Eier; 760 g Hähnchenunterschenkel; 450 g Fleischklößchen; 450 g Frühstücksspeck; 450 g Putenhackfleisch; 450 g Garnelen ‡; 340 g Tunfisch (Dose); 250 g Schinken; 225 g geräucherte Putenbrust.

Obst, Gemüse und Nüsse: $ 41,10

1,3 kg Bananen; 1 kg weiße kernlose Trauben; 1 kg blaue kernlose Trauben; 1,8 kg TK-Brokkoli; 1,4 kg Zwiebeln; 820 g grüne Bohnen (Dose); 840 g Mais (Dose); 800 g Baked Beans (Dose); 610 g Gurken; 560 g Strauchtomaten; 380 g Blattspinat (Dose); 530 g Salatmischung; 200 g eingelegte Champignons; 450 g Erdnüsse.

Öle, Würzmittel und Saucen: $ 12,50

740 g weißer Zucker; 310 g Dipsauce; 180 ml Pflanzenöl; 180 ml fettfreier Kaffeeweißer; 150 g Knoblauchsalz; 115 g Mayonnaise; 115 g Salatdressing; 85 g Erdnusscreme ‡; 60 g schwarzer Pfeffer; 60 g Senf; 60 g Ketchup; 60 g Salz; 30 g Fleischzartmacher; 30 g Selleriesamen; 30 g Knoblauchpulver.

Snacks und Süßigkeiten: $ 21,30

700 g Apfelmus; 440 g gemischte Chips; 420 g Törtchen mit Joghurtgeschmack ‡; 200 g Popcorn; 200 g Sonnenblumenkerne; 300 g Kartoffelchips; 125 g Frucht in Kirsch-Gelantine; 120 g Kaugummi; 60 g Schokoriegel; 50 g Erdnüsse mit Schokoladenüberzug.

Fertiggerichte und Instantprodukte: $ 24,30

450 g Nudelsauce; 450 g Pilz-Paprika-Sauce zu Nudeln; 425 g Instantnudeln mit Shrimpsgeschmack; 400 g Sushirollen; 300 g Selleriecremesuppe (Dose); 250 g gefüllte Kartoffeltaschen; 200 g Garnelen-Sushirollen.

Fast Food: $ 71,60

McDonald's-Menu mit 10 Chicken-Nuggets, großen Pommes frites und großer Cola; Fishburger; Taco Bell: 4 Nachos Bell grande, 2 Soft-Tacos, 1 Taco supreme, 1 Taco Pizza, 1 Taco, 1 Bean-Burrito, 1 große Limonade; Burger King: 1 Doppel-Cheeseburger, Zwiebelringe, große Cola; KFC: Huhn mit Kartoffelpüree und großer Cola; Subway: zwei 6-inch Sandwiches; Milano's Pizzeria: 1 große Pizza mit Wurst, 1 große Pepperoni-Pizza; I Love NY Pizza: 4 Pizzastücke.

Restaurants: $ 6,20

China Market: zweimal Bratreis mit Shrimps, ein großer Fruchtpunsch.

Getränke: $ 77,80

8,5 l Bier; 7,5 l Wasser in Flaschen; 7,6 l Cranberry-Apfelsaft-Cocktail; 4,3 l Cola light; 4 l Cream Soda; 3 l weiße Limonade; 3,8 l Cranberry-Himbeer-Saft; 3,8 l Rosa-Grapefruitsaft; 2 l Orangensaftgetränk; 2,7 l Limonade; 1 l Weinmixgetränk; 15 g Brausepulver; 450 ml Bananensaftdrink; 40 g Instantkaffee; 5 Teebeutel (10 g); Leitungswasser zum Trinken und Kochen.

Gesamtausgaben für Lebens- und Genussmittel in einer Woche: 342,10 $

‡ Nicht im Bild

AUCH WENN ES SO SCHEINT und viele Amerikaner es gern so hätten, ersetzt ein enger Terminkalender kein Fitnessprogramm. Als Fachfrau für Verbraucherschutz im Justizministerium von North Carolina hat Rosemary Revis einen vollen Bürotag. Dazu kommt die Hausarbeit und die Versorgung ihrer beiden Söhne Brandon und Tyrone sowie ihres Mannes Ron. Das moderne Leben fordert nicht nur sie, sondern die meisten Menschen vor allem geistig und nicht körperlich heraus. Rosemary hetzte von einem Termin zum nächsten – und war ständig am Naschen. Plötzlich wog sie 15 Kilo zu viel. Sie ging zu den Weight Watchers und wurde den Speck los. Doch nach einem halben Jahr waren alle Kilos wieder da. „Ich bin in meine alten Ernährungsgewohnheiten zurückgefallen", sagt sie.

Sie war nicht die Einzige in der Familie, die mit dem Essen Probleme hatte. Als er klein war, galt der heute 14-jährige Tyrone als schlechter Esser. Bis die Oma einzog, um bei der Versorgung der Jungen zu helfen. „Meine Mutter ist eine tolle Köchin", sagt Rosemary. „Wenn sie Gulasch machte, gab es dazu Weißkohl, Zwiebeln, Kartoffeln und Maisbrot. Sie briet Koteletts und Hühner, schmorte Gemüse und machte Salate. Jeden Abend duftete es herrlich im ganzen Haus." Tyrone begann, besser zu essen. Und als er größer wurde, aß er wie die meisten amerikanischen Teenager oft Snacks und Fast Food. „Ich saß vor dem Fernseher und futterte", sagt Tyrone, „Burritos, Teigtaschen, Spiegeleier." Er verbrachte dann viel Zeit auf dem Skateboard, doch ständig lockte die Chipstüte. Als seine Mutter zum Abnehmen ins Fitnessstudio ging, meldete er sich ebenfalls an. Wie schon Ron und Brandon zuvor. Ron tat es vor allem für sein Herz: Laufband im Winter, Basketball und Walking den Rest des Jahres. Doch er isst fünfmal in der Woche mittags Fast Food – und abends noch zu Hause. „Er isst viel Fleisch", sagt Rosemary. Sozusagen ein unerwünschter Nebeneffekt des Fitnessstudios: Die Familie hatte weniger Zeit zum Kochen. „Wir haben uns dann auf dem Heimweg Fast Food geholt", sagt Rosemary. „Das war wirklich nicht der Sinn des Sportprogramms."

Jetzt trainieren sie zu Hause an eigenen Geräten – sie essen auch wieder mehr frisches Gemüse, magereres Fleisch und genießen ausgewogene Mahlzeiten am eigenen Tisch.

Rosemary Revis' gefüllte Paprikaschoten

500 g Putenhackfleisch

1 große Zwiebel, grob gehackt

170 g roher Instantreis

400 g Pizzatomaten aus der Dose

400 g geschälte Tomaten aus der Dose, grob gehackt

Salz und Pfeffer

evtl. 400 g Maiskörner aus der Dose

4 große grüne Paprikaschoten

450 g einfache Spaghettisauce

250–500 g Mozzarella, geraspelt

- Zwiebeln und Putenhack in einer großen Kasserolle braun anbraten.
- Reis, Tomaten und 0,2 l Wasser dazugeben. Aufkochen, mit Salz und Pfeffer abschmecken, den Reis bei schwacher Hitze ausquellen lassen. Wenn gewünscht, jetzt den Mais dazugeben.
- Den Backofen auf 180° C vorheizen.
- Von den Paprikaschoten einen Deckel abschneiden, die Früchte aushöhlen und mit der Fleisch-Reis-Mischung füllen, dann die Deckel aufsetzen.
- Die Paprika in eine knapp bemessene Kasserolle stellen und 25 Min. im Ofen garen.
- Die Spaghettisauce erhitzen und über die Paprika geben. Den Mozzarella darüberstreuen.
- Das Ganze bei starker Oberhitze gratinieren, bis der Käse geschmolzen ist.

Brandon, der diese Woche schulfrei hat, begleitet Rosemary beim großen Wocheneinkauf in den nahen Harris-Teeter-Supermarkt *(oben)*. **An den Arbeitstagen holt sich Rosemary** *(unten)* **ein Sandwich von Subway, oder sie isst in der Behördenkantine**

Der Kampf gegen die Kilos in North Carolina geht weiter. Der Feind hat sich an fast jeder großen Kreuzung im Umkreis der Hauptstadt Raleigh festgesetzt. Die Angreifer schalten die bewusste Entscheidung aus und können so auf Tarnung verzichten: Die verwirrten Opfer werden mit riesigen Leuchtreklamen in hell erleuchtete Essräume oder an kleine Schalter gelockt, wo sie fettige Zeitbomben in harmlos erscheinenden Papiertüten ins Auto gepackt bekommen. Ahnungslos bezahlen die Opfer sogar noch für die Zeitbomben, bevor sie sie verzehren.

Doch nicht alle ergeben sich. Einige wagen sogar den Widerstand gegen die Übermacht.

Ich dokumentierte den wöchentlichen Kampf einer Familie und wurde von ihrem Mut beflügelt. Als ich an der Front im Fitnessstudio eintraf, schwitzte der ganze Revis-Clan schon wie im Dampfbad. Ron und seine Stiefsöhne lieferten sich ein hartes Rennen auf den Laufbändern. Rosemary ließ es etwas langsamer angehen. Dann wechselten die Männer das Gerät und stellten sich im zweistündigen Einzelkampf den High-Tech-Maschinen für Rücken, Arme und Torso.

Am Ende gab es noch keinen endgültigen Sieger und Verlierer. Aber ich war Zeuge eines tapferen Versuchs, den Feind in Schach zu halten.
— *Peter Menzel*

Die Familie Revis will ihr Porträt in diesem Buch als Ansporn zur Veränderung nutzen. „Wir waren von den Riesenmengen der auf dem Tisch aufgebauten Lebensmittel beunruhigt", sagt Rosemary. Als sie dann noch „Super Size Me" sahen, den Dokumentarfilm über die Mast mit Fast Food, waren sie über die eigenen Essgewohnheiten noch mehr erschrocken. Jetzt stehen häufiger frisches Gemüse und mageres Fleisch auf dem Speisezettel, und die Familienmitglieder beobachten sich gegenseitig beim Gang zum Kühlschrank. Rosemary: „Bevor Brandon was isst, fragt er mich: ‚Wie viel Fett hat das Sandwich, Mom?' Das hätte es früher nie gegeben."

Jede Woche ging die Familie Revis *(vorn mit der Hantel Brandon; hinten Rosemary, Tyrone und Ron)* **brav zum zweistündigen Training ins Fitnessstudio des Wakefield Medical Centers, einer großen Klinik. Sie hatten Freude an den Übungen, doch auf Dauer war ihnen der Zeitaufwand zu groß, sodass sie schließlich noch mehr Fast Food aßen als früher. Am Ende entschieden sie sich dafür, zu Hause zu trainieren und selbst zu kochen**

Die Familie Fernandez in der Küche ihres Hauses in San Antonio, Texas. Stehend Lawrence, 31, und Diana, 35. Dianas Mutter Alejandrina Cepeda sitzt zwischen ihren Enkelkindern Brian, 5, und Brianna, 4. Gekocht wird mit Elektroherd, Mikrowelle, Toast-Ofen und Gartengrill. Vorratshaltung: Kühl-Gefrier-Kombination. Leibgerichte – Diana: Shrimps mit Käsesauce; Lawrence: gegrillte Rippchen; Brian und Brianna: Pizza; Alejandrina: Huhn in Mole-Sauce

Pizza und Tortilla

EIN WOCHENBEDARF IM MÄRZ

Getreide und andere stärkehaltige Lebensmittel: $ 19,30

2,3 kg Kartoffeln; 1 kg Cornflakes; 700 g Weizenbrot; 560 g Tortilla-Maismehl; 450 g Weißmehl; 450 g französisches Brot; 400 g Frühstücks-Weizengrieß; 380 g Haferflocken; 450 g weißer Reis; 370 g Aufbackbrötchen; 290 g Nudeln.

Milchprodukte: $ 17,70

3,8 l fettarme, mit Kalzium angereicherte Milch; 3,8 l entrahmte Milch; 950 ml Eiscreme; 750 ml Trinkjoghurt; 1 kg Joghurt; 400 g Schnittkäse.

Fleisch, Fisch und Eier: $ 42,10

1,4 kg Hähnchenunterschenkel; 18 XL-Eier; 1,1 kg Huhn; 700 g Filet von Hähnchenschenkeln; 500 g TK-Fischstäbchen; 450 g extra mageres Rinderhackfleisch; 450 g Putenhackfleisch; 450 g gekochte Putensalami; 450 g TK-Shrimps; 340 g Putenfleisch; 340 g Hühnerkroketten; 340 g Rindfleischwürfel; 150 g geräucherter Hühnerbrust-Aufschnitt.

Obst, Gemüse und Nüsse: $ 33,10

2,3 kg Grapefruit; 1,1 kg Bananen; 950 g Äpfel; 600 g weiße Trauben; 450 g Erdbeeren; 450 g Limetten; 1,8 kg Avocados; 1,1 kg Tomatensauce (Dosen); 900 g grüne Bohnen (Dose); 730 g TK-Maiskolben; 600 g Treibhaustomaten; 420 g mexikanisches Bohnenpüree; 280 g Eisbergsalat; 250 g gemischter Blattsalat; 250 g Zwiebeln; 240 g Krautsalat; 240 g Möhrchen; 225 g geschnittene Champignons; 115 g Jalapeño-Chilischoten; 60 g Knoblauch; 340 g geröstete Erdnüsse.

Öle, Würzmittel und Saucen: $ 16,10

2 l Pflanzenöl; 500 ml Grillsauce; 480 ml Kaffeeweißer; 450 g Butterersatz-Aufstrich; 340 ml Sirup; 270 g Ketchup; 240 g Honig; 240 g pikante Pfeffersauce; 240 g Kräutersalz; 180 ml Salatdressing; 120 g Erdnusscreme; 30 g gemahlener Pfeffer; 15 g Salz.

Snacks und Süßigkeiten: $ 23,30

450 g Maischips; 450 g Brezeln; 450 g Fruchteis am Stiel; 270 g Kekse; 210 g Vollkornkräcker; 185 g Kräcker; 175 g Kräckerstäbchen; 170 g Kartoffelchips; 150 g Fruchtsnacks; 280 g Frucht-Müsliriegel; 105 g Mikrowellen-Popcorn; 60 g Kräcker in Tierform.

Fertiggerichte und Instantprodukte: $ 18,20

500 g Nudelsauce; 400 g Bohnenpüree mit Käse; 425 g Bohnen mit Jalapeño-Schoten; 300 g Buttermilch-Pfannkuchenmix; 240 g Käsesauce zu Pasta; 200 g schwarze Bohnen mit Reis; 200 g Gumbomischung (Fertigsuppe); 300 g fettfreie Instant-Bratensauce; 60 g Hühnerbouillonwürfel. *An Werktagen isst Diana fünfmal pro Woche in der Kantine; Lawrence isst bei seiner Arbeit meist ein Stück Pizza oder einen Salat.*

Fast Food: $ 11,80

McDonald's: 3 Happy Meals; 4 Eisdrinks; 1 Vanille-Eis in der Waffel.

Restaurants: $ 42,10

Fire Mountain Buffet: Abendessen vom Büfett für fünf Personen, Berechnung nach Gewicht: 1,73 kg; Cici's Pizza: 1 große Rindfleischpizza, 1 große weiße Pizza; 1 große Fleischpizza, 3 Salate.

Getränke: $ 18,90

30,4 l Quellwasser; 3,8 l Apfelsaft; 4 l Fruchtsaftgetränk; 1,4 l Orangen-Bananen-Saft; 750 g Eisteepulver; 540 g Pulver für rosafarbene Limonade; 85 g Milchkaffeepulver; 85 g Ovomaltine; 30 g zuckerfreies Limonadenpulver.

Gesamtausgaben für Lebens- und Genussmittel in einer Woche: $ 242,60

N Werktagen arbeitet Alejandrina Cepeda als Kindermädchen, doch am Samstagnachmittag verwandelt sie das Haus, das sie mit der Familie ihrer Tochter Diana teilt, in eine mexikanische Tortilleria. Ihre Enkelkinder stehen auf Stühlen hinter ihren eigenen Mini-Tortillapressen und beobachten, wie die Oma den Maisteig knetet. Die vierjährige Brianna beugt sich über die Schüssel und stellt Fragen auf Englisch. Alejandrina, die auch Englisch spricht, antwortet auf Spanisch. Der fünfjährige Brian klappt seine Presse mehrfach wild auf und zu. „Denk dran, Brian", warnt ihn seine Mutter, „deine Großmutter möchte, dass du es ernst nimmst, wenn sie mit euch kocht." Brian ist mehr am Essen als am Backen interessiert, doch mit dem Instantmehl aus dem Supermarkt, dem man nur Wasser zufügen muss, geht es ganz schnell.

Diana, die von Alejandrina in Nuevo Laredo jenseits der Grenze in Mexiko großgezogen wurde, wechselt mühelos zwischen den Sprachen und hilft ihren Kindern bei Wörtern, die sie nicht verstehen. „Was ist eine *limón*?", fragt Brianna, als die Oma ihr eine Kugel Teig reicht. „Zitrone", antwortet Diana und beobachtet dabei Brian, der seinen Teig mit der Presse flach drückt. „Ist dieser Pfannkuchen okay?", fragt Brianna. „*Bueno*", nickt Alejandrina, die die meisten Teigkugeln mit ihrer eigenen großen Presse plättet. „Aber es ist kein Pfannkuchen, sondern eine Tortilla", sagt sie auf Spanisch. Diana übersetzt. Alejandrina verzichtet darauf, die Tortillas auf traditionelle Weise zu backen. Sie macht sie auf dem Herd und verarbeitet sie weiter zum Leibgericht der Kinder – zu Quesadillas, mit Käse gefüllten Tortillas.

Meist ernährt sich die Familie international. „Wir wechseln zwischen Meerbarben, traditionellen Suppen und Frühlingsrollen", sagt Dianas Mann Lawrence, ein begabter Koch, der in Louisiana aufwuchs. Die Umgebung, meint er, habe sein Interesse am Kochen geweckt. „Wenn man in Louisiana zum Essen eingeladen wird, ist das eine große Sache, besonders wenn die Leute einen kreolischen Namen haben." Auch Lawrence, der Geschäftsführer einer Pizzeria ist, kocht mit den Kindern. „Ich bringe große Teigkugeln mit", sagt er, „und dann kreieren die Kinder und ich unsere eigenen Pizzas. Eine tolle Sache." Und zum Nachtisch? „Eis um Mitternacht, wenn die Kinder im Bett sind."

Nach dem Mittagessen am Sonntag starten die Fernandez' zum Wocheneinkauf. Die Kinder kaufen
an der Kuchentheke ein *(oben)*. Zu essen gab es zuvor fritiertes Huhn mit Pommes frites und Limonade
(rechts unten). Am Samstag nach dem Fußballspiel hatten Diana und Alejandrina mit den Kindern
frische Tortillas gebacken und daraus Quesadillas – Käsetaschen – gemacht *(rechts oben)*

USA

- Einwohner: **293 028 000**
- Anteil der städtischen Bevölkerung: **80 %**
- Lebenserwartung Männer/Frauen: **75/80 Jahre**
- Geburten pro Frau (durchschnittl.): **2,1**
- Kalorienaufnahme pro Person und Tag: **3774 kcal**
- Kalorienaufnahme aus Lebensmitteln tierischen Ursprungs pro Person und Tag: **1047 kcal**
- Jährlicher Alkoholkonsum pro Person (reiner Alkohol): **9,1 l**
- Bruttosozialprodukt pro Person: **35 750 $**
- Jährliche Gesundheitsausgaben pro Person/Anteil am BSP: **4887 $/13,9 %**
- Ärzte pro 100 000 Einwohner: **279**
- Zigarettenkonsum pro Person und Jahr: **2255 Stück**
- Verbrauch von Zucker und Süßungs- mitteln pro Person und Jahr: **71,8 kg**
- Verbrauch an Süßgetränken/Coca-Cola- Produkten pro Person und Jahr: **208 l/98 l**
- Fleischkonsum pro Person und Jahr: **124,5 kg**
- Zahl der McDonald's-Filialen: **13 491**
- Menge des/der von McDonald's jährlich eingekauften Rindfleischs/Kartoffeln: **454 000 Tonnen/454 000 Tonnen**
- Menge des in der Intensivlandwirtschaft jährlich produzierten Mists: **2 Mrd. Tonnen**
- Menschliche Ausscheidungen pro Jahr: **200 Mio. Tonnen**
- Jährlich in US-Haushalten weggeworfene Lebensmittel: **48 Mio. Tonnen**
- Wert der jährlich weggeworfenen Lebensmittel: **43 Mrd. Dollar**
- Anteil der weggeworfenen an den eingekauften Lebensmitteln: **14 %**
- Anteil der verarbeiteten Lebensmittel mit teilweise gentechnisch veränderten Zutaten: **75 %**
- Anteil gentechnisch veränderten Saatguts beim Soja-/Maisanbau: **80/40 %**

Diana Fernandez' Quesadillas aus frischen Tortillas

500 g Masa Harina (aufgeschlossenes Maismehl für Tortillas)

1/4 TL Salz

750 g grob geraspelter Cheddarkäse

- Masa Harina mit Salz und 1/4 bis 3/8 l warmem Wasser zu einem nur noch leicht klebrigen Teig verkneten. Die Menge in 18 gleich große Kugeln teilen.
- Die Teigkugeln mit einer Tortillera, einer speziellen Teigpresse, flach drücken (mit dem Rollholz ist es sehr viel schwieriger)
- Die Teigfladen bei mittlerer Hitze auf einer Comal (einer speziellen randlosen Tortilla- pfanne) oder einer Crêpepfanne backen.
- Die Tortilla wenden, sobald sie gelb und fester wird. Den Käse in die Mitte geben und die Tortilla darüberfalten. Auf der Plat- te lassen, bis der Käse geschmolzen ist.
- Sofort servieren.

SUPERSIZE-USA

- Anteil übergewichtiger Männer/Frauen: **72/70 %**
- Anteil fettleibiger Männer/Frauen **32/38 %**
- Anteil der Diabetiker unter den über 20-Jährigen: **8,8 %**
- Zahl der Fett-Absaug-Operationen pro Jahr: **400 000**
- Zahl der Magen-Bypass-Operationen pro Jahr: **150 000**
- Anteil der Männer/Frauen, die an einem beliebigen Tag gerade Diät machen: **25/45 %**
- Jährliche Ausgaben für Diätkuren und Diätprodukte: **40 Mrd. Dollar**
- Anteil der Menschen, die ihr verlorenes Gewicht in den nächsten ein bis fünf Jah- ren wieder zunehmen werden: **95 %**

VOR ORT NOTIERT

Lawrence Fernandez ist Profi. Er hat schon mehrere Lokale geleitet, in denen man zum Fixpreis unbegrenzt essen darf. Heute ist er Chef einer Cici's-Pizza-Filiale am Rand von San Antonio, Texas, wo man sich für 3,99 Dollar an Pizza satt essen kann. Die Familie Fernandez ist nicht „supersized", wohl aber ihre Stadt. Auf der Rangliste der fettesten Städte der USA des Magazins „Men's Fitness" kletterte San Antonio von 2003 bis 2004 vom 13. auf den 4. Platz. Und nach den amtlichen Statistiken gilt jeder Vierte erwachsene Texaner als fettleibig.

Auch Texas ist supersized – ein Riesenstaat mit dickem Bauch und dünnem Hals, dem so genannten Pfannenstiel. Und nach dem Umfang von Portionen und Menschen im Lande zu urteilen, braucht man einen sehr stabilen Stiel, um diese Pfanne zu heben. In San Antonio gibt es Restaurants mit Namen The Pig Stand, Fat Tuesday und Fat Boys Fajitas. Die Stadt hat aber auch Schönheiten zu bieten, wie den Riverwalk am Ufer des San Antonio in der Innenstadt, mit Läden, Hotels und vielen Restaurants. Ausflugsboote locken die Spaziergänger an. Von dort aus können sie den Leuten am Ufer beim Essen zuschauen.

Es herrscht wachsender Konsens, dass Fettsein natürlich, normal, sogar edel sei. Bei unserem Besuch fotografierte ich die Ms Plus America Woman for 2004, Nanette Watts, eine echte Wucht von einer Frau, mit rosafarbenem Top, Satinschärpe und glitzerndem Krönchen. Sie war riesig, doch ihre Proportionen passten zu der Umgebung.   — Peter Menzel

Mit den Kindern und großen Einkaufswagen (*links*) **durchstreifen Diana und Alejandrina einen Supermarkt. Brian muss ständig daran erinnert werden, dass die an allen Regalreihen hängenden Lockangebote nicht auf dem Einkaufszettel stehen. Zu Hause** (*rechts*) **verdrückt er dann einen Cheeseburger**

Im Lehmhaus in Bhutan: In Erwartung von Besuchern gießt Sangay Tee aus der Kanne in eine Thermosflasche. Ihre Halbschwester Bangam hält das Sieb, während das Familienoberhaupt Namgay auf eine Tasse wartet

Digestif

Warum haben Sie dieses Buch gemacht? Was ist das Beste, Schlechteste, Seltsamste, das Sie je gegessen haben? Haben Sie nach den Recherchen Ihre Ernährung geändert? Das sind die Fragen, die wir am häufigsten hörten.

NACH MEHR ALS 20 JAHREN Reisen um den Globus wurde mir klar, dass die Welt kleiner geworden ist, die Amerikaner aber nicht schlanker. Und zur Jahrtausendwende stellte eine Studie der Organisation Worldwatch fest, dass es zum ersten Mal mehr übergewichtige als unterernährte Menschen gab. Fehlernährung zeigt sich heute ebenso durch Fettleibigkeit wie durch Unterernährung. Trotz Nahrungsüberschüssen gibt es heute so viele fehlernährte Menschen wie noch nie. Die Gelegenheit, das Kippen der Waage vom Mangel zum Überfluss zu dokumentieren, war eine reizvolle Herausforderung für uns.

Wir Amerikaner geben pro Kopf und Jahr mehr als 5000 Dollar für unsere Gesundheit aus – das ist Weltrekord. Und wir entwickeln uns zum fettesten, kränksten Volk der Welt. Warum? Fachleute haben Ursachen und Wechselwirkungen aufgezeigt: der Rückgang von Arbeitsplätzen mit starkem körperlichen Einsatz und hohem Kalorienbedarf. Die Herrschaft des Automobils und die Mobilität ohne Kraftanstrengung. Das Angebot von süßen, fett- und stärkereichen hoch verarbeiteten Lebensmitteln zu kleinen Preisen. Dafür ein dickes Dankeschön an die Lebensmittelindustrie, die das Leben unserer Mitbürger verkürzt.

Nach meinen Reisen durch Afrika und Asien habe ich begriffen, weshalb die Menschen dort kein Problem mit Übergewicht haben. Doch warum sind die Europäer noch nicht so fettleibig wie wir? Was können wir lernen, indem wir erfahren, wie und was der Rest der Welt isst? Gibt es Geheimrezepte oder Zutaten, die unsere Schenkel und Bäuche vor zu viel Fett bewahren? Es gibt sie. Die Antworten sind bekannt und nicht einfach. Die erste heißt Mäßigung. Nehmen Sie nicht mehr Kalorien zu sich, als ihr Körper verbrauchen kann. Die zweite heißt Bewegung. Bleiben Sie aktiv, und Sie bleiben gesund. Und die dritte heißt Qualität: Essen Sie vollwertige, nicht oder nur wenig verarbeitete Dinge. Diese einfachen Wahrheiten bedeuten harte Arbeit an sich selbst.

Das Beste, das Schlechteste, das Seltsamste? Wie wir bei der Arbeit an unserem Buch „Man Eating Bugs: The Art and Science of Eating Insects" erfuhren, werden Vorlieben und Abneigungen für und gegen Speisen in der frühen Kindheit geprägt. Die meisten Menschen behalten diese Prägung ein Leben lang bei. Ich selbst habe meine gastronomische Angst schon vor vielen, vielen Käfern abgelegt. Ich esse alles, was ein anderer Mensch isst – sofern es frisch und saisongerecht ist. Meerschweinchen am Spieß in Ecuador, Sashimi vom Papageifisch auf Okinawa, grönländischer Wandersaibling aus dem Eisloch und mongolische Lammmaultaschen führen meine Hitliste in diesem Buch an. Fritierter Seestern in Beijing war das Einzige in 24 Ländern, das ich nicht mit Genuss verspeist habe (S. 80).

Ernähren wir uns jetzt anders? Faith und ich waren schon immer Fans von saisonalen frischen Lebensmitteln. Seit kurzem sind wir Anhänger von Biokost. Wir suchen jetzt auf dem Markt danach, doch wir haben schon lange einen großen Gemüsegarten und essen gerne die selbst gezogenen Dinge. Wenn wir essen gehen, besonders in den USA, bestellen wir oft zwei Salate und teilen uns ein Hauptgericht. Als Kind musste ich meinen Teller leer essen. Heute versuche ich diese Einstellung mit dem Grundsatz *hara hachi bu* der Okinawaner in Einklang zu bringen – iss nur, bis du zu 80 Prozent satt bist. Ein ausgezeichneter alter Grundsatz in der neuen Zeit des Überflusses.

Wie das Buch entstanden ist

Dieses Buchprojekt nahm am ersten Tag des neuen Jahrtausends seinen Anfang, als wir im Rahmen einer Dokumentation des japanischen Fernsehsenders NHK nach Istanbul flogen. Die folgenden vier Monate reisten wir mit Regisseur Makino Nozumo und seinem Team durch acht Länder, um einige der Familien aus unserem 1994 erschienenen Buch „So lebt der Mensch – Familien in aller Welt zeigen, was sie haben" erneut zu besuchen. Damals hatte ich Durchschnittsfamilien rund um den Globus fotografiert, die für die Aufnahmen das gesamte Hab und Gut aus ihrer Wohnung ins Freie stellten. Jetzt besuchten wir dieselben Familien noch einmal, um zu sehen, was sich seit unserem ersten Besuch verändert hatte.

Faith hatte in unserem 1996 erschienenen Buch „Women in the Material World" über einige dieser Familien berichtet. Als wir dann mit den Japanern und für GEO unterwegs waren, lernten wir auch neue Familien kennen. Auf Vorschlag von Ruth Eichhorn, der Fotochefin von GEO, wählten wir einen neuen Aspekt und fotografierten die Familien mit einem Wochenbedarf an Lebensmitteln. Die Bilder waren für eine GEO-WISSEN-Ausgabe zum Thema Ernährung bestimmt.

Ende 2000 meinte Faith, wir sollten die Sache ausbauen, weitere Familien fotografieren und daraus ein Buch machen. Ich war zunächst nicht überzeugt. Doch als ich dann 2003 während des Zweiten Golfkriegs im Irak und in Kuwait war, fotografierte ich eine Familie in Kuwait-Stadt mit einem Wochenvorrat an Lebensmitteln. Gegen die Politik von George W. Bush war ich machtlos, aber ich wollte etwas Nützliches und Notwendiges tun. Faith hatte Recht: Ein Buch über Ernährung und Essen in aller Welt war genau das, was die Welt brauchte – besonders zu einem Zeitpunkt, da Fettleibigkeit endlich als „gewichtige" Sache erkannt wurde.

Warum nahmen wir diese Länder und nicht andere? In einigen Fällen wählten wir ein Land, weil wir schon wegen einer anderen Geschichte dort waren oder weil wir irgendwohin wollten, wo wir noch nie waren, etwa in Grönland. Wir brauchten außerdem ein paar Länder, um die Liste abzurunden. Südamerika wurde durch Ecuador vertreten, und Afrika und das Flüchtlingsleben konnten wir im Tschad fotografieren.

Zu den Familien führten viele Wege – Empfehlungen von Kollegen oder Dolmetschern, Freunden, Taxifahrern oder Ansprechen auf der Straße. Wir suchten nicht unbedingt statistische Durchschnittsmenschen. Wir suchten die Nähe zu Situationen und Ereignissen von besonderem Interesse, die unseren Berichten eine zusätzliche Qualität gegeben haben, wie etwa das Kumbh-Mela-Fest in Indien, eines der bedeutendsten religiösen Feste der Welt.

Selten sind wir wegen eines einzigen Themas unterwegs – die Reisekosten sind zu hoch. Also arbeiten wir gleichzeitig an mehreren Themen. Das macht das Fotografieren und Recherchieren schwierig und verwirrend, aber es war nie langweilig.

Faith und ich arbeiten als Team – manchmal wie siamesische Zwillinge, dann wieder wie alte Eheleute, die das Kriegsbeil ausgegraben haben. Ich fotografiere, finde die Familien, organisiere die Reisen, engagiere Dolmetscher und Fahrer. Faith schreibt. Sie macht Interviews, recherchiert und sorgt für das Foodstyling, macht die digitale Bildbearbeitung und ist für die Charmeoffensive zuständig. Und sie übernimmt schließlich die Buchproduktion.

Die Familien in den ersten acht Ländern wurden mit Canon- und Mamiya-Kameras auf Fujichrome-Diafilm aufgenommen. Vor den Aufnahmen im Irak und in Kuwait bin ich auf Digitalkameras umgestiegen. Und habe seither nicht ein einziges Foto

mehr auf Film gemacht. Ich benutze Canon-Kameras, vornehmlich im RAW-Modus. Digitalkameras samt Computerperipherie und Speichermedien sind zwar wesentlich teurer als analoges Equipment, aber ich brauche keinen Film und keine Filter und komme mit weniger Lichtausrüstung aus – obwohl 27 der 30 Familienporträts mit Blitzlicht aufgenommen wurden.

Irgendwo auf diesem Planeten zu arbeiten ist nicht schwierig, sofern man seine Komfortansprüche herunterschraubt. Wir arbeiten seit Jahrzehnten so – bei der Arbeit an unserem früheren Buch über die kulinarische Verwertung von Insekten in 13 Ländern haben wir gelernt, unsere Vorlieben und Vorurteile zu überprüfen und neue Aromen zu entdecken (und uns daran gewöhnt, einige kleinere Kreaturen lebend zu verspeisen). Ohne Speisekarte zu bestellen ist seither ein Vergnügen. — *Peter Menzel*

KLEINE SCHWARZE ZEICHEN

In einem Bildband Platz für Text zu bekommen, kann manchmal schwierig sein. Zum Glück macht Peter Bildbände für denkende Menschen und begreift, dass Worte nötig sind, um ein „rundes Bild" der Geschichte zu vermitteln. Wenn ich glaube, dass ich mehr Platz brauche, um eine Situation wirklich zu erklären, bekomme ich den im allgemeinen auch. Das Problem für Peter ist nur, dass ich fast immer dringend mehr Platz brauche.

An die Interviews mit den 30 Familien bin ich ohne festes Konzept herangegangen. Wenn mir etwas interessant erschien, habe ich darüber geschrieben, auch wenn es nur am Rande mit Essen und Ernährung zu tun hatte. So war das mit Pama und Foutamata in Mali. Die Geschichte der beiden Frauen mit ihrem gemeinsamen Ehemann faszinierte mich. Wahrscheinlich habe ich deshalb mehr davon in meine Geschichte hineingenommen als unbedingt

notwendig. Die beiden interessierten sich übrigens genauso für mein Leben mit einem Ehemann für mich allein.

Ich schrieb meine Berichte nach langen Interviews und ausgiebigen Beobachtungen in allen 24 Heimatländern der besuchten Familien, aber oft waren Nachfragen nötig. In der vernetzten Welt war das einfach. Doch auch in entlegenen Ländern wie dem Tschad war es nicht so schwierig, wie man vielleicht meint. Für eine E-Mail- oder Fax-Verbindung ist man manchmal auf die Unterstützung einer Hilfsorganisation angewiesen, doch Handys finden auch in Afrika zunehmend Verbreitung. Wenn wir den Preis für Hirse in Abéché brauchen, rufen wir einfach unseren Freund Khamis an. Der geht hinüber auf den Markt, und schon nach wenigen Minuten bekommen wir seine Rückmeldung.

Erreichbarkeit ist eine wunderbare Sache, die Peter und ich nie für selbstverständlich halten. Als ich eines Tages in Quito, der Hauptstadt Ecuadors, an meinem Laptop saß, hatte ich gleichzeitig Mail-Verbindungen mit Ewa in Warschau, John Tsui auf Okinawa und unserem Sohn Josh, der daheim in Taipeh ein paar Texte für mich prüfte. Das Erstellen der Einkaufslisten machte ein Menge Arbeit, bis zum Schluss der Buchproduktion. Viele Details bedeuten ebenso viele mögliche Fehlerquellen. Statistiken sind ohnehin immer ein Minenfeld. Dass unsere Bücher erstaunlich lange im Bewusstsein der Leser bleiben, ist unsere schönste Belohnung. Ohne den guten Rat und die soliden Kenntnisse unserer Freunde Charles C. Mann und David Griffin könnten wir das mit diesem Buch nicht erreichen. — *Faith D'Aluisio*

Eva Barlösius
Soziologie des Essens
Juventa 1999

Alfred W. Crosby
*The Columbian Exchange:
Biological and Cultural
Consequences of 1492*
Praeger Publishers 2003

Alfred W. Crosby
*Ecological Imperialism:
The Biological Expansion of
Europe, 900-1900. 2nd ed.*
Cambridge University Press 2004

Francine R. Kaufman
*Diabesity: The Obesity-Diabetes
Epidemic That Threatens
America – and What We Must Do
to Stop It* Bantam Dell 2005

Kenneth F.Kiple und
Kriemhild Conee Ornelas
*The Cambridge World History
of Food* (2 Bände)
Cambridge University Press 2000

David Knight und
Steven Bratman
*Health Food Junkies: The Rise of
Orthorexia Nervosa – The Health
Food Eating Disorder*
Broadway Books 2004

Renate Künast und
Hajo Schumacher
Die Dickmacher
Riemann 2004

Corby Kummer
*The Joy of Coffee: The Essential
Guide to Buying, Brewing
and Enjoying*
Houghton Mifflin 2003

Bill Lambrecht
*Dinner at the New Gene Café: How
Genetic Engineering Is Changing
What We Eat, How We Live, and
the Global Politics of Food*
Thomas Dunne Books 2001

Harold McGee
*On Food and Cooking: The Science
and Lore of the Kitchen*
Scribner 2004

Peter Menzel und Faith D'Aluisio
*Man Eating Bugs: The Art and
Science of Eating Insects*
Ten Speed Press 1998

Gary Paul Nabhan
*Why Some Like It Hot: Food,
Genes, and Cultural Diversity*
Shearwater Books 2004

Regina Naumann
*Bioaktive Substanzen: die
Gesundmacher in unserer Nahrung*
Rowohlt 1997

Marion Nestle
*Food Politics: How the Food
Industry Influences Nutrition and
Health.* University of California
Press 2002

Marion Nestle
*Safe Food: Bacteria, Biotechnology,
and Bioterrorism.* University of
California Press 2003

Gert von Paczensky und
Anna Dünnebier
*Kulturgeschichte des Essens und
Trinkens*
Orbis 1999

Carlo Petrini
Slow Food
Rotpunktverlag 2003

Michael Pollan
*Second Nature:
A Gardener's Education*
Delta 1992

Michael Pollan
*Die Botanik der Begierde. Vier
Pflanzen betrachten die Welt*
Claasen 2002

Udo Pollmer und
Susanne Warmuth
*Lexikon der populären
Ernährungsirrtümer*
Piper 2004

Volker Pudel und
Joachim Westenhöfer
Ernährungspsychologie
Hogrefe 2003

Josef H. Reichholf
Der Tanz um das goldene Kalb
Wagenbach 2004

Carl Safina
*Ein Albatros namens Amelia.
Aus dem Leben eines Sturmvogels*
Marebuchverlag 2004

Im Gangte Goemba Kloster in Bhutan lesen junge Mönche buddhistische Schriften in der kalten Morgenluft

Carl Safina
*Song for the Blue Ocean:
Encounters Along the Worlds
Coasts and Beneath the Seas*
Owl Books 1999

Kirkpatrick Sale
*Das verlorene Paradies. Christoph
Kolumbus und die Folgen*
Reinbek 1993

Eric Schlosser
*Fast Food Gesellschaft. Die dunkle
Seite von McFood und Co*
Riemann 2002

Barry Schwartz
*Anleitung zur Unzufriedenheit.
Warum weniger glücklicher macht*
Econ Verlag 2004

Karl L. Schweisfurth
Das Buch vom guten Fleisch
Zabert Sandmann 2004

Reay Tannahill
*Kulturgeschichte des Essens. Von der
letzten Eiszeit bis heute*
Neff 1973

Beatrix Tappeser, Alexandra Baier
und Birgit Dette
Die blaue Paprika
Birkhäuser 1999

Petra Thorbrietz
Kursbuch gesunde Kinderernährung
Zabert Sandmann 2002

Ursel Wahrburg
Anders essen – aber wie?
Beck 2003

Worldwatch Institute (Hrsg.)
*Zur Lage der Welt 2005. Globale
Sicherheit neu denken*
Verlag Westfälisches Dampfboot
2005

Länder im Vergleich

	Einwohner	Bevölkerungs-dichte (Einw./km²)	Fläche (in km²)	Anteil der städtischen Bevölkerung (in %)	Lebens-erwartung in Jahren (Männer/ Frauen)	Geburten pro Frau (durch-schnittl.)	Analphabeten-quote (über 15-jährige Männer/ Frauen)	Durchschnitts-einkommen (pro Kopf in $/ Kaufkraftparität)	Jährliche Gesundheits-ausgaben pro Person (in $) und als Anteil am BSP	Anzahl der Ärzte (auf 100 000 Menschen)	Anteil der Bevölkerung mit Trink-wasserzugang (in %)	Anteil der Bevölkerung mit Zugang zu sanitären Einrichtungen (in %)
Ägypten	76 117 000	76	1 002 000	42	65,3/69,0	3,3	32/53	$ 1354/3810	$ 46/3,9	218	97	98
Australien	19 913 000	3	7 692 030	92	77,9/83,0	1,7	0/0	$ 20 822/28 260	$ 1741/9,2	247	100	100
Bhutan	2 186 000	47	46 500	9	60,2/62,4	5,0	44/72	$ 695/1300	$ 9/3,9	5	62	70
Bosnien/Herz.	4 008 000	78	51 129	45	69,3/76,4	1,3	2/9	$ 1362/6100	$ 85/7,5	145	к. A.	к. A.
China	1 298 848 000	136	9 572 419	38	69,6/72,7	1,8	5/13	$ 989/4580	$ 49/5,5	164	75	40
Deutschland	82 425 000	231	357 027	88	75,6/81,6	1,4	1/1	$ 24 051/27 100	$ 2412/10,8	363	100	100
Ecuador	13 213 000	52	256 370	62	67,9/73,5	2,8	6/9	$ 1897/3580	$ 76/4,5	145	85	86
Frankreich	60 424 000	111	543 965	76	75,9/83,5	1,9	1/1	$ 24 061/26 920	$ 2109/9,6	330	к. A.	к. A.
Grönland#	56 000	0,03	2 166 086	83	64,0/70,0	2,5	к. A.	к. A.	$ 2622	146	100	>90
Großbritannien	60 271 000	248	242 910	89	75,8/80,5	1,6	1/1	$ 26 444/26 150	$ 1835/7,6	164	100	100
Guatemala	14 281 000	131	108 889	47	63,1/69,0	4,4	22/37	$ 1941/4080	$ 86/4,8	109	92	81
Indien	1 065 071 000	324	3 287 263	28	60,1/62,0	3,0	30/52	$ 487/2670	$ 24/5,1	51	84	28
Italien	58 057 000	193	301 336	67	76,8/82,5	1,2	1/2	$ 20 528/26 430	$ 1584/8,4	607	к. A.	к. A.
Japan	127 333 000	337	377 837	66	78,4/85,3	1,3	1/1	$ 31 407/26 940	$ 2627/8,0	202	к. A.	к. A.
Kuba	11 309 000	102	110 860	76	75,0/79,3	1,6	3/3	к. A./2900	$ 185/7,2	596	91	98
Kuwait	2 258 000*	127	17 818	96	75,8/76,9	2,7	15/18	$ 15 193/16 240	$ 537/3,9	160	к. A.	к. A.
Mali	11 957 000	10	1 240 192	33	43,9/45,7	7,0	46/60	$ 296/930	$ 11/4,3	4	65	69
Mexiko	104 960 000	54	1 953 162	76	71,7/77,0	2,5	6/9	$ 6320/8970	$ 370/6,1	156	88	74
Mongolei	2 751 000	1,8	1 564 116	57	60,1/65,9	2,4	2/2	$ 457/1710	$ 25/6,4	278	60	30
Philippinen	86 242 000	287	300 000	62	65,1/71,7	3,2	7/7	$ 975/4170	$ 30/3,3	115	86	83
Polen	38 626 000	124	312 685	62	70,6/78,7	1,3	0,2/0,3	$ 4894/10 560	$ 289/6,1	220	к. A.	к. A.
Tschad	9 539 000	7	1 284 000	25	46,1/49,3	6,7	44/61	$ 240/1020	$ 5/2,6	3	27	29
Türkei	68 894 000	88	779 452	67	67,9/72,2	2,4	6/21	$ 2638/6390	$ 109/5,0	123	82	90
USA	293 028 000	30	9 809 155	80	74,6/79,8	2,1	3/3	$ 36 006/35 750	$ 4887/13,9	279	100	100

zu Dänemark   * einschließlich 1 291 000 Nicht-Kuwaiter   † Anteil der Diabetiker mit Diabetes-Typ-2 an den über 35-Jährigen: 10 %   ** Männer und Frauen zusammen: > 60 %   ‡ auf dem US-Stützpunkt Guantanamo

Kalorienaufnahme pro Person und Tag (in kcal)	Kalorienaufnahme durch tierische Produkte pro Person und Tag (in kcal)	Unterernährter Anteil der Bevölkerung (in %, 2001)	Übergewichtiger Anteil der Bevölkerung in % (Männer/Frauen)	Fettleibiger Anteil der Bevölkerung in % (Männer/Frauen)	Anteil der Diabetes-Kranken an den über 20-Jährigen (in %)	Index der menschlichen Entwicklung (Human Development Index HDI)	Anzahl der McDonald's-Filialen	Jährlicher Fleischkonsum pro Person (in kg)	Jährlicher Zucker- und Süßstoffkonsum pro Person (in kg)	Jährlicher Alkoholkonsum (reiner Alkohol) pro Person (in l)	Jährlicher Zigarettenkonsum pro Person (Stückzahl)	Anteil der Raucher an den über 18-jährigen Männern/Frauen (in %)	
3338	255	3	64,5/69,7	22,0/39,3	7,2	65,3	40	22,5	29,8	0,4	1275	47,9/1,8	Ägypten
3054	1032	k. A.	69,7/60,2	21,2/22,5	6,8	94,6	726	93,9	48,1	10,9	1907	30,7/23,1	Australien
k. A.	k. A.	k. A.	34,0/44,7	5,3/13,1	3,5	53,6	0	3,0	k. A.	0,6	k. A.	k. A.	Bhutan
2894	391	8	56,6/51,0	13,8/21,5	3,8	78,1	0	21,4	33,1	6,3	k. A.	54,6/31,5	Bosnien/Herz.
2951	618	11	27,5/22,7	1,0/1,5	2,4	74,5	546	52,3	7,2	5,2	1791	58,9/3,6	China
3496	1070	k. A.	63,7/53,6	19,7/19,2	4,1	92,5	1211	81,9	44,1	12,5	1702	39,0/30,9	Deutschland
2754	502	4	40,2/50,9	6,1/15,4	4,8	73,5	10	44,9	48,0	1,6	232	31,9/7,4	Ecuador
3654	1357	k. A.	44,1/33,4	7,2/6,1	3,9	93,2	973	100,9	39,9	13,3	2058	42,6/33,9	Frankreich
k. A.	k. A.	k. A.	35,0/33,0	16,0/22,0	k. A.†	k. A.	0	113,6	36,6	12,2	k. A.	k. A.**	Grönland#
3412	1043	k. A.	62,5/58,8	18,7/21,3	3,9	93,6	1110	79,4	43,6	9,6	1748	34,6/34,4	Großbritannien
2219	204	25	53,2/61,1	13,1/25,0	2,7	64,9	38	23,8	41,1	1,9	609	24,5/3,7	Guatemala
2459	189	21	15,0/13,7	0,9/1,1	5,5	59,5	46	5,2	24,6	1,0	129	34,6/3,4	Indien
3671	952	k. A.	51,9/37,8	12,2/12,2	9,2	92,0	329	90,2	31,1	9,2	1901	37,9/29,7	Italien
2761	572	k. A.	25,3/18,6	1,5/1,5	6,7	93,8	3891	43,8	29,3	5,5	3023	52,5/12,4	Japan
3152	387	11	55,2/57,0	12,3/20,7	6,0	80,9	1‡	32,1	62,2	3,4	1343	48,8/28,5	Kuba
3010	525	4	69,5/76,6	29,6/49,2	9,8	83,8	37	60,1	35,3	0,1	3026	35,7/2,7	Kuwait
2174	208	21	12,8/26,1	0,4/3,4	2,9	32,6	0	19,0	10,2	0,3	233	26,9/4,7	Mali
3145	611	5	64,6/65,6	20,3/31,6	3,9	80,2	261	58,5	49,5	4,0	754	36,5/14,3	Mexiko
2249	894	38	46,0/65,8	5,2/24,6	2,5	66,8	0	108,6	12,9	2,3	k. A.	46,2/7,3	Mongolei
2379	373	22	21,7/25,4	1,1/2,8	7,1	75,3	236	31,0	28,0	3,3	1849	59,6/13,8	Philippinen
3374	882	k. A.	50,7/44,3	12,9/18,0	4,1	85,0	200	77,9	45,1	8,3	2061	51,5/27,9	Polen
2114	140	34	10,4/17,1	0,3/1,3	2,8	37,9	0	14,3	8,0	0,2	160	19,7/3,1	Tschad
3357	318	3	47,9/65,4	10,8/32,1	7,3	75,1	81	19,3	25,8	1,6	2394	51,1/18,5	Türkei
3774	1047	k. A.	72,2/69,8	32,0/37,8	8,8	93,9	13491	124,5	71,8	9,1	2255	27,8/22,3	USA

Statistiken

Im Folgenden werden die Quellen angegeben, die für die Erstellung der amerikanischen Originalausgabe herangezogen wurden. Für die Flächenangaben der einzelnen Länder wurde der Fischer Weltalmanach 2005 verwendet.

Population: US Census Bureau.

Percentage of population in urban areas: Statistics Division, UN Department of Economic and Social Affairs; China figure from UNDP *2004 Human Development Report*.

Life expectancy at birth*: World Health Organization.

Total fertility rate*: UNDP *2004 Human Development Report*.

Percentage of population that is literate: CIA *World Factbook 2004*; Bosnia literacy rate from UNDP *2004 Human Development Report*.

Annual per capita income: UNDP 2004 *2004 Human Development Report*; Bhutan, Bosnia, and Cuba figures from CIA *World Factbook 2004*.

Per capita total expenditure on health (at average exchange rate)*: World Health Organization.

Physicians per 100,000 people*: UNDP *2004 Human Development Report*.

Percentage of population with sustainable access to an improved water source*: UNDP *2004 Human Development Report*.

Percentage of population with sustainable access to improved sanitation*: UNDP *2004 Human Development Report*.

Total available daily caloric intake per capita: Food and Agriculture Organization of the UN.

Percentage of population that is undernourished: UNDP *2004 Human Development Report*.

Percentage of population that is overweight*: World Health Organization.

Percentage of population that is obese*: World Health Organization.

Percentage of population age 20 and above with diabetes*: World Health Organization.

Human Development Report Index: UNDP *2004 Human Development Report*.

Number of McDonald's: McD Corporation and *www.McDonalds.com*.

Annual meat consumption per capita: World Resources Institute.

Annual available per capita sugar and sweetener supply*: Food and Agriculture Organization of the UN.

Annual per capita alcohol consumption*: World Health Organization.

Annual per capita consumption of cigarettes: World Health Organization.

Percentage of population age 18 and above that smokes*: World Health Organization.

* Greenland figures from correspondence with Greenland Chief Medical Officer.

Zusätzliche Quellen für die Länderstatistiken

Australien

Population of Metro Brisbane: Australian Bureau of Statistics.

Land that is desert: University of New South Wales School of Biological Science.

Ratio of sheep to people: Meat and Livestock Australia.

Indigenous population: *www.countriesquest.com*.

Indigenous population in 1777: Australian Government Culture and Recreation Portal.

Life expectancy gap between indigenous and nonindigenous population: UNDP *2004 Human Development Report*.

Big Mac price: *The Economist*.

Kangaroos killed under commercial harvest for meat and skins: Australia Department of the Environment and Heritage.

Bhutan

Percent of population that are subsistence farmers: EM Research Organization.

Land that is above 10,000 feet in elevation: Food and Agriculture Organization of the UN.

Population with access to electricity: BBC News.

TV stations in 1998/2005: BBC News.

Government tariff for individual foreign visitors per day: Bhutan Department of Tourism.

Bosnien und Herzegowina

Population of Sarajevo: Bosnia and Herzegovina Federal Office of Statistics.

Deaths during siege of Sarajevo: *users.erols.com/mwhite28/warstat3.htm*.

Unemployment rate: *World Factbook 2004*.

Suicide rate per 100,000 people, prewar and postwar: *Space Daily*.

Tschad

Percent of population that are subsistence farmers and cattle herders: *World Factbook 2004*.

Land planted in permanent crops: *World Factbook 2004*.

Years of ethnic warfare endured since gaining independence from France in 1960: *World Factbook 2004*.

Oil reserves in southern Chad: *World Factbook 2004*.

Number of years oil reserves would supply Chad, if used at current rate and not exported: *World Factbook 2004*.

Oil that is exported: *World Factbook 2004*.

Households with access to electricity: *African Energy newsletter*.

Paved highways, percent of total: *World Factbook 2004*.

Darfur-Region, Sudan

Population of Darfur Province: International Crisis Group.

Percent of Darfur population that are refugees within Darfur: International Crisis Group.

Sudanese refugee population in Chad: USAID.

Population of Breidjing Refugee Camp: UN High Commission for Refugees.

Refugee camp interviewees who reported witnessing the killing of a family member: Coalition for International Justice.

Death toll from 2004 Indian Ocean tsunami: Center of Excellence in Disaster Management and Humanitarian Assistance.

Death toll from Darfur genocide since 2003: Coalition for International Justice.

US Government aid to Darfur region since 2003: USAID.

US Government aid to tsunami-affected regions: Center of Excellence in Disaster Management and Humanitarian Assistance.

Number of refugee camps in eastern Chad: World Health Organization.

Number of refugee camps in Darfur: USAID.

Camels exported from Sudan to Egypt annually for meat: Al Ahram Weekly Online.

China

Population of Metro Beijing: *China Statistical Yearbook 2003*.

Number of KFC restaurants: Shenzhen Daily.

Big Mac price: *The Economist*.

Percent of population living on less than $2 a day: UNDP *2004 Human Development Report*.

Number of days of curing, after which a „1,000-year-old egg" is most delectable: *www.kowloontraders.com*.

Das ländliche China

Rural population (people/households): Program on Energy and Sustainable Development, Stanford.

Percent of laborers in China engaged in agriculture work: Ministry of Agriculture of the People's Republic of China.

Ratio of percentage of rural to urban population that is overweight: Worldwatch Institute.

Ratio of rural to urban electricity use per person: The Chinese Academy of Social Sciences.

Ratio of rural to urban household consumption: *China Statistical Yearbook 2003*.

Ratio of suicide rates in rural to urban areas: *Muzi News*.

Number of casualties in rural China resulting from 420 protests of angry farmers who surrounded local government buildings in the

first half of 1998: *Issues & Studies*, Institute of International Relations, National Chengchi University, Taipei, Taiwan,

Average per capita income, rural/urban: *China Statistical Yearbook 2003*.

Number of refrigerators per 100 families: *China and World Economy*.

Percent of rural residential energy consumption that comes from noncommercial sources, i.e., straw, paper, dung: The Chinese Academy of Social Sciences.

Ratio of Internet users in rural/urban areas: Ministry of Science and Technology of the People's Republic of China.

Rank of rat poison as murder weapon of choice in rural areas: *NY Times*.

Kuba

Population of Havana: *www.citypopulation.de*.

Population born after Castro became head of state: *www.cubanet.org*.

Ecuador

Indigenous population: UNDP *2004 Human Development Report*.

Year in which Ecuador formally adopted the U.S. dollar as legal tender: *World Factbook 2004*.

Number of volcanoes: *volcano.und.nodak.edu*.

Population living on less than $2 a day: UNDP *2004 Human Development Report*.

Ägypten

Population of Cairo: *www.citypopulation.de*.

Population with access to electricity: Africa Energy Forum.

Big Mac price: *The Economist*.

Population living on less than $2 a day: UNDP *2004 Human Development Report*.

Percent of camels imported into Egypt that are used for food: *experts.about.com*.

Frankreich

Population of Metro Paris: Institut National de la Statistique et des Etudes Economiques, France.

Percent of Paris population that is foreign-born: UNDP *2004 Human Development Report*.

Annual per capita consumption of wine/soft drinks: CBC News; *www.nutraingredients.com*.

Cheese consumption per person per year: Japan Dairy Council.

Big Mac price: *The Economist*.

Deutschland

Annual consumption of beer/soft drinks per person: *The Guardian*.

Sausage consumption per person per year: Euromonitor Global Information Database.

Big Mac price: *The Economist*.

Großbritannien

Big Mac price: *The Economist*.

Fish and chips restaurants: *www.plaiceandchips.co.uk*.

Fish served in fish and chips restaurants per year: *www.plaiceandchips.co.uk*.

Grönland

Native Inuit population: *Greenland in Figures 2003*.

Aid from Denmark per person per year: CIA *World Factbook 2003*.

Land not covered in ice: *Greenland in Figures 2003*.

Rate Arctic Sea ice is melting per decade: BBC News.

Percent of population born after 1960 that states they experienced alcohol-related problems in their parental home: Danish Environmental Protection Agency.

Average number of days each year temperature is below freezing: *www.weatherbase.com*.

Percent of population that eats seal 4 times a week: Danish Environmental Protection Agency.

Year that a Greenlandic iceberg sank the *Titanic*: *www.factmonster.com*.

Guatemala

Population of Todos Santos Cuchamatán: *www.cause.ca*.

Indigenous population: UNDP 2004 *Human Development Report*.

Rural households with access to electricity: ENCOVI Living Standard Measurement Study.

Life expectancy gap between indigenous and nonindigenous population: UNDP 2004 *Human Development Report*.

Big Mac price: *The Economist*.

Population living on less than $2 a day: UNDP 2004 *Human Development Report*.

Indien

Population of Ujjain: Office of the Registrar General and Census Commissioner, India.

Big Mac price: *The Economist*.

Number of vegetarian Pizza Huts in the world and in India: *www.rediff.com*.

Population living on less than $2 a day: UNDP 2004 *Human Development Report*.

Number of nuclear weapons tests India conducted in 1998: *www.infoplease.com*.

Number of people in India killed by the Indian Ocean tsunami in 2004: *www.infoplease.com*.

Italien

Population of Palermo: Istituto Nazionale di Statistica, Italy.

Pasta consumption per person per year: *www.personal.psu.edu/users/t/m/tmg203/group_project/index.htm*.

Pizzerias: *www.arrivenet.com*.

Number of articles and sub-clauses in an Agriculture Ministry regulation protecting Neapolitan pizzas: BBC News.

Japan

Population of Metro Tokyo: *en.wikipedia.org*.

Year in which beer-vending machines were voluntarily banned: *www.jointogether.org*.

Fish consumption per person per year: Food and Agriculture Organization of the UN.

Big Mac price: *The Economist*.

Japan, Okinawa

Population of Yomitan village: Yomitan Village Official Web Site.

American military forces killed in the battle of Okinawa during WWII: *www.globalsecurity.org*.

Japanese military forces killed in the battle of Okinawa during WWII: *www.globalsecurity.org*.

Okinawan civilians killed in the battle of Okinawa during WWII: *www.globalsecurity.org*.

American military forces stationed now on Okinawa: *Marine Corps Times*.

Land on main island covered by US military bases: Okinawa Peace Network of Los Angeles.

Urban population: Okinawa Prefecture government website.

Life expectancy: Japan Ministry of Health, Labour, and Welfare.

Rank in the world of life expectancy: The Okinawan Centenarian Study.

Number of centenarians per 100,000 people: The Okinawan Centenarian Study.

Number of centenarians per 100,000 people in most industrialized countries: The Okinawan Centenarian Study.

Percent of centenarians that are female in Okinawa: The Okinawan Centenarian Study.

Rank of Okinawans under 50 (for all Japan) for levels of obesity and risk of liver disease, cardiovascular disease, and premature death: Statistics and Information Division, Okinawa Prefecture Government Department of Health and Welfare.

Why So Old? column: Makoto Suzuki, Okinawa Research Center for Longevity Science, Okinawa International University.

Kuwait

Population of Kuwait City: *www.citypopulation.de*.

Percentage of population that are non nationals: *World Factbook 2004*.

Percentage of citizens that are eligible to vote: *World Factbook 2004*.

Land that is barren desert: *cp.settlement.org*.

Water supply from desalinated sea water: *www.gulflink.osd.mil*.

Water supply from brackish ground water: *www.gulflink.osd.mil*.

Food imported: Kuwait Information Office.

Oil exported: Kuwait Information Office.

Big Mac price: *The Economist*.

Mali

Population living below the poverty line: *World Factbook 2004*.

Percent of population that are nomadic: *World Factbook 2004*.

Percent of population that are farmers or fishermen: *World Factbook 2004*.

Land that is desert or semidesert: *World Factbook 2004*.

Rural households with access to electricity: Global Environment Facility.

Population living on less than $2 a day: UNDP 2004 *Human Development Report*.

Mexiko

Population of Cuernavaca: Instituto Nacional de Estadistica Geografia e Informatica, Mexico.

Indigenous population: UNDP 2004 *Human Development Report*.

Tortilla consumption per person per year: *www.signonsandiego.com*.

Big Mac price: *The Economist*.

Number of restaurants/retail stores run by Walmex: The Christian Science Monitor.

World rank for per person consumption of Coca Cola: Worldwatch Institute.

Population living on less than $2 a day: UNDP 2004 *Human Development Report*.

Mongolei

Population of Ulaanbaatar: National Statistical Office of Mongolia.

Livestock population: *www.freedomhouse.org*.

Number of livestock deaths from drought and zud between summer of 1999 and winter of 2002: *www.freedomhouse.org*.

Land used for grazing: Food and Agriculture Organization of the UN.

Population living in gers: Mongolia National Statistical Office.

Rank of Ulaanbaatar among the world's coldest capitals: Asian Development Bank.

Ein Markthändler in Galewela, Sri Lanka, wartet inmitten seiner Kräuter- und Getreidesäcke auf Kunden

Year in which Soviet economic aid stopped: *World Factbook 2004*.

Population living on less than $2 a day: UNDP 2004 *Human Development Report*.

Philippinen

Population of Metro Manila: *www.absoluteastronomy.com*.

Number of Jollibee restaurants: *www.jollibee.com*.

Big Mac price: *The Economist*.

Population living on less than $2 a day: UNDP 2004 *Human Development Report*.

Polen

Poles killed during World War II: Polonia Global Fund.

Number of years since 1795 that Poland did not exist as a country: *freepages.genealogy.rootsweb.com*.

Number of years Poland existed as a country under Soviet domination: *www.lewrockwell.com*.

Population of Konstancin-Jeziorna: *www.ville-st-germain-en-laye.fr*.

Big Mac price: *The Economist*.

Türkei

Population of Istanbul: State Institute of Statistics, Republic of Turkey.

Number of years Turkey, which is 99% Muslim, has been a secular state: *World Factbook 2004*, *www.eurasianet.org*.

Big Mac price: *The Economist*.

Population living on less than $2 a day: UNDP 2004 *Human Development Report*.

Vereinigte Staaten

Soft-drink consumption/Coca-Cola product consumption per person per year: *www.mattonigranddrink.com*.

Beef/potatoes purchased annually by McDonald's: *NY Times*.

Manure from all intensive farming practices per year: Animal Alliance of Canada.

Human waste per year: Animal Alliance of Canada.

Household food waste per year: *www.endhunger.org*.

Cost of household food waste per year: *Medical News Today*.

Household food waste per year as a percent of food purchases: *Medical News Today*.

Percent of processed foods with some genetically modified ingredients: Associated Press.

Percent of soy/corn raised that is a genetically modified variety: Associated Press.

Liposuction surgeries per year: Worldwatch Institute.

Gastric bypass surgeries per year: *NY Times*.

Percent of dieting men/women on any given day: National Eating Disorders Association.

Annual spending on dieting and diet-related products: National Eating Disorders Association.

Percent of all dieters who will regain their lost weight within 1 to 5 years: National Eating Disorders Association.

Zusätzliche Recherchen und Übersetzungen von **Fiona Rowe** in Brisbane, Australien; **Abakar Saleh** in N'Djamena, Tschad; **Khamis Hassan Jouma** in Abéché, Tschad; **Joshua N. D'Aluisio-Guerrieri** in Beijing, China; **Oswaldo Munoz** in Quito und Simiatug, Ecuador; **Karina Bernlow** in Ittoqqortoormiit, Grönland; **John Tsui** in Naha City, Japan; **Elaine Capili** in Manila, Philippinen; **Neha Diddee** in Ujjain, Varanasi und Bombay, Indien; **Tuvshin Mend** in Ulan Bator, Mongolei; **Dorota Wasniewska** und **Ewa Ledochowicz** in Warschau, Polen; **Ferit Kayabal** in Istanbul, Türkei

Dr. Alfred W. Crosby arbeitete als Wissenschaftler in der Historischen Abteilung der Universität von Texas und fährt nun als Rentner mit seinem einzigen mechanischen Fahrzeug, einem Fahrrad, über die Insel Nantucket vor der Ostküste der USA. Er hat unter anderem sieben Bücher publiziert, die bekanntesten sind *The Columbian Exchange*

und *Ecological Imperialism*. Er erhielt Auszeichnungen der Medical Writers' Association und den Emerson-Preis von der Phi-Beta-Kappa-Gesellschaft. Er ist Mitglied der Finnish Academy, der American Academy of Arts and Sciences und der American Philosophical Society. Er schreibt momentan an einem Buch über die Menschheit und Energien.

Faith D'Aluisio ist die Autorin des preisgekrönten Buches *Frauen dieser Welt*, in Deutschland erschienen im Verlag Frederking & Thaler. Gemeinsam mit Peter Menzel hat sie die Bücher *Man Eating Bugs: The Art and Science of Eating Insects* und *Robo Sapiens: Evolution of a New Species* herausgegeben. Sie arbeitete früher als Fernsehproduzentin für einen Nachrichtensender. Ihre Dokumentationen und Serien gewannen regionale und nationale Auszeichnungen der Headliners Foundation, United Press International, Associated Press und Radio-Television News Directors Association.

Joshua N. D'Aluisio-Guerrieri, machte vor kurzem seinen Abschluss an der University of California in Berkeley. Er verbrachte mehrere Jahre in China und lebte sowohl in Beijing als auch in Taipeh. Er arbeitet zurzeit in China als freiberuflicher Übersetzer/Dolmetscher und als freier Mitarbeiter für große amerikanische und internationale Magazine und Firmen. Er lebt in Taipeh. (www.entim.net)

Francine R. Kaufmans Buch *Diabesity* beschreibt den Kampf gegen die tödliche und überflüssige Krankheit Fettleibigkeit. Ihr Aufruf zur Veränderung wendet sich an alle Verantwortlichen in den Vereinigten Staaten – an die Familien, an das Schulsystem, an die Krankenversorgung und nicht zuletzt an die Regierung. Sie war Präsidentin der American Diabetes Association und ist jetzt Professorin für Kinderheilkunde an der Keck School of Medicine an der University of Southern California. Außerdem leitet sie das

Zentrum für Diabetes und Endokrinologie am Kinderhospital in Los Angeles.

Corby Kummer war lange Zeit Redakteur beim *Atlantic Monthly*-Magazin in Boston. Seine Arbeit dort und beim *New York Times Magazine* sowie bei der Zeitschrift *Gourmet* ließ ihn zu einem der kompetentesten und kreativsten Schreiber über Ernährungsthemen werden. Er ist der Autor von *The Pleasures of Slow Food: Celebrating Authentic Traditions, Flavors, and Recipes* und *The Joy of Coffee: The Essential Guide to Buying Brewing and Enjoying*.

Charles C. Manns neuestes Buch heißt *1491: New Revelations about the Americas before Columbus*. Er ist Mitautor von vier weiteren Büchern und Korrespondent für das Magazin *Atlantic Monthly* und der Wissenschaftszeitschrift *Science*. Er schrieb für Zeitschriften und Zeitungen in den USA, Europa und Asien, darunter *Asahi Shimbun, GEO, New York Times, Panorama, Smithsonian* und *Washington Post*. Er ist Redakteur und

Mitarbeiter der *Material World*-Bücher.

Peter Menzel ist Fotograf und bekannt für seine internationalen Beiträge zu Themen aus dem Bereich Wissenschaft und Umwelt. Seine mit vielen Preisen ausgezeichneten Fotos wurden in *GEO, Figaro, Life, National Geographic, The New York Times Magazine, Time, Smithsonian* und *STERN* gedruckt. Er ist der Ideengeber, Direktor und der Hauptfotograf des Buches *So lebt der Mensch*, erschienen 1994 bei *GEO* im Verlag Gruner und Jahr, Hamburg, und Herausgeber des Buches *Frauen dieser Welt*. Gemeinsam mit Faith D'Aluisio hat er die Bücher *Man Eating Bugs: The Art and Science of Eating Insects* und *Robo Sapiens: Evolution of a New Species* verfasst. (www.menzelphoto.com)

Dr. Marion Nestle ist Professorin für Ernährungs- und Gesundheitswissenschaften an der New York University und Autorin des preisgekrönten Buches *Food Politics: How the Food*

Industry Influences Nutrition and Health sowie von *Safe Food: Bacteria, Biotechnology, and Bioterrorism*. (www.foodpolitics.com)

Michael Pollan ist der Autor von *Second Nature: A Place of My Own* und dem amerikanischen Bestseller *The Botany of Desire*. Seine Arbeiten sind vielfach ausgezeichnet und in verschiedenen Anthologien erschienen. Er ist freier Autor beim *New York Times Magazine* und Professor für Journalismus an der University of California in Berkeley. Er arbeitet zurzeit an einem Buch über die Ökologie und Ethik des Essens, das im Frühjahr 2006 in den USA erscheinen wird.

Dr. Carl Safina wuchs in der Nähe des Meeres auf und liebt es seit seiner Kindheit. Unter den vielen Veröffentlichungen herauszuheben sind die Bücher: *Song for the Blue Ocean* und *Eye of the Albatross*. Er ist Mitautor des Buches *The Seafood Lover's Almanac*.

In der Itanoni Tortilleria in Oaxaca, Mexiko, werden handgemachte, auf Lehmöfen gebackene
Tortillas verkauft. Die örtlichen Landwirte bauen allerdings immer weniger ursprüngliche Maissorten an,
obwohl Oaxaca bekannt ist für seine große Sortenvielfalt

DANKSAGUNG

Ein Buch über Menschen, die in 24 Ländern rund um den Globus verteilt leben, kann man nicht ohne die freundliche Unterstützung und Mithilfe von vielen anderen machen. Wir möchten uns bei allen bedanken. Ganz besonderer Dank gilt selbstverständlich den in diesem Buch dargestellten Familien, die ihre Türen, ihre Herzen und ihre Kühlschränke für uns öffneten.

Redaktion und Design: David Griffin und Charles C. Mann

Produktion: Liddy Tryon, Joshua N. D'Aluisio-Guerrieri, Hui-ling Sun, Carla Crawford, Susan D'Aluisio, Loren Van Krieken, Adam Guerrieri and Evan Menzel

Redaktionelle Betreuung: Charles C. Mann und Katherine H. Wright

Besonderen Dank an: Ruth Eichhorn und die Redaktion GEO-Deutschland; Nozomu Makino und NHK TV, Japan; Elizabeth Olson, P&G, USA; Kathleen Strong und Chizuru Nishida, World Health Organization; Sissi Marini, UNDP, New York; Aida Albina und Cedric Bezin, UNHCR, Abéché

Verlag Ten Speed Press, USA: Phil Wood, Lorena Jones, Julie Bennett, Nancy Austin, Hal Hershey, Gonzalo Ferreyra, Erika Bradfield, Lisa Regul

Copia, the American Center for Wine, Food, and the Arts: Betty Teller, Deborah Gangwer, Neil Harvey

Pictopia: Mark Liebman, Bryan Bailey, James Cacciatore, Bo Blanton. www.pictopia.com.

Website: Bo Blanton

Fotoassistenten: Liddy Tryon, Sheila DS Foraker, Nicole Elwood, Colleen Leyden D'Aluisio

Ägypten
Mounir and Wagdi Fahmy
Mona Abdel Zaher
Mohamed Bakr of Mitsco Languages and Translation: www.mitsco.com.eg

Australien
Fiona Rowe
Kelly Debono
Val Brown
Bernadette Jeffries
Vic Cherikoff
Aunty Beryl
Norma Scott-Molloy

Bhutan
Brent Olson at Geographic Expeditions: www.GeoEx.com
Ugen Rinzen at Yangphel Travels: www.yangphel.com
Karma Lotey
Yangzom
Yosushi Yugi
Jigme Singye
Tshering Phuntsho
Sha Phurba Dorji
Chato Namgay

Bosnien
Mirha Kuljuh
Mr. Oska
Sheila DS Foraker
Nedzad Eminagic
Arina und Nadja Bucalovic
Lokman Demirovic
Alexandra Boulat

China
Angela Yu
Joshua N. D'Aluisio-Guerrieri
Leong Ka Tai
Juliet Hsu

Deutschland
Peter-Matthias Gaede
Thomas and Susanne Borchert
Christiane Breustedt
Bernd Dinkel
Ruth Eichhorn
Peter Ginter
Uta Henschel
Peter C. Hubschmid
Venita Kaleps
Nadja Masri

Ecuador
Oswaldo Muñoz at www.nuevomundotravel.com
David Muñoz
Pablo and Augusto Corral Vega
Cornelia at Simiatug Sinai

Frankreich
Isabelle and Pierre Gillet
Annie Boulat and Cosmos
Olivier Dumont
Patrice Lanoy
Delphine Le Moine
Edward Arckless
Rémi Blemia

Grönland
Knud Brinkløv Jensen
Lars Pederson
Karina Bernlow and Marten Munck at Nanu Travel: www.nanu-travel.com
Kathleen Cartwright at Arcturus Expeditions: www.arcturusexpeditions.co.uk

Großbritannien
Philippe Achache
Zute Lightfoot
Michael and Caroline Martin

Guatemala
Naomi Robertson
Pablo Perez
Eve Astrid Andersson

Indien
Neha Diddee
Susan Welchman
Manoj Davey
William Allard
Kathy Moran

Island
Björn Thoroddsen
Linda Gunnlaugsdottir

Italien
Fabio Artusi
Bartolo Usticano
Grazia Neri

Japan
Hui-ling Sun
Toyoo Ohta
Lina Wang
John Tsui
Asaka Barsley
Hsiu-lin Wang
Hirofumi Ando

Kuba
Alberto D. Perez
Oswaldo Hernandez
Georgina Torriente
Kenji Fujita
Emilio Reyes

Kuwait
Bill Kalis
Michel Stephenson
Haider Farman
Larry Flak
Brian Krause

Aisa BouYabes
Sara Akbar

Mali
Patricia Minn
Kone Lassine
Albert Gano
Sékou Macalou

Mexiko
Juan Espinosa
Agustin Gutierrez
Angélica Pardiñas Romero
Mauricio Casteñeda
Jorge Vasquez Villalón
T. Boone Hallberg
Amada Ramirez Leyva
Lea Gabriela Fernandez Orantes
Irma Ortiz Perez

Mongolei
Tanya Suren
Tuvshin Mend at www.mogultravel.mn

Philippinen
Elaine Capili
Peter Ginter

Polen
Ewa, Borys, and Ola Ledochowicz
Dorota and Bartek Wasniewscy
Malgorzata Maruszkin
Albert Krako

Tschad
Aida Albina
Cédric Bezin
Willem Botha
Colin Pryce
Guy Levine
Colin Sanders
Jean Charles Dei

Taban Lokonga
Stefano Porotti
Khamis Hassan Jouma
Eduardo Cué
Nancy Palus
Moustapha Abdelkarim
Hassane Mahamat Senoussi
Stefanie Frease
Abakar Saleh

Türkei
Ferit Kayabal
Ugurlu Yaltir
Sezgi & Feriye

USA
Ray Kinoshita
Melanie Lawson
John Guess
Dawn D'Aluisio
Karen and Bob Prior
Malena Gonzales-Cid
Lisa Kuny
Ellie Menzel
Linda and Ron Junier
Ruben Perez
Paul Franson
Brian Braff
Nicole David
Miriam Hernandez
Andrew Clarke
Linda Dallas
Billy and Kimberly Campbell
Philip Greenspun
Michael Hawley
JP Caldwell

Faith D'Aluisio amüsiert sich mit Elugundegma, einem Angehörigen des Yali-Stammes auf Papua im Inselstaat Indonesien. Auf einer Straße in Peking stellt Peter Menzel fest, dass Geschmack und Konsistenz eines fritierten Seesterns gewöhnungsbedürftig sind – zumindest für seinen Gaumen

---

Copyright © 2005 Peter Menzel und Faith D'Aluisio
Originaltitel: HUNGRY PLANET: What the World Eats
Material World Books
199 Kreuzer Lane, Napa, Kalifornien USA
www.menzelphoto.com
Ten Speed Press

Umschlag und Gestaltung: David Griffin
© für die deutsche Ausgabe:
GEO im Verlag Gruner + Jahr AG & Co KG, Hamburg
www.geo.de
Auflage 2005
ISBN 3-570-19501-5
Alle Rechte vorbehalten

Impressum:
Herausgeber: Peter-Matthias Gaede
Redaktion: Claus Peter Simon
Übersetzung und Lektorat: Peter C. Hubschmid
Technische Produktion: Bernd Dinkel, Silvia Engelhardt
Koordination: Ruth Eichhorn
Dokumentation: Lenka Brandt, Dr. Eva Danulat; Dr. Gunila Gleuwitz
Schlussredaktion: Dirk Krömer, Ralf Schulte
Druck: APOL, Hongkong

Der letzte Schluck, Wangdi Phodrang, Bhutan

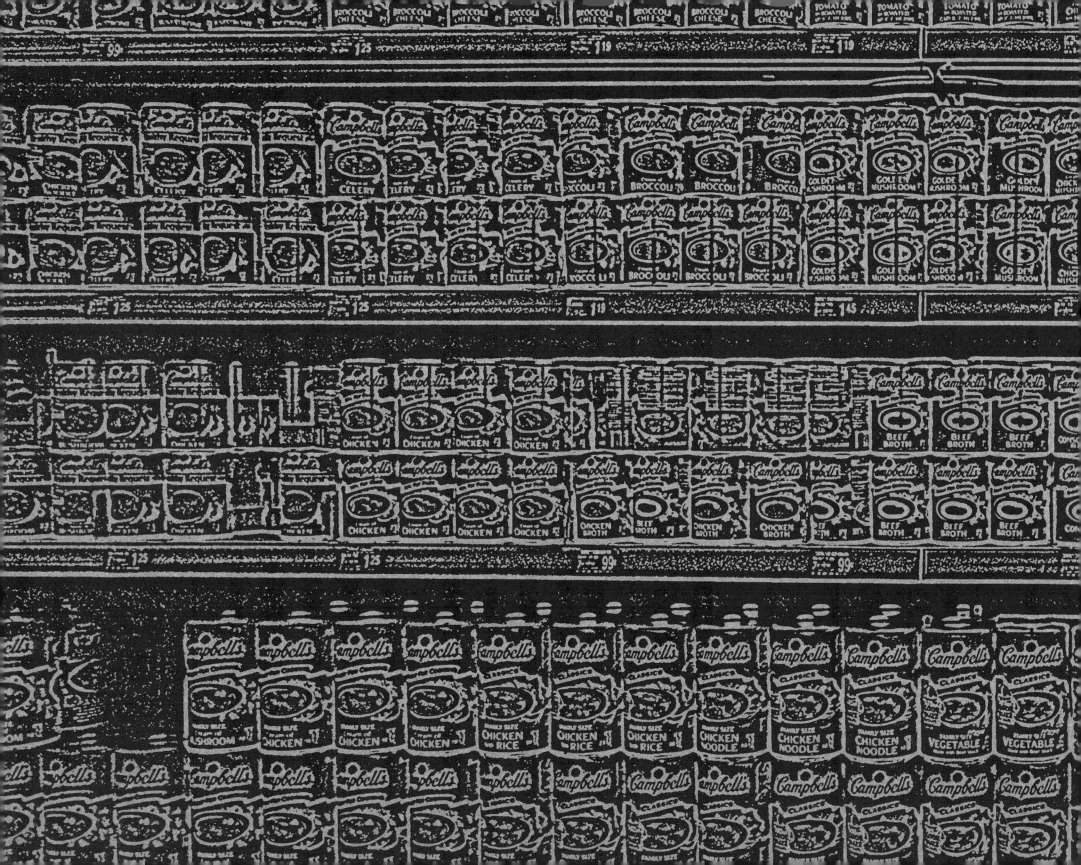